国有企业的产业经济学分析

GUOYOU QIYE DE CHANYE JINGJIXUE FENXI

高悦洋 著

山西出版传媒集团
山西经济出版社

前　言

我国是以公有制为主体的社会主义国家，国有企业在我国经济中占有非常重要的地位，其规模和体量非常大，地位极其重要，是我国国民经济的基础和支柱。国有企业是中国特色社会主义的重要物质基础和政治基础。中华人民共和国成立特别是改革开放以来，国有企业的改革发展取得了巨大成就。国有企业为我国经济社会发展、科技进步、国防建设、民生改善做出了历史性贡献，功勋卓著，功不可没。

经济学是一门学以致用的科学。产业经济学形成于工业经济时代，其内容体系当然服从于解释传统工业经济时代的产业竞争需要。现阶段，人类已经进入经济全球化时代，无论是产业竞争的内部环境，如产业竞争的性质、产业边界乃至产业的划分标准，还是产业竞争的外部环境，都正发生着翻天覆地的变化。对于传统工业部门，市场结构稳定，技术进步多为累进制的连续性创新，市场需求和市场结构也相对稳定。产业竞争更多表现为企业在给定的市场环境下为市场份额而战，市场结构对于竞争者而言是外生的，竞争的本质是"市场内竞争"。在今天，以高新技术产业为主的创新型行业的竞争决定着一国未来的兴衰。相对于成熟稳定的传统工业经济，创新型行业技术机会丰富，创新活动类似于"蛙跳"，表现为非连续性的技术范式转移。企业竞争不再是市场份额的增减，而是市场霸主地位的更替，竞争演变成更激烈的"为市场竞争"形式。创新型行业表现出来的竞争新特征，需要对传统产业组织理论进行深化。

本书主要研究国有企业的产业经济学相关理论，分析国有企业的产业经济学发展的方式方法，对从事国有企业的产业经济的研究学者与管理工作者有学习和参考的价值。

目 录

第一章 国有企业发展与产业经济学 / 001
第一节 国有企业改革发展的理念 / 003
第二节 国有企业改革与创新驱动发展 / 006
第三节 产业经济学 / 010

第二章 产业组织 / 025
第一节 产业组织概述 / 027
第二节 产业组织的市场进入与退出 / 031
第三节 市场行为 / 037
第四节 网络经济下的产业组织分析 / 041

第三章 产业结构 / 055
第一节 产业结构概述 / 057
第二节 经济全球化与产业发展 / 062
第三节 产业结构的优化与调整 / 070
第四节 工业化与工业化道路 / 075

第四章 产业布局与产业集聚 / 083
第一节 产业布局理论 / 085
第二节 产业布局的影响因素 / 086
第三节 产业布局的原则和模式选择 / 090
第四节 产业集聚 / 095

第五章 国有经济的主导作用 / 099

第一节 国有经济的主导作用 / 101

第二节 国有企业的行政垄断 / 109

第三节 反垄断和市场化 / 120

第六章 建立现代企业制度与构建风险预警机制 / 129

第一节 构建现代企业制度的基本内容与实践 / 131

第二节 国有企业产权关系变革 / 142

第三节 国有企业风险预警机制构建 / 145

第七章 优化国有资产管理体制 / 159

第一节 组建成立国有资本投资运营公司 / 161

第二节 推动国有资本合理流动优化配置 / 168

第三节 建立有效的激励约束机制 / 172

第八章 国有企业效率的提高 / 183

第一节 国有企业效率的成果 / 185

第二节 技术创新理论基础 / 188

第三节 创新驱动国有企业效率的提高 / 193

第九章 国有企业产业安全 / 205

第一节 国有化的产业安全动因 / 207

第二节 国有企业与产业安全 / 208

第三节 多元化安全规制对国有化的替代趋势 / 223

第十章 国有企业产业发展与技术创新 / 227

第一节 "国有化—产业发展—经济增长"的制度模式选择 / 229

第二节 国有企业与技术创新 / 237

第三节 国有化下的产业发展 / 241

第四节 国有企业的国际化战略 / 244

参考文献 / 253

第一章

国有企业发展与产业经济学

第一节　国有企业改革发展的理念

一、创新是国有企业改革发展的根本动力

创新是人类特有的认识能力和实践能力，是人类主观能动性的高级表现形式，是推动民族进步和社会发展的不竭动力。创新是一个民族进步的灵魂，是一个国家兴旺发达的不竭源泉，也是中华民族最鲜明的民族禀赋。实施创新驱动发展战略决定着中华民族的前途和命运。我国的经济发展要突破瓶颈、解决深层次的矛盾和问题，其根本出路在于创新，而创新的关键是要靠科技力量，实施科技创新驱动发展战略，着力增强创新驱动发展新动力，提高自主创新能力。科技创新是全面创新的引领，是先进生产力的基因。新时代已经使科技创新社会化，由过去的主要依靠个人发明创造变为主要由集体化、社会化的研究与开发，尽快向现实生产力的转化。其特点是：重大科技创新活动更多地带有团队性、高端平台性、学科间的渗透融合性，以及它与经济的紧密联系性、快速转化性。国有企业作为国民经济的骨干与主导力量、重要的创新主体和国家创新体系不可或缺的组成部分，无疑肩负着不可推卸的重大责任和历史使命。

近年来，越来越多的国有企业把转型升级放在更加突出的地位，意识到创新驱动是其提高发展质量和效益的根本，坚持以科技创新战略为引领，健全和完善科技创新体系，探索和构建有效的创新机制与模式，以创新求发展，以创新求实力，创新能力明显增强。然而，当前仍存在一些阻碍国有企业提高创新能力的制约因素，国有企业创新驱动、转型发展的效果并不理想，主要表现在以下几点：一是国有企业市场竞争意识不强，创新原动力不足，一些政府部门和国有企业就科技研发对企业的深远影响认识不足，片面追求短期利润，压缩科研经费，为企业的长远发展埋下了隐患；二是创新人才尤其是科研领军人才的缺失与流失较为严重，人才是企业创新的基础，但许多国有企业面临人才匮乏和人才流失的困境，尤其缺乏引领企业取得关键性技术突破或将新兴科技成果产业化的领军人才。

创新是推动企业发展的第一动力。在国际竞争日益激烈和我国发展动力转换的新形势下，把创新放在更加突出的位置，坚定不移地实施创新驱动发展战略，是国有企业持续发展之基、市场制胜之道。要实现国有企业体制机制和发展方式的重大转变，其根本是要把激发创新活力作为引领发展的第一动力，进一步健全和完善有利于企业转变经营模式、商业模式、经济发展方式的体制和机制，调整优化企业经营结构，提升企业核心竞争力，只有实现产业、产能从中低端到中高端的提升，才能在激烈的市场竞争中开辟更为广阔的发展空间。

二、协调是国有企业改革发展的内在要求

协调是客观事物发展内部各个部分及其相互关系的一种平衡和谐状态。协调是持续健康发展的内在要求的新理念，注重的是解决发展不平衡问题。经济社会发展的整体协调，是生产社会化规律的客观要求，也是社会主义优越性的体现。从生产力发展特点看，小协调产生小生产力，大协调产生大生产力，全国整体协调产生巨大生产力，并且能从发展短板中发掘新潜力。以公有制为基础的社会主义经济制度，消除了资本主义基本矛盾，彰显协调发展的整体性，缔造了共同富裕的基石。在中国社会主义发展的初级阶段，公有制占主体地位，国有经济是公有制的高级形式和主干，它在经济整体发展中起主导作用，如果把中国经济比作一盘象棋，那么国有企业则承担"车马炮"的角色。

国有企业改革发展虽然已取得令人振奋的阶段性成果，但由于国有企业长期积累的矛盾难以在短时间内完全解决，加上当前面临的经济形势日益复杂，随着国有企业的改革和发展，一些深层次的矛盾和问题进一步显现出来，主要表现在：一是国有企业布局和结构优化问题，国有企业分布的行业较广，但缺乏具有国际竞争力的大公司、大企业；二是国有企业的经营效率与民营企业相比，资本效率仍低于民营企业的平均水平。

在经济新常态下，为促进国有企业的全面协调发展，要更加注重发展的整体效能，不断增强发展的整体性。一要充分发挥市场在资源配置中的决定性作用，提高资源配置效率和运营能力，更加合理地进行产业布局、

产能布局，使企业的各种要素能够有序自由地流动。二要优化国有资本布局结构。通过优化存量，提高国有资本配置效率；通过引导增量，提供有效供给；通过主动减量消除空壳公司，处理低效无效资产，去除低效无效供给。推动国有资本向重要行业、关键领域、重点基础设施集中，向战略性新兴产业集中，向产业链关键环节和价值链高端环节集中，向具有核心竞争力的优势企业集中。三要优化国有企业股权结构。根据国有企业功能作用、战略定位、布局调整和发展阶段，确定合适的企业国有股权比例；加强国有独资企业与中央企业，兄弟省市、区县国有企业深度合作，推动国有股权多元化，以增强活力效率为重点，不断完善现代企业制度；稳妥有序推进混合所有制改革，通过资本运作，推动资产证券化，实现国有资产价值最大化。四要优化国有企业产业结构；引导企业战略转型，由产业链价值链低端，向产业链价值链中高端转变，把着力点放在产业链重整、价值链重构上，推动技术、产品、产业层级升级，不断增强企业盈利能力；培育战略性新兴产业，应用新技术、新工艺、新材料推动产品升级，提高产品质量和附加值，增加有效供给等。

三、开放是国有企业改革发展的必由之路

开放是客观事物内部吸纳外部因素，改善和优化自身结构，提高机体生命力的一种内外联动过程。当今时代，中国的发展离不开世界，世界的发展离不开中国。世界繁荣稳定是中国的机遇，中国发展也是世界的机遇。和平发展道路能不能走得通，很大程度上要看我们能不能把世界的机遇转变为中国的机遇，把中国的机遇转变为世界的机遇，在中国与世界各国良性互动、互利共赢中开拓前进。

开放是国有企业在全球范围内配置资源、开拓市场、参与竞争的强劲带动力。要充分发挥国有企业"走出去"的骨干和带动作用，实行更加积极的开放战略，积极参与更高层次的开放型经济。加强国际化运营管理，深入开展与世界一流企业对标，健全专业化国际经营发展管理体系，完善国际化经营发展体制机制，加大境外资产监管力度，提升国际化运营能力。优化国际项目布局，主动参与国家"一带一路"倡议，进一步完善国

际优先发展战略，实现"引进来"与"走出去"相融合，努力形成与世界各国深度融合的互利合作格局，积极参与全球经济治理和公共产品供给，为经济全球化以及各个国家互利共赢发展新格局的形成发挥重要作用。

四、共享是国有企业改革发展的根本目标

人民群众是历史的创造者，是一切社会实践活动的主体，是经济建设和社会发展成果的共享者。消除贫困、改善民生、实现共同富裕，是社会主义的本质要求。生活在我们伟大祖国和伟大时代的中国人民，共同享有人生出彩的机会，共同享有梦想成真的机会，共同享有同祖国和时代一起成长与进步的机会。

共享发展的理念，注重的是解决社会公平正义问题。改革开放以来，人民群众的生活水平不断提高，产生了从"量"到"质"的飞跃，实现了从温饱不足到全面小康的历史性跨越。共享是社会主义的本质要求。国有企业是"共享发展"的重要牵引机。社会主义初级阶段是社会主义性质"分量"不断发育增长的历史时段，"共享发展"就是这种发育的体现。要坚持发展为了人民、发展依靠人民、发展成果由人民共享，认真履行国有企业肩负的经济责任、政治责任、社会责任。努力向开拓市场要效益，向降低成本要效益，向加强管理要效益，向协同发展要效益，在与利益相关方的合作中实现互利共赢，确保实现国有资产保值增值。助力乡村振兴，帮助乡村实现"产业兴旺、生态宜居、乡风文明、治理有效、生活富裕"的振兴目标。进一步提升民主管理水平，健全科学的工资增长机制、支付保障机制，尊重职工群众的首创精神，保护职工群众合法权益，实现企业与职工共同发展，多渠道建立职工成长平台和通道，增强职工的企业归属感。

第二节 国有企业改革与创新驱动发展

从全球范围看，科学技术越来越成为推动经济社会发展的主要力量，创新驱动是大势所趋。大力推进国有企业实施创新驱动发展战略，主动适

应新常态，有利于国有企业实现产业转型升级，有利于国有资产保值增值，有利于放大国有资本功能，促进国有企业在创新型国家建设中发挥骨干带头作用。

一、创新驱动发展战略在国有企业改革发展中的重大意义

科技创新是提高社会生产力和综合国力的战略支撑，必须摆在国家发展全局的核心位置。从全球范围看，科学技术越来越成为推动经济社会发展的主要力量，创新驱动是大势所趋。国际经济竞争甚至是综合国力竞争，说到底就是创新能力的竞争。从国内看，创新驱动是形势所迫。必须增强忧患意识，紧紧抓住和用好新一轮科技革命和产业变革的机遇，不能等待、不能观望、不能懈怠。同时，要坚定不移深化国有企业改革，着力创新体制机制，加快建立现代企业制度，发挥国有企业各类人才的积极性、主动性、创造性，激发各类要素活力，要按照创新、协调、绿色、开放、共享的发展理念要求，推进结构调整、创新发展、布局优化，使国有企业在供给侧结构性改革中发挥带动作用。

国有企业是中国特色社会主义的重要物质基础和政治基础，为推动发展、改善民生、提升国家综合实力做出了重大贡献。近年来，经济发展进入新常态，经济运行外部环境复杂多变，国际国内经济下行压力较大，改革成效尚未完全显现，部分行业产能过剩问题依然突出，给国有企业转型发展带来了较大挑战。

因此，要充分认识深化国有企业改革的重要性、紧迫性，准确把握和认真落实中央关于国有企业改革和发展的有关精神与部署，大力实施创新驱动发展战略，主动适应新常态，优化国有资本布局结构，加大信息化与工业化深度融合的力度，加大传统产业技术改造升级力度，加大战略新兴产业培育和发展力度，推动国有企业实现产业转型升级；进一步突出国有企业技术创新的主体地位，增强自主创新能力，让大多数还属于传统产业的国有企业在技术、装备、产品等方面跟上高新技术的发展，提高经济

效益，形成新的经济增长点和驱动力，促进国有企业实现国有资本保值增值；在全面提升国有企业核心竞争力的同时，努力培育国有企业的市场竞争力，提高国有经济竞争力，放大国有资本功能，促进国有企业在创新型国家建设中发挥骨干带头作用。

二、国有企业实施创新驱动发展战略的思路

优化国有企业产业布局，加强技术攻关突破，创新企业发展模式，推进产业转型升级，完善自主创新体系，借力区域技术合作，实现创新驱动发展。

（一）优化国有企业产业布局

优先支持先进制造等带动作用大、产业链条长的产业。以提升企业核心竞争力为目标，推进科技创新和管理创新，加快发展核心主业；以打造高端产业的高端环节为基础，有效带动其他资本和相关产业，形成产业集聚发展优势，打造在国内外同行业具有竞争力和影响力的大型企业集团。支持传统产业优化升级，向价值链、产业链高端发展，培育充满活力的特色产业集群，提升综合素质和竞争优势。积极支持国有企业投资发展战略性新兴产业。选择最有基础和条件的领域为切入点，推进科技和资本的有效融合，以关键技术研发和装备研制带动重点领域突破，加快科研成果产业化步伐，努力打造未来的先导性、支柱性产业。

（二）加强技术攻关突破

国有企业的长期竞争优势和可持续发展的实现，最为关键的是企业要有自主创新的核心能力。把提高自主创新能力作为企业发展的战略基点，努力成为具有持续创新能力、拥有自主知识产权和自有知名品牌或服务占较大比重的创新型企业。

（三）创新企业发展模式

商业模式创新是实现企业转型升级的重要内容，是企业可持续发展的必然要求。重视商业模式创新，积极推进企业转变经营模式，改进和完善

内部控制机制，增强盈利能力。要在产品、服务、组织、技术、品牌、资本等全要素的竞争中寻找契机，建立产业链中的优势价值链。着力进行产品结构和服务结构的调整，实现由"产品制造商"向"系统解决方案供应商"的转型，由"卖产品"向"卖服务"的转型，由"传统产业"向"战略性新兴产业"的转型，由"本土型企业"向"全球性企业"的转型。要充分利用信息化和网络化，依托"互联网+"，建立资源、制造、营销服务及其相互协同的新型商业平台，构建集团组织结构的优化机制，汇聚全社会创新力量，通过生产方式和管理模式变革，使国有企业创造活力迸发、创新能力倍增。

（四）推进产业转型升级

国有企业提高自身竞争力，实现可持续发展必须要走绿色发展之路，通过创新驱动绿色发展引领产业转型升级。一是要通过绿色创新，促进产业结构调整，布局低碳、环保、循环再利用等领域，支撑企业进入绿色产业；二是要通过绿色创新，积极实施节能减排重点工程，加强节能减排技术创新和推广应用，注重绿色低碳和节能减排技术储备，推动淘汰落后产能，实现生产经营过程的绿色化；三是要通过绿色创新，调整产品和服务结构，健全能源循环利用产业链，生产绿色产品，提供绿色服务，促进消费者和顾客消费的绿色化。

（五）完善自主创新体系

建立完善企业自主创新体系和长效机制。一是要持续加大科技研发和自主创新的投入力度。通过建立企业研发专项资金制度逐步提高研发经费占主营业务收入的比重，增强企业研发能力，形成科技研发投入持续稳定增长的长效机制。二是要加强科技创新人才队伍建设。加强创新人才的培养、激励和继续教育，创新体制机制，探索设立灵活的聘用制岗位，大力引进国内外高层次科技人才，着力造就高水平的研发团队。三是加强研发机构建设。企业内部要建立健全研发机构，明确企业内部各层次之间的创新职责和分工；鼓励国有企业与科研院所、大学等机构合作，大力发展以国有企业为主体的产学研联盟。四是建立企业内部创新激励机制。加强对自主创新能力的考核，将研发投入、研发机构建设、研发成果转化等逐步纳入企业负责人经营业绩考核范围。探索各种行之有效的激励方式，加大对科技骨干人才的激励力度，推进技术要素按贡献参与分配的制度建设。

（六）借力区域技术合作

经济技术合作是突破自身力量限制进而推进技术进步的重要途径，是创新驱动战略的重要组成部分。加快形成新的增长动力，国有企业要围绕国家重大战略深入开展经济技术合作，特别是要用好"一带一路"建设所提供的平台和政策，与国内各省区以及东盟各国全面开展合作攻关、技术转让和服务、对等交流等经济技术合作，以推进经济社会的创新发展。鼓励收购创新资源和境外研发中心，支持企业加快经营模式创新和业态转型，实现"互利双赢"。

第三节 产业经济学

一、产业的含义

在传统经济学理论中，"产业"主要指经济社会的物质生产部门。一般而言，每个部门都专门生产和制造某种独立的产品，某种意义上每个部门也就成为一个相对独立的产业部门，如农业、工业、交通运输业等。提供劳动服务、金融服务等的行业，也被看作独立的产业，称为第三产业。由此可见，"产业"作为经济学概念，具有深刻的内涵与宽广的外延。

（一）产业是社会分工的产物

产业的发展是同社会分工的产生与发展相联系的。第一次社会大分工，表现为畜牧业从农业中分离出来；第二次社会大分工，表现为手工业从农业中分离出来；第三次社会大分工，表现为专门从事经营商品买卖的商人阶层的形成，即商业的独立。这三次社会大分工，实际上已形成了农业、畜牧业、手工业和商业等产业部门。爆发于18世纪下叶的产业革命，把工业推到历史前台，农业作为最重要的产业的地位开始动摇，机器大工业已成为经济发展的主导力量。

从物质生产的角度把社会分工分为一般分工、特殊分工和个别分工三种形式，并指出单就劳动本身来说，可以把社会生产分为农业、工业等大类，叫作一般分工；把这些生产大类分为种和亚种，叫作特殊分工；把工厂内部的分工，叫作个别分工。

（二）产业是社会生产力发展的必然结果

在生产力极为落后的时代，人类的需求比较单一，主要是解决温饱问题。当生产力水平提高后，人类就开始追求体力的解放，以延伸了的体力来获得更多的物质财富。而当物质财富丰富到一定的程度后，人类的需求也就转向了新的更高的层次，要求脑力劳动也得到解放，以延伸了的脑力来获得质量更高的生活。

（三）产业是具有某种同类属性的企业经济活动的集合

"产业"是具有某类共同特性的企业集合。而某类共同特性是将企业划分为不同产业的基准。产业经济学对"产业"划分的基准，即企业的某类特征，是有选择性的，这种选择性一般服从于以下两个经济分析需要：一是服从于企业市场关系的分析需要。也就是说，将企业划分为不同的产业，是为了便于分析同一产业市场上企业间的垄断与竞争态势。出于这样的分析需要，必然选择"生产同类或有密切替代关系的产品、服务"这一特性，作为划分不同企业的"产业"归属的基准。因此，产业是具有类似生产技术、生产过程、生产工艺等特征的物质生产活动或类似经济性质的服务活动。二是服从于社会再生产过程中，大类部门之间、制造业各行业之间，以及行业内各中间产品之间的均衡状态的分析需要。出于这种分析需要，必然选择"具有使用相同原材料或相同生产技术、工艺，或相同产品用途"这一特性,作为划分不同企业的"产业"归属的准则。

(四)产业是介于宏观与微观经济之间的中观经济

微观经济学是研究单个企业和消费者经济行为的经济学,宏观经济学是研究国民经济总体的经济学。产业经济的研究对象是具有某些共同特征的企业经济活动组成的集合。具体来说,就是研究产业与产业之间各种技术经济关系、产业之间的联系方式等,所以产业经济学是专门研究产业的中观经济学。

(五)产业的含义具有多层次性

产业是与社会生产力发展水平相适应的社会分工形式的表现,是一个多层次的经济系统。在社会生产力发展的不同阶段,社会分工的主导形式的转换和社会分工不断向深层次的发展形成了具有多层次的产业范畴。

(六)产业的内涵不断充实,外延不断扩展

随着社会生产力水平的不断提高,对于产业的研究也日益丰富和深入。产业的内涵不断充实和丰富,外延不断扩展。在重农学派流行时期,产业主要是指农业;发展到资本主义工业高度发展时期,产业主要是指工业;到了近代,产业可以包括农业、工业、服务业三大产业及其细分各产业。今天,凡是具有投入产出活动的产业和部门都可以列入产业的范畴。不仅包括生产领域的活动,还包括流通领域的活动;不仅包括物质资料部门的生产、流通和服务活动,还包括非物质资料部门(服务、信息、知识等)的生产、流通和服务活动;不仅包括生产部门,还包括流通部门、服务部门、信息技术以及文化教育等部门。

二、产业的一般分类方法

产业的分类,是为了满足各种不同的需要,然后根据产业的某些相同或相似特征,而将企业各种不同的经济活动分成不同的集合。产业如何分类,以什么作为标准,采用什么方法分类都是以产业分析和研究的目的为前提的。

（一）关联方式分类法

1. 原料关联分类法

原料关联分类法，是按照具有相同或类似的原材料、性能相似的投入物或活动对象相类似为依据对企业经济活动进行归类的一种划分方法。某产业，要么具有相同的原材料，如棉纺工业、化纤工业、钢铁业、木材业、卷烟业等；要么具有相类似的原材料，如造纸业、纺织业、服装业，印刷业、冶金工业等；要么具有性能相似的其他投入物，如电力、煤气、供水等；要么具有相类似的活动对象，如采石业、矿业、渔业、伐木业等。

2. 技术关联分类法

技术关联分类法，是按照一些比较密切的技术关联关系，划分企业的经济活动。这些企业经济活动的集合要么具有技术、工艺方面的相似性，要么具有相类似的生产工具、生产流程和管理技术等。这一类产业的企业必须在产品的主要生产技术或制作工艺上具有相似的特点。例如，制造业、建筑业、冶炼业、运输业等，均具有各自密切的技术关联。

3. 用途关联分类法

用途关联分类法，是将具有相同或相似商品用途的企业经济活动组成一个集合的分类方法。某些产业的产品具有相同或相似的用途，如自行车制造业、汽车制造业、造船业、仪器工业、食品行业、烟草业等。

4. 战略关联分类法

战略关联分类法，是指按照在一国产业政策中的不同战略地位划分产业的一种分类方法。按不同战略地位划分的产业主要有：主导产业、先导产业、支柱产业、重点产业、先行产业等类型。

主导产业是指依靠科技进步或创新获得新的生产函数，持续较高的增长率、较强的扩散效应的产业。先导产业是指对其他产业具有引导作用，但未必对国民经济有支撑作用的产业。支柱产业是指在国民经济体系中占有重要的战略地位，产业规模在国民经济中占有较大的份额，并起着支撑作用的产业。重点产业是指在国民经济规划中需要重点发展的产业。先行产业是指需要优先发展的产业,有狭义和广义之分。狭义的先行产业包括瓶颈产业和基础产业,广义的先行产业包括狭义的先行产业和先导产业。

战略关联分类法可以确定不同产业在国民经济产业发展中的地位和作用,便于研究产业和经济发展的关系。政府可以通过制定相关的产业政策,进行产业管理,促进产业发展,同时带动整个国民经济的发展。然而,战略关联分类法也有其局限性,例如,过分强调各产业之间的横向地位问题,容易忽视产业之间的纵向联系和产业群的形成。

(二)生产要素分类法

生产要素分类法,是根据不同产业对投入生产活动中生产要素(如资本、劳动力、技术等)的依赖程度不同而划分产业的一种方法。这种划分方法的特征是将各产业使用的各种生产要素组合进行比较,不存在绝对的划分标准,只是一种相对的划分。不同种类产品对各种生产要素的依赖程度也不同,根据所需投入生产要素的不同比重和对不同生产要素的不同依赖程度可以将全部生产部门划分为劳动密集型产业、资本密集型产业和技术密集型产业等。

劳动密集型产业是指在生产过程中资本、知识的有机构成水平较低,或劳动特别是体力劳动所占比重较大的产业。例如,纺织、制革、服装、零售、餐饮等产业都属于比较典型的劳动密集型产业。资本密集型产业是指在生产过程中劳动、知识的有机构成水平较低,资本的有机构成水平较高,产品物化劳动所占比重较大的产业。例如,钢铁、机械、石油化工等基础工业和重化工业都是典型的资本密集型产业。知识密集型产业是指在生产过程中对知识的依赖程度大,即知识含量高、脑力劳动所占比重比较大的产业。例如,航天、生物、高分子材料、信息技术、电子计算机等产业。

生产要素分类法能比较客观地反映一国的经济发展水平,反映产业结构的高度化趋势,有利于一国根据产业结构变化的趋势制定相应的产业发展政策，所以生产要素分类法得到了广泛的应用。不过，生产要素分类法的划分界限比较模糊，也比较容易受主观因素的影响。另外，生产要素的密集程度是相对的，也是动态变化的。因此，根据生产要素分类法进行分类的产业归属不是绝对的，会随着生产技术的提高和要素组合的变化而变化。

（三）两大部类分类法

两大部类分类法是解释资本主义的本质和剩余价值产生的秘密所采用的产业分类方法。社会的总产品和社会的总生产，分成两大部类：生产生产资料的部门、生产消费资料的部门。生产资料是指必须进入或至少能够进入生产消费的商品。消费资料是指进入个人消费形式的商品。

两大部类分类法有利于研究资本主义再生产关系和指导社会主义生产实践，具有重要的理论意义和现实意义。在现代市场经济条件下，有助于通过政府的宏观调控来正确处理两大部类之间的关系，保持经济健康、快速发展。两大部类分类法也有局限性。例如，不能涵盖所有产业（只包括物质生产部门），不利于对产业经济、产业结构的全面分析；许多产品难以归类，一些产品既可用于生产资料的生产，又可用于消费资料的生产，这给产业的归属带来难题；分类比较粗糙，不够细化，不能深入地分析产业结构调整对经济发展的影响。

（四）国家标准分类法

国家标准分类法，是指一国（或地区）政府为了统一该国（或该地区）产业经济研究的统计和分析口径，以便科学地制定产业政策和对国民经济进行宏观管理，并根据该国（或该地区）的实际而编制和颁布的划分产业的一种国家（或地区）标准。这种分类方法具有如下特征：第一，具有整体性、广泛性和权威性；第二，在运用上具有强制性和代表性；第三，具有明确的目的性；第四，具有特殊性，一般只适用于某个国家或地区；第五，具有较高的科学性。

在中国，首先把所有产业部门划归为第一、第二和第三产业三个门类。然后在三个门类下划分了几个大类：第一产业分为农、林、牧、渔业；第二产业分为采矿业、制造业，电力、燃气及水的生产和供应业、建筑业；第三产业是指除第一、第二产业以外的其他行业，包括交通运输、仓储和邮政业、信息传输、计算机服务和软件业、批发和零售业、住宿和餐饮业、金融业、房地产业、租赁和商务服务业、科学研究、技术服务和地质勘查业、水利、环境和公共设施管理业、居民服务和其他服务业、教育、卫生、社会保障和社会福利业、文化、体育和娱乐业、公共管理和社会组织、国际组织等大类。

（五）生产流程分类法

生产流程分类法是指根据工艺技术生产流程的先后顺序划分产业的一种方法。按生产流程可以将产业划分为上游产业、中游产业和下游产业。生产流程处于前边工序的产业为上游产业，处于后边工序的产业为下游产业，处于前边工序与后边工序之间的产业为中游产业。从整个国民经济的角度来观察，上游产业包括农业、林业、能源、矿业原料、采掘等；中游产业包括金属冶炼、化工原料、建筑材料等；下游产业包括用于投资、消费和出口的产业。

三、产业经济学

（一）产业经济学的研究对象

1.产业经济学与产业

产业经济学是研究产业及其发展规律的经济学。顾名思义，产业经济学的研究对象就是产业。什么是产业呢？产业是指国民经济中以社会分工为基础，在产品和劳务的生产与经营上具有某些相同特征的企业或单位及其活动的集合。在国民经济中，从各类物质生产部门到提供各种服务的各行各业，都可以称之为产业。产业既不是微观经济的概念，也不是宏观经济的范畴，而是介于二者之间的中观经济概念。微观企业的集合构成产业，产业是国民经济的组成部分，产业的集合与消费者和政府的经济活动构成国民经济。揭示微观经济活动的规律是微观经济学的任务，揭示宏观经济运行的规律是宏观经济学的任务，揭示产业经济活动的规律则是产业经济学的任务。

产业存在产业本身、产业之间、产业内部、产业分布和产业发展等多层次、多方面的内容和特征，所以产业经济学的研究对象又分为多种不同的具体研究对象，主要包括产业类型、产业结构、产业关联、产业分布、产业组织、产业发展、产业规制和产业政策等。产业之间的关系涉及资源在产业之间的配置状况及其变化，研究产业之间关系的根本目的，是为了促进产业之间资源的优化配置。产业分布涉及资源在地区之间的配置状况及其变化，研究产业分布的根本目的，是为了促进资源在地区之间的优化配置。产业内部企业之间的关系和产业本身的特征涉及资源在产业内部的配置状况及其变化，研究产业内部企业之间的关系和产业本身的特征的根本目的，是为了促进资源在产业内部的优化配置。产业发展涉及资源在产业发展过程中的配置状况及其变化规律，研究产业发展的根本目的，是为了促进资源在产业发展过程中的动态优化配置。产业规制和产业政策涉及政府对产业发展过程中出现的资源配置不合理情况的管理和调节，研究产业规制和产业政策的根本目的，是为了促进政府在产业发展过程中更好地进行必要的管理和调节，以消除资源配置的不合理现象。因此，产业经济学的实质，是研究产业经济中资源的优化配置，产业经济学的根本目的是促进资源在产业层次上的优化配置。

2. 产业与社会分工

产业是社会生产力发展的结果，是社会分工的产物，并随着社会生产力水平和分工专业化程度的提高而不断变化和发展。社会分工是指在社会范围内人们分别专门或主要从事某种经济和社会活动的现象，或者说是人们在社会不同的部门从事工作的情况。社会分工是社会生产发展的产物。

随着生产经验、知识的增加和生产能力的提高，人们可分别从事不同种类的劳动，使社会分工具有可能性，而且社会分工能够极大地提高劳动生产率，促进社会经济的发展，使社会分工具有必要性。一般来说，社会分工越发达，生产专业化的程度越高，社会生产力发展的水平也越高。

（二）产业经济学的内容体系和特点

1. 产业经济学的主要内容

产业经济学的研究对象，决定产业经济学的理论内容；产业经济学的具体研究对象的多层次、多方面的特点，决定产业经济学的理论也具有多层次、多方面的内容。产业经济学的内容，主要包括产业分类理论、产业结构理论、产业关联理论、产业布局理论、产业组织理论、产业发展理论、产业规制和产业政策理论。研究产业类型的是产业分类理论；研究产业构成及其经济技术联系和变化规律的是产业结构理论；研究产业之间数量比例关系及其变化规律的是产业关联理论；研究产业在空间上分布及其变化规律的是产业布局理论；研究产业内部企业之间相互关系及其规律性的是产业组织理论；研究产业发展状况、过程及其规律的是产业发展理论；研究以产业经济学基本理论作指导，合理进行产业规制，正确制定各类产业政策，以促进产业优化和发展的是产业规划和产业政策理论。

2. 产业经济学的理论体系

产业经济学多层次、多方面内容的内在联系决定了按照以下逻辑顺序构建产业经济学的理论体系更为合理。这个逻辑顺序就是：从理论前提到基本理论，再到理论应用；从产业的质的联系到量的关系；从产业的各层次、各方面的具体内容到产业的发展。具体来说，就是在明确产业经济学的研究对象和研究方法的基础上，首先分析产业类型，接着研究不同产业之间的质和量的相互关系，然后考察产业的空间布局，进一步分析产业内部企业之间的相互关系，再探讨产业的发展，最后研究运用产业经济学基本理论的产业规制和产业政策。

3. 产业经济学的特点

产业经济学与微观经济学和宏观经济学相比,具有不同的特点:一是研究对象和内容不同。微观经济学研究单个经济主体的经济行为,宏观经济学研究国民经济总量,产业经济学则研究产业。二是产业经济学的理论体系形成较晚。最早是微观经济学,形成于19世纪末;然后是宏观经济学,形成于20世纪30年代;之后是产业经济学,直到20世纪70年代才基本形成。三是产业经济学作为比较年轻的经济学分支,理论体系还不十分成熟、完善,需要研究的问题较多,发展的空间也较大。

(三) 产业经济学的形成和发展

1. 产业经济学的形成

任何经济学都是社会经济发展到一定阶段的产物,都是为了说明和解决现实经济生活中存在的问题,适应经济发展的需要而形成和发展起来的。产业经济学也不例外,它在第一次产业革命之后开始形成其理论渊源。第二次世界大战以后,随着产业结构、产业组织、产业关联、产业选择、产业布局等在经济发展中的作用逐渐增大,产业经济学才逐步成为一门新的经济学学科。人们对社会经济活动的认识经历着一个由浅入深、由片面到全面的发展过程;人们对市场经济的分析经历了从微观层次到宏观层次,再到中观层次逐步深化的过程;理论经济学也经历了由微观经济学产生、成熟到宏观经济学出现,再到产业经济学形成的演进过程。产业经济学是在微观经济学、宏观经济学之后产生的中观经济学。

在第二次世界大战以前,产业经济学只是产生了各自独立的几个主要组成部分的理论渊源,还没有形成把各个组成部分有机地联系起来的比较完整的理论体系。直到第二次世界大战以后,在产业组织理论、产业关联理论形成、走向成熟且产业结构理论和产业政策研究有了相当发展的基础上，才在20世纪70年代由日本学者提出了产业经济学的基本理论框架。

2. 产业经济学的发展

20世纪80年代以来，产业经济学得到了较大发展，主要表现在以下几个方面：

（1）产业规制理论的发展

产业规制理论的发展主要体现在引入"经济人"假设和供求分析方法，运用信息经济学、博弈论、激励理论，把产业规制的研究由公共利益规制理论转向利益集团规制理论和激励性规制理论，由强调规制的必要性转向更注意规制的效果和合理化，由加强规制转向放松规制而引入竞争，由单向限制转向博弈和激励，由限制垄断和不正当竞争转向规制与竞争平衡，由信息完全转向信息不完全，由作为外生变量转向内生变量，由注重需求分析转向注重供给分析，指出规制不能完全取代竞争、竞争也无法替代规制、没有理想的规制和竞争、理想状态是规制和竞争的兼容协调，深化和完善了产业规制理论，更好地说明了"为什么规制、怎样规制、规制是否有效"等基本问题，使产业规制理论更加贴近现实，更具解释力，并且加强了具体产业的规制的实证研究和应用研究，实现了产业规制理论的实践价值。

（2）产业政策研究的深化

20世纪90年代，由于泡沫经济破灭，日本陷入长达10年的经济衰退的困境，人们开始反思日本政府产业政策的利弊得失，看到政府对产业发展过度和不当的干预在短期内可能有一定效果，但对经济长远的发展可能产生不利影响；与此同时，美国"信息高速公路计划"和"星球大战计划"极大地推动了美国以信息产业为主导的高新技术产业的发展，带来了20世纪90年代"新经济"的繁荣，人们又感到适当的政府引导和支持对产业的发展又是必要的、有益的。日本与美国经济发展的巨大反差和鲜明对照，加深了人们对产业政策目标、手段和作用的认识。

（3）中国经济学界的贡献

改革开放以前，中国对产业经济学的了解不多，更没有形成系统的产业经济学理论。直到20世纪80年代中国才开始引进、学习和研究产业经济学，并结合中国经济改革和发展的实践，发展了产业经济学。首先，明确了产业经济学与微观经济学、宏观经济学、工业经济学、中观经济学、区域经济学、产业组织学的区别和联系，深化了对产业经济学研究对象和学科性质的认识；其次，提出了产业结构调整和优化升级的理论，丰富和发展了产业结构理论；再次，健全和充实了产业政策理论，使产业政策的研究更为全面、深入。

（四）知识经济时代的产业经济学

21世纪是知识经济的时代。知识经济是不同于工业经济的一种新的经济形式，经济形式的更新必然要求经济理论也相应发生变革。现存的经济学是适应工业经济时代的经济理论，已不完全适应知识经济发展的要求。知识经济的发展对现存的经济学提出了严峻的挑战，现存经济学必须革新。现存的产业经济学也不例外，需要适应知识经济发展的要求，至少要在以下几个方面进行修改、补充和完善：

1. 产业结构理论需要发展

知识经济的发展将导致产业结构发生新变化。根据三次产业分类法的分类，按照三次产业在国民经济中的比重和地位不同进行排序，越是排在前面的产业占的比重越大、地位越重要，农业经济时代的产业结构是以农业为主的1、2、3（即第一次产业、第二次产业、第三次产业）型结构；工业经济时代实现工业化阶段的产业结构是以工业为主的2、3、1型结构，工业经济的发达阶段则是以服务业为主的3、2、1型结构。在知识经济时代，在农业、制造业和服务业之外，还增加了一个所谓的"第四次产业"——以信息产业为代表的高新技术产业，知识经济的产业结构是以高新技术产业为主的4、3、2、1型结构。

2. 产业关联理论需要修改

在知识经济时代，由于产业结构的变化、"第四次产业"的出现，高新技术产业成为知识经济的支柱产业。知识经济的生产主要是知识产品的生产，产业的技术基础也发生了巨大的变化，产业关联理论中原来以物质生产为基础的社会再生产理论必须改进，原来以农业和制造业为基础的投入产出表和投入产出模型必须根据知识经济的新特征加以修正。

3. 产业组织理论需要完善

知识经济生产的主要不是有形的物质产品，而是无形的知识产品；知识经济的生产主要不是集中化、标准化（刚性化）、大批量的生产，而是小批量、多品种、多样化的生产，存在分散化、非标准化（柔性化）的趋势。因此，产业组织理论中原有的企业行为分析和规模经济理论，必须根据知识经济的新特点予以改善。在工业经济时代，市场竞争会形成垄断，垄断会引起生产和技术停滞的趋势，会使消费者遭受损害。但是，在知识经济中，垄断的性质和作用将发生重大变化。知识经济意味着知识是财富的主要源泉，新知识的发现者、新技术的发明者、新产品的开发者，在初期处于垄断地位，可以获得高额收入，这有助于激励人们去发明创造，推进知识经济的发展。知识更新加快、新技术开发周期缩短，使得产品换代加速，新科技很难长期垄断。所以，知识经济中的垄断一般不会带来生产和技术的停滞，阻碍产品的升级换代，减少消费者的福利。现在，电脑公司、软件公司不断主动淘汰自己的产品，降低产品价格，就是典型的例证。在知识经济时代，我们既要在法律上保护知识产权，承认新知识、新技术的垄断性，也要规定一个保护期，避免出现长期垄断。所以，产业组织理论中关于市场结构、竞争与垄断的分析，也需要根据知识经济的新情况加以充实。

4. 产业发展理论需要创新

农业经济和工业经济的增长主要靠自然资源，必然会耗竭资源、牺牲环境；物质资源的稀缺性决定经济增长存在极限；主要靠增加资本和劳动力来发展的工业经济，在达到最佳规模之前是收益递增，但之后则会出现收益递减，还会存在经济运行的周期波动。所以，不转变经济增长方式，物质经济很难实现可持续发展。知识经济主要依靠的智力资源具有丰富性、可再生性，所以其发展不存在极限性；知识的使用价值越大，收益递增将更有可能；科学的迅速发展，创新的步伐加快，技术和产品更新换代的周期缩短，会大大缓解经济运行的周期波动；知识经济不仅能高效利用现有的稀缺资源，而且能开发新的富有资源，高新技术本身包括环保技术，能够节约资源、保护环境。所以，知识经济能够实现可持续发展。产业发展理论应根据知识经济可持续发展的新特征进行创新，研究知识经济时代产业总体的可持续发展。

第二章

产业组织

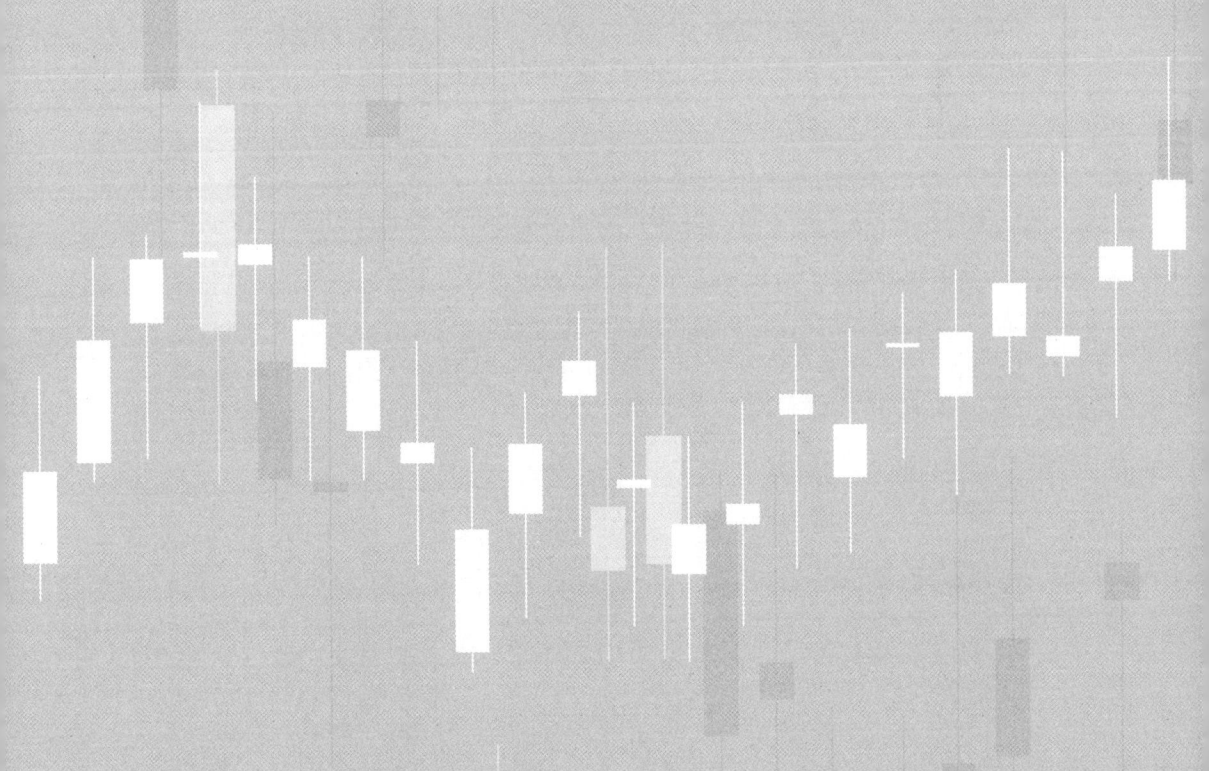

第一节　产业组织概述

一、产业组织及其理论体系

（一）产业组织的概念

组织是一个多义词，既可指按一定规则联结组成的结合体，如党团组织；又可指联结、组合、安排人或事的行为，如组织比赛活动；还可指事物组成的形式和组成部分之间的关系，如组织状态。产业组织是指同一产业内部企业之间的关系。在市场经济中，企业之间的关系是通过市场形成和体现的利益关系，具体来说，就是市场交换关系、竞争和垄断关系、市场占有关系、资源占用关系等。值得指出的是，产业组织中的产业是指生产同一类产品的企业的集合，或是在同一商品市场上从事生产经营活动的企业的集合；产业组织中的组织也不是通常所说的生产组织、企业组织，而是专指产业"组成部分之间的关系"。

（二）产业组织理论的体系

产业组织理论是以产业内部企业之间关系为研究对象的理论，主要任务是分析同一产业内部企业之间的关系，揭示企业之间关系变化的规律及其对企业经营绩效的影响。产业组织理论是主要由市场结构、市场行为、市场绩效三部分按顺序构成的体系。无论是在理论上，还是在实践上，市场结构、市场行为、市场绩效都存在密切的逻辑联系。市场供求环境形成市场结构，市场结构制约企业的市场行为，企业的市场行为决定市场经营绩效。产业组织或者说同一产业内部各企业之间的关系，正是在市场结构、市场行为、市场绩效中体现出来的，分析市场结构、市场行为、市场绩效，也就是分析产业组织，或是同一产业内部各企业之间的相互关系。

社会经济资源存在三个层次的配置，即宏观层次的配置、中观层次的配置和微观层次的配置。研究宏观的资源优化配置是宏观经济学的任务，研究微观的资源优化配置是微观经济学的任务，而研究中观层次也就是产业层次的资源优化配置是产业经济学的任务。产业组织理论则是通过对市场结构、市场行为、市场绩效的分析，说明产业内部资源的优化配置。产业组织理论是产业组织政策的理论基础。

二、产业组织研究的理论渊源

与产业结构理论、产业关联理论等领域已经有较长研究历史不同，产业组织理论是产业经济学各领域中定型较晚的部分。

（一）产业组织理论的萌芽

英国经济学家在论及生产要素时，在劳动、资本和土地"生产三要素"学说的基础上，首次提出了第四生产要素，即"组织"。提出组织概念，包容了企业内的组织形态、产业内企业间的组织形态、产业间的组织形态和国家组织等多层次多形态的内容，其外延的界定具有较显著的宽泛性和不确定性。后来的产业组织理论则是从"组织"概念的第二层次的组织形态，即产业内企业间的关系形态基础上发展起来的。

生产三要素论扩展为包括"组织"在内的生产四要素论，虽然别出心裁，但并非空穴来风。至19世纪60年代，西欧自由竞争的资本主义逐渐发展到顶点，并开始进入向垄断资本主义过渡的阶段。正是在这一背景下，当研究分工与机器、某一地区特定产业的集中、大规模生产及企业的经营管理、企业形态等问题时，触及了"规模经济"现象，而"规模经济"又与"组织"形态直接相关。在提出将"组织"作为生产第四要素的同时，又提出了"工业组织"的概念，并分析了分工和机械对工业组织的影响，工业组织大规模生产的经济性及适应工业组织管理的工业家所需的才能等问题。

经济理论隐含了产业组织理论的萌芽，其具体表现不仅在于最先提出了包括"组织"在内的四要素论和十分接近于"产业组织"的"工业组织"概念，而且还体现在其经济理论第一次触及了现代产业组织理论所关注的一些基本问题。

首先，经济理论触及了垄断问题，并发现了规模经济和垄断的弊病之间的矛盾。完全竞争市场在现实中是不存在的，厂商追求规模经济的结果导致垄断，而垄断会扼杀自由竞争这一经济运行的原动力，使市场价格受到人为要素的操纵，而且使经济丧失活力，也不利于资源的合理配置。竞争的活力和规模经济之间的关系，正是现代产业组织理论所关注的核心问题。

其次，经济理论触及了产品差别、生产条件差异和广告费用不同等造成不完全竞争市场的垄断因素问题。许多不同型号的产品，或因其适应不同的需求偏好，或有某些独特的功能，或其中某些拥有专利权等因素都可以使它们的生产为特定工厂所垄断。在这种情况下，那些实际上质量最好的产品的生产者不能有效地登广告和用经销商及其代理人来推销自己的商品。不完全竞争市场上的垄断现象通常是由于追求厂商规模经济及上述多种因素所共同引起的。

（二）产业组织理论的奠基

到了20世纪初，垄断资本主义已经取代自由资本主义，垄断资本对资本主义国家经济运行的影响已表现得十分深刻，尤其是20世纪30年代的经济大危机，使经济理论与现实的矛盾日益显现，现实的严峻挑战成为新理论诞生的催生婆。特别是提出的一些概念和理论观点，成为现代产业组织理论的重要来源。其对现代产业组织理论的贡献主要体现在如下方面：

1. 以分析纯粹竞争为出发点

否定了纯粹竞争存在的条件，提出垄断竞争的概念。完全竞争和纯粹垄断只是两种极端的市场形态，现实经济则是介于这二者之间的"中间地带"，现实的市场既存在竞争因素，也存在垄断因素，二者的并存与交织形成了所谓"垄断（性）竞争"格局。其根本原因在于：每个厂商提供的产品具有差异性，所以它是个垄断者；但该产品又具有一定的替代性，因而对生产同类产品的其他企业来说，它又是一个竞争者。于是，垄断竞争市场便形成了。

2. 对垄断竞争的市场结构进行了具体分类和分析

对完全竞争和纯粹垄断两种极端市场形态及位于这二者之间的广阔的"中间地带"的市场结构进行了具体分类，并考察了不同产业之间的联系，分析了特定产业内的市场结构、价格、利润、广告和效率等的相互关系。

3. 提出了生产同类产品的企业集团及与之相关的厂商企业的关系问题

不同供给厂商生产的同类产品具有一定的替代性，因而可能导致同类产品企业间的价格、产量协调的企业集团的出现。这就进而产生了集团内企业间、集团企业与非集团企业间纵横交错的竞争关系。通常，集团内企业可以保持统一价格，并凭借其集团实力取得一定的市场垄断地位，集团外的企业很可能因此而处于不利状态。当然，它们也可以采取灵活的价格政策与集团企业竞争。

4. 界定了"产品差别"的内涵及其对市场竞争的影响

对消费者而言，不同的产品差别可能是具体的，也可能是想象的。只要产品的某种品质特征引起购买者的认知差异，使购买者喜好这种产品，而不喜好那种产品，都可能构成产品差别的标准。具体地说，"产品差别"包括三层含义：一是商品的品质、包装等产品本身的差异；二是产品销售条件、服务态度的不同；三是消费者"想象"的心理差别，如品牌、广告等。以产品差别化为基础，进一步分析了垄断与竞争的关系，产品差别既是垄断因素，又是一种竞争力量，只要销售量与产品差别有关，则产品差别的非价格竞争就可能比传统的价格竞争更为重要。

5. 提出并讨论了企业在市场上的进入和退出问题

一个产业的兴起、发展和衰退必然面临企业的进入和退出问题。企业"进入"某一产业的难易程度是决定该企业成本—收益关系的基本因素。伴随着企业进入和退出市场的行为，集团企业和非集团企业也可能在某一点上达到均衡。

（三）产业组织理论体系的形成

20世纪50年代出版的《产业组织》一书中系统地提出了产业组织理论的基本框架，标志着现代产业组织理论的基本形成。在该书中，第一次完整而系统地论述了产业组织的理论体系。其两个主要标志是：一是明确地阐述了产业组织研究的目的和方法；二是提出了现代产业组织理论的三个基本范畴：市场结构（market structure）、市场行为（market conduct）、市场绩效（market performance），并把这三个范畴和国家在这个问题上的公共政策（即产业组织政策）联系起来，规范了产业组织的理论体系。而后在此基础上做了进一步的补充、完善，认为市场结构（S）决定企业的市场行为（C），企业的市场行为决定市场绩效（P）。某一市场结构又取决于特定情况下市场供求的基本环境，从而形成了SCP框架的产业组织理论体系，这也标志着产业组织理论的形成。

第二节　产业组织的市场进入与退出

产业组织理论不但要研究既定市场内企业（又称"在位者"）之间的关系，还要研究外来企业（又称"进入者"）进入该市场时或在位者退出该市场时相关企业间的关系、行为和由此产生的后果。产业组织中市场进入和退出的核心内容是壁垒问题。进入和退出壁垒涉及完全竞争市场与不完全竞争市场的效率和福利、进入与创新、集中度与规模和效率等问题。这些既是产业组织理论的基本内容，也是科学制定产业组织政策的理论依据。

一、自由进入与退出的均衡

能够自由进入和退出市场是一个企业具有竞争力的源泉。新竞争者进入市场的威胁和行动会限制在位者，使其减少不利于消费者的经营行为。竞争者的加入，使得原有的市场结构发生变化，改变产业某些环节的经营模式，推进技术创新，从而使产品更具有竞争性。尽管人们已经对厂商自由进入和退出市场的重要性给予了原则上的统一，但是在实际经济活动中仍然存在大量的壁垒阻碍这种"自由性"。壁垒的产生更多地来源于"成本"，这个"成本"包括经济学上所讲的固定和边际成本，以及这些成本的扩展。

二、进入与进入壁垒

（一）进入与进入的方式

1. 进入

所谓"进入"是指一个厂商进入新的业务领域，即开始生产或提供某一特定市场原有产品或服务的充分替代品。进入某一市场或产业领域至少包含两个要素:一是进入的程度,反映在市场份额的变化上,即在同一时间内新进入者获得的市场份额减去退出厂商放弃的市场份额;二是进入的速度,即进入一旦发生,以什么样的速度进行。

2.进入方式

一个厂商决定进入某个新的业务领域时,必须对自己将要采取的进入方式进行选择。进入市场有很多种方式,其中较为典型的是以下两种:

(1)模仿与创新

这种进入方式是从技术角度上定义的。模仿进入是指进入者全部或部分"复制"在位者的经营活动。在这种情况下,新进入者以较低的价格或其他附加的服务作为竞争手段。当进入壁垒不高、生产技术比较成熟、消费者偏好基本稳定的市场时,这种进入方式是比较合适的。然而,从整个产业的角度来看,这种进入对市场结构及其演进不会有太大的影响。创新方式进入是指进入者一开始就以产品差异为战略与在位者展开竞争。当市场正处在上升期,对消费者而言产品差异比价格更为重要,此时创新的竞争优势更为明显。创新进入方式为市场引入新的产品类型或风格,拓展了竞争的空间,对未来市场的发展方向、发展速度以及市场结构的演进和消费者的选择领域都会产生积极的影响。但是,创新的成本会相对较高,而且以创新方式进入市场后被对手模仿的概率很大,这些都是进入者必须考虑的问题。

(2)建立新组织

从进入者建立新组织的角度看,可以分为全新进入、收购和内部发展(多样化)三种模式。全新进入是一切从零开始,其成功率比较低,但是受到相应的约束(如制度、法律等)少,自主行动空间大。通过收购进入一般比全新进入模式见效快,但是收购规模和方式常常难以准确把握,这也加大了收购失败的可能性。同时,收购还要受到法律的审核以及得到被收购企业股东的同意,因此谈判和审核的时间可能过长,交易成本过高,从而影响进入市场的最终效果。通过内部发展进入模式是指企业多样化经营,这个过程涉及新业务实体的创立,包括生长能力、分销关系、销售网络的建立等。

(二)进入壁垒与分类

1. 进入壁垒的定义

进入壁垒简单地说就是新企业进入某一市场时所遇到的来自外界的困难和障碍等条件约束。由于进入壁垒在决定企业数量和规模分布上起着决定性的作用,影响着在位者究竟把价格定在高于、低于或等于边际成本的能力,所以进入壁垒是一个重要的产业结构性特征,影响产业竞争的程度和绩效。任何可以降低外来企业进入的可能性、进入的范围以及进入的速度因素或原因都属于进入壁垒的范围。最基本的进入壁垒产生于市场自身的基本条件,而不是仅仅由于法律、政府规制、技术或其他方面的原因造成的。不同时期、不同产业的进入壁垒差别很大。虽然经济学在进入壁垒的产生和影响等问题上分歧很大,但是有一点已经达成共识,这就是进入和进入壁垒是影响市场份额和集中度的决定因素。

2. 进入壁垒的分类

进入壁垒根据形成原因可以分为以下三小类:结构性的、策略性的与政策性的。

(1)结构性(或称之为经济性)进入壁垒

结构性进入壁垒即进入某一特定产业时遇到的经济障碍以及克服这些障碍所导致的成本提高,包括技术、成本、消费者偏好、规模经济和市场容量等方面的障碍。如由于技术障碍所产生的壁垒称为绝对成本壁垒;由于消费者偏好所引起的壁垒称为产品差别壁垒;由于在位者生产能力和规模所引起的壁垒则称为生产规模壁垒,等等。

(2)策略性(或称为行为性)进入壁垒

与结构性进入壁垒不同的是,策略性进入壁垒的最大特点就是即时主动性,即在位企业在面对或感知外来威胁时会采取其认为最优的行动来提高结构性壁垒。这种壁垒在企业的定价行为中表现得尤为明显。在位者的定价行为完全是出于驱赶对手的需要,哪怕在此过程中,在位者本身也会蒙受一定的经济损失。面对在位者的行动，进入者在决策时间和行动选择上都会有一定的修正和改变，这种变化势会使其进入后的收益降低，此时策略性进入壁垒也就发挥了作用。

（3）政策性进入壁垒

政策性壁垒是由法律、制度和法规等原因引起的壁垒，具体包括政府将某些产品的生产经营只对少数企业授予特许经营权，而不允许其他企业涉足，实行发明创造的专利保护、进口许可制度、税收壁垒、资金筹措限制制度等。这些政策性壁垒在市场体系不完善的国家更为明显，而且还表现在宏观层面上，如所有制壁垒、跨地区壁垒、跨行业壁垒等。政策性壁垒会对产业组织的市场运行和市场结构产生影响，也是政府对产业实施宏观控制与管理的工具。

三、退出与退出壁垒

（一）退出

退出是指一个企业从原来的业务领域中退出来，即放弃生产或提供某种特定市场的产品或服务的充分替代品。退出大体可以分为三类：一是全部退出，将固定资产一次性清算出售，结束市场上所有业务，这种方式虽然退出速度快，但是经济损失往往比较大；二是逐步退出，该方式比较缓和，经济代价相对较小，但花费时间多；三是产业内企业间的横向兼并，使得该产业中厂商的数量减少，这在实际上并不是真正意义的退出，只是一种业务的转移。

（二）退出壁垒

退出壁垒是指当某产业的在位者不能赚取正常利润（或发生长期亏损）而决定退出时所承担的成本。形成退出壁垒的原因多种多样，经济因素形成的退出壁垒主要表现为沉没成本（已经投资尚未收回的成本），政府的干预、法律等均能形成退出壁垒。

四、关于进入与退出壁垒的重要理论介绍

（一）流动壁垒

流动壁垒是指那些阻碍企业进入或退出某一产业、从某产业的某一细

分市场转向另一细分市场的所有因素。从这一意义上来说，流动壁垒是包括进入壁垒、退出壁垒和在同一产业内转移壁垒的总称。一个产业的新进入者，既包括全新的企业，也包括该产业内现存的企业。企业可以进入现有产业中的某个部分，也可以由一个部分再转移到另一部分。大多数市场的内部结构比较复杂，一些在位者已经占据了有利的市场位置，足以阻止那些处在不利位置的在位者或新的进入者的进入。这种在同一市场内流动的障碍就是流动壁垒，这种壁垒与进入壁垒的特征相同，因此产生进入壁垒的因素同样会产生流动壁垒。

流动壁垒的概念拓展了关于进入、退出壁垒的分析。企业进入新的业务领域或退出业务领域时，其选择分为两大类：直接进入（退出）和间接进入（退出）。如果存在流动壁垒，则进入者选择在什么市场位置上竞争、选择什么样的进入（退出）路径就显得至关重要。从企业经营战略上来讲，这种选择就是企业的目标集聚战略。

（二）可竞争理论与潜在竞争

1.可竞争理论

可竞争理论又称"进退无障碍理论"，是相对于传统的完全竞争特别是在自由进入条件下完全竞争在理论上的发展。可竞争理论克服了在其之前产业组织理论中市场结构与企业行为的单向逻辑关系。从具体目标讲，可竞争理论就是企业可以自由地进入或退出某一行业。可竞争理论是分析资源有效配置的最好基础，是产业组织理论的新研究领域，对制定公共政策很有帮助。

可竞争理论从多方面讨论了进入和退出的问题，但其结论只对完全自由的进入和退出才成立，其要满足以下三个前提条件：一是进入是完全自由、没有任何限制的，新进入企业能够很快代替原有企业；二是进入是绝对的，在原有企业做出反应之前就已完成进入；三是进入是可逆的，即退出也是完全自由、没有任何成本的，也就是沉没成本为零。这三个条件的假设要求很强，由此推导出来的结论与现实情况相差很远。依照其结论，在可竞争市场上，由于存在潜在进入者的威胁，在位企业必须努力降低成本、增加创新、扩大经营规模、提高效率，这样在改变市场结构的同时，也影响了经济运行绩效。市场结构、企业行为和运行绩效之间形成了一个双向的关系，这种重视企业行为的分析范式被称为"厂商主义"。依次推理，如果在市场上新老企业面对的成本和需求条件相同，新企业可以采取任何手段与老企业进行竞争，或实行"打了就跑"的策略，即进行相同规模的生产，只要价格比在位企业的稍有降低，便可实现进入，并在在位企业做出降价的反应之前退出。因此，问题的关键不在于经济规模的大小，而在于进退是否自由和方便，即沉没成本的大小。判断壁垒的高低应根据沉没成本的高低来定，即使某一行业只存在一家垄断企业，由于潜在进入的压力较大，该行业仍然是可竞争的行业。反之，没有自由的进入与退出，不管市场结构如何，都会存在某种程度的垄断。

2. 潜在竞争与效率

根据可竞争理论，较高的生产效率和技术创新产生的市场运行绩效，是在新古典的完全竞争的市场结构之外，并不需要有许多的竞争者存在就可以实现的。这种市场结构可以是寡头垄断市场，甚至可以是独家垄断市场，条件是只要保持市场的自由进出，不存在沉没成本，潜在的竞争压力就足以迫使任何市场结构条件下的企业都不得不采取竞争性行为，否则就会招致进入者的袭击。可见，可竞争市场中竞争是随时存在的，也就是说，无论何种市场结构中在位者都必须遵守竞争性市场的"价格—产量"决策原则，不然就会被取而代之。正是由于潜在的进入威胁，而不是在位者之间的竞争，使得可持续条件下在位者的产品价格和市场地位达到了均衡，由此产生有效率的市场结构，进而产业组织就成了一种内生的结果。依照可竞争市场理论，政府的竞争政策是不应该重视市场结构的，应该重视是否存在充分的潜在竞争压力，而确保潜在竞争压力的关键是尽可能地降低沉没成本。为此，政府的公共政策着眼点一方面应放在积极研究能够降低沉没成本的新工艺、新技术上；另一方面应该放在排除一切不必要的人为进入和退出壁垒上。虽然，可竞争市场理论有一定的局限性，但是其所倡导的重视潜在竞争作用的观点，对产业组织理论的发展以及对政府规制政策思路和措施的改进都起到了很大的作用。

（三）沉没成本

沉没成本是那些一旦投入、承诺了专用用途就不能收回的成本。沉没成本产生的原因在于某些经济活动需要专用性资产，这部分专用资产几乎不能再有别的用途。此外，专用性资产的二手市场作用非常有限。沉没成本并不一定都是固定成本，也有律师费用、税金、市场调研的费用、广告费以及研发费用等。固定成本与沉没成本的差别只是程度的问题，并非本质问题。可竞争理论的关键在于，如果存在沉没成本，企业就会面对退出壁垒。因为，自由的、没有成本的退出是可竞争市场存在的基本条件，也就是说沉没成本是可竞争市场上造成进入（退出）壁垒的根本原因。如果没有沉没成本，规模经济、产品差别等均不构成进入成本。

第三节　市场行为

一、市场行为及其内容

（一）市场行为的概念

市场行为即产业内企业的市场行为，是指企业在根据市场供求条件并充分考虑与其他企业关系的基础上，为获取更大利润和更高的市场占有率所采取的战略决策行动。企业行为是联结市场结构和行业绩效的中间环节，一方面，企业采取的市场行为受市场结构状况和特征的影响；另一方面，市场行为又反作用于市场结构，影响市场结构的状况和特征，并直接影响市场绩效。

企业行为受企业的内部因素和外部因素交互作用制约，是企业为实现一定的经营目标而做出的现实反应。企业行为方式是直接由企业的经营目标驱动和决定的，企业经营目标是指导企业行为的航标，是企业行为的动力源泉和行动准则。企业行为目标的形成和实现受到内部因素和外部因素的制约。所谓内部因素主要指企业的产权关系，尤其是指企业所有权与控制权的关系，或者说是企业的委托—代理的权利的确定状况。外部因素主要是指企业所在行业的市场结构和绩效状况、有关的产业政策和法律环境等。

（二）市场行为的内容

产业组织理论中的企业市场行为分析与微观经济学中的企业行为分析不完全相同，后者是企业行为的全面分析，前者主要分析产业内企业与其他企业竞争的行为。企业市场行为的主要内容包括如下三个方面：一是以控制和影响价格为基本特征的定价行为，包括阻止进入定价行为、驱逐对手定价行为、价格歧视行为等；二是以研究与开发、形成产品差异、促销为基本内容的非价格行为，如技术开发行为、广告宣传行为等；三是以产权关系和企业规模变动为基本特征的企业组织调整行为，如企业兼并行为、一体化行为、多元化行为、跨国经营行为等。

二、企业的定价行为

产业组织理论主要研究不完全竞争条件下的企业—市场关系。在这种市场环境中的企业或多或少都有一定的市场支配力，或者说具有一定程度的定价能力。也只有在这种条件下，才有反映企业战略意识的价格行为。价格竞争与价格协调是企业最基本的价格行为，它们以控制和影响价格为直接目标。价格竞争包括降价竞争和旨在限制新企业进入市场的进入阻止价格。价格协调则主要是指价格卡特尔和价格暗中配合。

（一）进入阻止定价行为

进入阻止定价行为是指寡头垄断产业内企业采取适度降低产品价格以阻止新企业的进入而又可使其获得垄断利润的定价行为。这个人为降低了的产品价格即是阻止价格，其直接目的是阻止新竞争对手的加入，但该行为的实质是牺牲部分短期利润而追求长期利润的最大化。为此，占有优势的寡头企业与其他企业协调，产业内企业往往合谋或协商，达成垄断低价，放弃一部分短期利润，有时甚至不惜以短期的亏损为代价，迫使潜在的竞争对手望而却步。可见，进入阻止定价是一种长期价格行为。这种定价行为能够得以实施并取得效果必须满足如下三个假设条件：一是原有企业和潜在进入企业都谋求长期利润最大化；二是原有企业认为，潜在进入企业会认定进入后原有企业将维持产量不变，而放任价格随着新企业增加的产量而下降；三是原有企业很容易通过串通来制定进入阻止价格。

进入阻止价格究竟定在什么水平，通常受如下两个因素的影响：

1. 市场进入壁垒

进入壁垒高，进入阻止定价可以高些；反之，进入壁垒低，进入阻止定价则必须低些，否则难以达到阻止新企业进入的预期目的。

2. 经济规模

当经济规模是主要的进入壁垒时，产业内原有企业的定价原则是使非经济规模条件下生产的新企业无利可图，迫使它们退出市场；适当增加产量，减少新企业可能获得的市场份额，迫使它们成本上升，不得不退出市场。

（二）价格协调行为

价格协调行为是指企业之间在价格决定和调整过程中相互协调而采取的共同定价行为。这种行为一般发生在寡头垄断市场的结构之中。因为在寡头垄断市场上，如果采用企业间竞相降价的价格竞争会两败俱伤，所以通过价格协调，限制价格竞争，共同控制市场，共享垄断利润，成为这种市场结构下企业的主要定价动机和行为。

三、企业的非价格行为

与价格行为不同，企业的非价格行为不是通过降价和涨价或协调价格获得较高的利润，而是通过研究和开发及产品促销获得较高利润。非价格行为实质上是企业产品差别化策略的具体实施，因为企业最基本的两种非价格行为——产品研究与开发及产品营销活动（如广告宣传、销售服务）的核心旨在通过扩大产品差别程度，形成比较鲜明的产品特色，从而增强其竞争力。

对于企业非价格竞争行为的把握和研究，应当注意如下三点：

（一）即使在寡头垄断市场上，非价格竞争同样十分激烈

在技术进步日新月异的当今社会，对企业来说，非价格竞争，特别是产品开发策略和行为，比价格策略和行为显得更为重要。

（二）非价格竞争一般是与价格行为相互联系的

当企业新进入一个市场时，往往是先推出质优价廉的产品，以便抢占

市场。当企业一旦占领了一定的市场份额后，则往差别化和高价策略方面发展，以谋取更多利润。

（三）排挤行为

这种行为根据其性质可以分为两类：一类是合理的排挤行为，譬如，由于竞争的优胜劣汰机制，一些企业被排挤出市场或被其他企业兼并；另一类是不合理的排挤行为，采取过度的甚至违法的"限制竞争和不公平"手段，排挤、压制和控制交易对方或竞争对手，如通过降价倾销手段争夺市场，将其他企业排挤出市场，扩大自己的市场占有率。

四、企业的组织调整行为

企业的组织调整行为主要表现为企业的合并，它是指两个或两个以上的企业变成一个企业的组织调整行为。通过合并，企业间发生产权关系的转移而实现资本集中、市场集中，这是企业外部成长的基本途径。

（一）融合合并和吸收合并

从合并的过程来看，合并可分为融合合并和吸收合并两种类型。前者是指参加合并的各企业协商同意解散原企业，共同组建一个新企业。后者是指参加合并的企业中有一个吸收企业，其余企业宣布解散并被吸收企业吸收。吸收合并在我国通常称为兼并。现实中，企业合并可以是实力相当的企业之间的合并，即通过合并建立起一个新的企业或公司；也可以是吸收式兼并或吞并，通常是大企业吞并一个或多个小企业。但如果小企业掌握特有的生产技术或其产品具有较大的潜在市场，它也可能兼并外强中干的大企业。

（二）水平合并、垂直合并和混合合并

从合并的产业领域来看，企业合并分为水平合并、垂直合并和混合合并三种形式。

1. 水平合并

水平合并是指同一行业生产同种产品或提供相同服务的企业间的合并。水平合并的动因是追求规模经济，合并的结果会减少该行业内企业数量，扩大企业规模，从而限制竞争，显著提高新组建企业的市场集中度。

2. 垂直合并

垂直合并是指在同一行业或生产经营（供产销）上存在关联的产业中，具有投入产出关系的企业间的合并。当垂直合并向上游投入物方向延伸时称为"后向性垂直合并"，当垂直合并向下游最终产出品及销售阶段延伸时称为"前向性垂直合并"。垂直合并具有多方面的动因或绩效，如降低交易成本、充分利用技术经济联系、降低生产销售的不确定性、增强市场支配力等。垂直合并对市场结构的影响不能笼统地看成是提高市场集中度，具体来说，这种影响包括：一是垂直合并涉及同一行业不同生产阶段的多种产品，一般不扩大特定产品的生产规模；二是垂直合并直接造成企业数目的减少和合并后的企业规模扩大，因此会提高一般集中度；三是垂直合并后，企业会对各生产阶段的能力重新组合匹配，一般是前后各生产阶段向最有效率的生产规模看齐，因此，垂直合并可能扩大某些产品的生产规模，提高这些产品的市场集中度。

3. 混合合并

混合合并是指不同行业生产不同产品的企业间的合并，它是企业实施多元化经营战略的重要途径。混合合并具体包括三种形式：第一，产品扩张型合并，即产品功能具有互补关系的企业间的合并；第二，市场扩张型合并，即市场区域或顾客对象不同的企业间的合并；第三，纯混合型合并，即生产经营活动几乎没有任何联系的企业间的合并。混合合并的动因主要有三：一是利用范围经济，二是分散风险，三是实现经营的长远目标。混合合并所形成的多元化经营格局可能对市场结构和竞争产生如下影响：第一，一般不影响某行业市场的集中度，但会提高经济整体的一般集中度；第二，有利于突破行业进入壁垒和克服进入障碍；第三，会导致限制竞争，增强垄断因素；第四，会影响替代产品和互补产品的销售定价。

第四节　网络经济下的产业组织分析

网络化已经成为当前产业组织发展的主要趋势之一，企业间的网络结构和关系是企业长期合作与竞争的结果，是市场和企业组织相互结合的产物。通过依托网络组织（显性或隐性的），企业获得了一类"无形资源"和一种解决冲突的手段。网络经济条件下的产业组织是产业经济学的新内容，主要研究网络经济条件下的市场结构特征、企业行为策略选择和市场运作绩效以及政府公共政策的实施。

一、网络经济的含义与特征

（一）网络经济的含义

网络经济可以从狭义和广义两个角度来理解。狭义的网络经济是指基于计算机网络的经济活动，如网络企业、电子商务，以及网络投资、网络消费等其他网上经济活动。广义的网络经济是指以信息网络为基础或平台的、信息技术与信息资源的应用为特征的、信息与知识起重大作用的经济活动。对网络经济还可以从经济形式的不同层次来理解。从宏观层次看，它是不同于农业经济和工业经济等传统产业组织的一种新的经济形态，与以往经济形态不同，它正在或将以智能化信息网络作为最重要的生产工具，并使信息成为同物质、能量相并列甚至更为重要的资源。从中观层次看，网络经济是指发展到互联网阶段的信息产业，也就是网络产业。它又分基础设施层、应用基础层、中间服务层和商务应用层四个层次。从微观层次看，网络经济就是新型的网络企业、网络市场，包括居民的网络投资、网络消费等微观经济活动。

（二）网络经济的主要特征

与传统经济相比，网络经济主要有以下特征：

第一，无时限经济，即不受时间因素的制约，可以全天候连续运作的经济。网络经济从根本上摆脱了全球时区划分的限制。

第二，全球化经济，即不受空间因素的制约，资源能够全球运行的经济。各国经济的相互依存性空前加强，资源在全球实现配置和利用。

第三，虚拟化经济。计算机网络为经济活动构筑了一个虚拟世界，即网络空间，使网络经济可以在网上网下虚实结合，同时存在，互为促进。

第四，速度型经济。借助于信息的快速传输，经济活动的节奏大大加快，产品与技术更新周期缩短，创新速度加快，速度成为决定企业竞争胜负的关键性因素。

第五，创新型经济。创新是网络经济的灵魂，网络经济条件下的技术创新主要是指包括网络技术在内的信息技术的创新，它是一种横向（相关的或互补的技术）蜂聚式创新和纵向（上游技术和下游技术）层叠式创新相结合的综合集成式创新形式。除了技术创新外，还包括制度创新、组织创新和观念创新等。

第六，竞合型经济。信息网络，特别是计算机网络的应用，既扩大了企业间竞争与合作的范围，又加快了竞争与合作之间相互转化的速度，还改变了传统经济条件下企业竞争的方式，使竞争合作成为企业间新的主导型关系形式。

二、网络经济的主要效应

网络经济的内涵在于社会经济运行的网络化。网络不再仅仅是一种信息交流的渠道和模式，而已成为一个吸纳和承载人们生产、生活和工作的新平台，它是一种从根本上有别于传统经济的新的经济运行方式，由此导致网络经济出现了许多新的不同于以往经济社会的运行规律。

（一）经济外部性

由于用户数量的增加，原来的用户免费得到了产品中所蕴含的新增价值而无须为这一部分价值提供相应的补偿时产生了网络经济外部性。可以把网络外部性理解为网络规模扩大过程中的一种规模经济，不过这种规模经济与产生于供给方面的传统规模经济是不同的，它产生于市场的需求方面，因而也成为"需求方规模经济"。

网络外部性产生的根本原因在于网络自身的系统性、网络内部信息的交互性和网络基础设施的独占性。首先，无论网络如何向外延伸，新增多少个网络节点，它们都将成为网络的部分，因此整个网络都将因为网络的扩大而受益；其次，在网络系统中，网络内的任何两个节点之间都具有互补性；最后，网络的基础设施，如铁路、公路、港口、通信设施等，一般都具有投资巨大、投资周期长、独占性强和使用期限长等特点，这些都决定了网络外部经济性的长期存在。

网络外部性的分类，即直接网络外部性和间接网络外部性。由于消费某一产品的用户数量增加而直接导致的网络价值的增大就属于直接的网络外部性。通信网络，如电话、传真机、在线服务、E-mail等，都是体现直接网络外部性的典型例子。间接的网络外部性是随着某一产品使用者数量的增加，该产品的互补品数量增多、价格降低而产生的价值。如作为互补商品的计算机软硬件，当某种特定类型的计算机用户数量提高时，就会有更多的厂家生产该种计算机所使用的软件，这将导致这种计算机的用户可得到的相关软件数量增加、质量提高、价格下降，因而获得额外的利益。

（二）边际收益递增

边际收益递减是工业经济条件下物质产品生产过程中的普遍现象，但在网络经济条件下，这一规律不再完全适用，经常表现为边际收益递增，主要原因有以下几点：

1. 网络经济下的边际成本随着网络规模的扩大而呈递减趋势

信息或网络产品的成本主要由三个部分构成，即网络建设成本、信息传递成本与信息收集、处理和制作成本。其中，网络建设成本和信息传递成本在网络长期使用过程中基本为零，虽然信息收集、处理和制作成本随着网络使用人数的增加而增大，但网络运行的边际成本却呈现明显下降的趋势。

2. 信息或网络产品较高的固定成本和极低的边际成本

信息或网络产品分为硬件类和软件类。其中硬件类产品与传统产品较为相似，所以只分析软件类产品即可。软件类产品的生产与传统产品极为不同。作为一种知识性产品，软件的生产要求有非常高的初始投入，而一旦第一个单位的产品研制成功，以后各单位产品的生产只不过是对第一单位生产的产品的简单复制而已。

3. 网络经济中存在较强的学习效应

学习效应也称为"干中学"或"用中学"。学习效应所实现的收益递增主要来自两个方面：一是来自工作中经验的积累；二是来自信息知识的累积增值和传递效应。在信息经济条件下，信息知识不仅作为投入要素被更有效地使用，而且在使用过程中，还可产生作为附加产品的新的信息和知识，它们可以被再次作为投入来开发新的产品或改进现有产品，从而产生新的收益。

4. 网络效应

网络经济中的消费行为具有显著的连带外部正效应，即网络效应，从而导致边际收益递增。

（三）正反馈与需求方规模经济

正反馈的含义是使强者更强、弱者更弱，从而引起极端的结果，在市场上表现为一家公司或一种技术支配或主宰市场。与之相反的现象是负反馈，即强者变弱、弱者变强。在传统经济中，负反馈起支配作用。当然，工业经济时代也存在正反馈效应。事实上，几乎每个产业在发展的早期都要经过一个正反馈阶段。通用汽车公司比小的汽车公司更有效率，主要就是因为它的规模经济效应，这种效应刺激了通用汽车公司的进一步发展。这种正反馈来源于生产的规模经济，是一种供应方规模经济。基于供应方规模经济的正反馈有其自然限制，超过这一点，负反馈就起主导作用，这些限制通常来源于管理大组织的困难。在网络经济时代，正反馈处于支配地位。在正反馈很强的市场内，竞争的结果通常是市场只有极少数的企业存在。与工业经济时代的正反馈相比，网络经济中的正反馈是一种需求方正反馈，它与供应方规模经济不同的是在市场足够大的时候需求不分散，具有"蜂窝效应"。

（四）范围经济性

网络经济条件下的单个企业借助于信息网络技术，靠自身的力量拓展产品的生产经营范围，进行多元化经营，从而能够有效地实现范围经济性。同时，消费者需求日趋多元化和小型化，企业通过多元化经营，可以更迅速地实现与市场的对接，及时满足市场需求，增强企业的市场地位，这也促进了企业范围经济性的实现。信息化程度越高，网络连接能力越强，信息知识产品在生产过程中投入比重越大，从而由此产生的范围经济性也就越明显。

三、消费者预期与临界网络规模

由于存在网络外部性，每个消费者的效用取决于购买同样产品的其他消费者的人数，即网络使用者的规模。消费者的效用函数是相互依赖的，这就意味着购买者必须预期他将要购买的组件可能性、价格和质量，以得到尽可能大的网络外部效应。此时，需求水平便取决于消费者对网络规模的预期。以下是对消费者预期均衡的简要分析。

假定有一项受网络外部性影响的新技术拥有100万个消费者，每个消费者对产品的评价值为n，n是其他使用该技术的消费者的数量（若n的值很大，就近似于网络规模）。换句话说，n值越大，每个购买者对产品的评价值就越高。具体说来，即是每个消费者愿意为产品支付ne，而ne就是网络的预期规模。

假定每个消费者预期不会有其他消费者加入该网络，则ne＝0，此时将没有消费者愿意为加入该网络付费，因为这时净收益小于零。由此可见，对于任何一个正的价格，没有消费者愿意加入该技术的用户网络将是一个纳什均衡，或称其为预期实现均衡，均衡价值n等于预期价值ne。若假定每个消费者预期其他消费者都加入该网络，这意味着每个消费者都愿意为新技术付出999999元，假如价格低于这一数值，即可得到第二个纳什均衡，即每个消费者都愿意加入新技术的网络。因此，在价格0到999999元之间存在两个纳什均衡：一个是所有消费者都购买新技术，另一个是所有消费者都不购买新技术。这就说明，当存在网络外部性时，对于某一个给定的价格，可能存在多种需求水平，而需求水平又取决于消费者对网络规模的预期。

倘若价格是900000元，预期会出现零使用者均衡，还是100万使用者均衡呢？若价格是900元又会如何呢？严格地说，在两种情况下，两种均衡都有可能出现，但从直觉上看，价格高时似乎少量使用者的均衡更有可能出现；价格低时则大量使用者的均衡更有可能出现。假定价格是900000元，在此情况下，消费者只有在肯定至少有900000名（100万中）的其他消费者也愿意购买时才会前去购买该项新技术；但若价格是900元，则消费者只要肯定至少有900名（100万中）的其他消费者愿意购买同样的技术就足够了。

在现实中，这种技术博弈并不局限于一个时期内，而是随时间的推进而展开的。假定价格是900元，即使大多数消费者对于出现大量使用者均衡的机会持悲观态度，还是有可能有900名的消费者真正去购买。一旦这种情况发生，对于其他消费者而言，购买同样的技术就成为优势战略，因为这时已经有900名消费者购买了该技术，将来网络的规模至少是900名，因此可以预期市场将迅速趋于大量使用者的均衡。也就是说，网络市场趋于大量使用者均衡取决于使用者的数量高于给定的最低值（本例中当价格为900元时，使用者为900名）。一旦高于该最低值，需求将通过自我加强机制继续增长，直至达到大规模网络的均衡。该最低值就被称为导致网络建立的购买者临界水平或称关键数量。可以得知，价格越低，超过最低值，即达到临界水平的可能性就越大。

这一结论的经济学含义：在竞争市场中，定价时将主要考虑成本因素，技术进步促使成本不断降低。这时，预期初始均衡为高价格和小规模网络，或根本不存在网络，即零使用者均衡。随着时间的推移，成本和价格都在下降，一旦达到临界规模，需求便趋于大规模网络均衡。在垄断市场或某一企业具有较大市场力量的市场中，以上分析预示着成功的战略是制定较低的价格，以获得累积效应，也就是说，取得超过临界规模的需求并将其推向大量使用者均衡。由此也说明，在网络效应很强的市场中，较大的用户基数是一项值得精心维护的资产，因为导致少量使用者均衡的危险总是存在的。在这种市场中，任何一种技术产品要在这个产业中生存下去，都必须形成一定的网络规模。尤其是当一种新的技术产品进入市场时，虽然与已有产品相比它在技术上具有优势，并且确实对消费者产生了一定的吸引力，但是要真正得到消费者的认可，还要考虑其他一些重要因素。对于后进入市场的企业而言，就需要采取一系列竞争战略，如催促产业链的形成、进行差异化竞争、不断提升产品质量等,来积极地引导消费者,培育自己的竞争优势。

四、产品兼容性及其效应

(一)兼容性的含义及其实现方式

产品兼容性是指一个"系统"中两种组件结合起来工作的能力。当两种产品结合起来共同提供服务且没有成本时,它们是兼容的。"系统"产品互补件之间的兼容程度直接影响网络规模(用户基础)的大小,从而影响用户对该网络产品采用的速度,进而对这一市场的竞争与市场绩效产生重要影响。有三种兼容性:物理兼容性、通信兼容性和习惯兼容性。物理兼容性是指物质产品在物理或电磁学上被设计安装在一起,它是通过物理产品性质的标准化来实现的。通信兼容性是指两种物资设备彼此通信交流的能力,一般通过特定的通信标准来实现。而在习惯兼容性情况下,协调产品设计的收益不是表现在物质上,如标准时间和货币等。产品兼容性的实现方式有两种:标准化和加装适配器。标准化方式是事先通过设计使产品遵守某种共同的标准或协议以实现产品之间的兼容或"互操作",它是一种事先的兼容。适配器是使组件连接起来"工作"的产品或软件程序,一旦使用适配器获得兼容性,就成为一种事后的兼容。

(二)产品兼容性的效应

1. 实现更大的网络效应

产品之间的兼容性程度直接影响该产品的网络效应的实现程度和范围。当所有用户在同一个网络中时,网络规模最大化,实现的网络收益也最大。

2. 减小或消除停滞效应的影响

若产品是兼容的,一个消费者在选择某种产品时,不必担心其选择的产品将来会被其他消费者"抛弃"而从市场上消失。

3. 对产品多样性效应

对单个组件的品种,兼容性降低了产品之间的差异,减少了产品品种的多样性,从而减少了组件品种的数量。而对完全系统的品种来说,兼容性则通过允许消费者从不同系统中对不同的组件进行混合配对，增加了产品多样性，也增加了消费者能够选择的、利用不同组件组成的系统数量。

（三）产品兼容性与企业竞争

从直观上看，如果各种同类技术或产品之间是兼容的，它们将拥有相同的网络价值，此时谁的成本低，谁的竞争优势就更大。但如果各产品之间不兼容，网络外部性很强，那么如果一种产品成为标准，它将垄断整个市场，或称赢者通吃。可见，兼容性决策在网络市场上对厂商之间的竞争是极其重要的。下面通过一个模型来分析兼容性在企业决策中的重要性。

考察一个简单的两阶段博弈，在第一阶段，企业决定是否使其技术具有兼容性。如果达不成协议，则将展开"标准之战"，随之其中一种技术被采纳为标准。在第二阶段，展开产品市场的竞争。若先前达成了兼容性协议，则每个企业赚取双寡头垄断利润 πD；若先前没有达成协议，那么在标准之战中取胜的企业将赚取垄断利润 πM，失败者的利润为零。

考虑第一种可能情况：兼容性之战是为了吸引消费者，为此企业需要花费资源，这时准备了较大花费的企业将赢得竞争。在标准之战中取胜的企业的收益是 πM，即标准制定者在第二阶段的利润。标准之战本质上如同拍卖，出价最高的参与者赢得拍卖，企业将其出价提高到 πM。最后，赢得拍卖不会获得正的净收益，收益 πM 刚好弥补了得到它所付出的代价，输赢双方都以净收益为零告终。不论双寡头垄断利润 πD 有多低，达成兼容性协议对企业来说都意味着更有利的结果。

再考虑第二种可能的情况：选择流行的标准是由一系列企业无法直接控制的条件决定的，如消费者恰好偏好某种技术并购买该技术，随之产生一种示范或滚雪球效应，或政府的某些管制政策等给予某一种标准初始优势，并在自我加强的动态过程中得以巩固。在本模型中，假定不兼容意味着每一种技术被采纳为产业标准的概率为50%。

如果企业选择兼容，情况与前面一样，双方以获得双寡头垄断利润

πD而告终。如果双方不同意其技术互相兼容，其中一种技术被选为标准的概率为50%，并获取垄断利润πM，另一种技术的收益为零。平均而言，每一个企业所得到的利润为50%πM。由此可看出，当50%$\pi M >$ $3\pi D$或$\pi M > 2\pi D$时，采取不兼容才是较优的，成为一段时间的完全垄断者要比一直做双寡头垄断者中的一员更有利。这个结论在产品市场竞争激烈的条件下表现得更为明显，因为这时$2\pi D$比πM低得多。

概括以上分析，可得出以下结论：如果标准竞争很激烈，那么企业偏好兼容；如果产品市场竞争很激烈，那么企业偏好不兼容。

以上有关标准竞争的模型分析建立在一种较特定的环境之中。标准竞争的一个可能效果是缩小产品的市场规模。有时两种不兼容的标准互相竞争，较优等的标准退出市场，而较次等的标准却留给消费者，原因是消费者对选择哪一种标准变得疑惑，他们宁愿哪一种都不选。当新技术试图取代现有技术时，消费者"简单"地选择继续使用较落后但确定的技术，这就意味着过度惰性占了优势，也说明现有技术的合理存在导致标准之战的潜在成本是高昂的。

五、标准竞争与企业竞争策略

（一）标准与标准化

从一般意义上说，兼容标准是为确保具有互补性的产品之间，甚至特定产品的不同零部件之间的兼容性。在网络经济学中，标准化问题是由网络外部性和产品兼容性引发的，因而也被狭义地理解为兼容性标准，标准是选择一种对每个人都适用的特定技术。兼容性标准的作用就是使不同的技术或产品能够协调起来发挥作用。标准化是某种标准得到确认、推广并受到市场承认的过程，意味着相关网络中消费者数量的增加，同时意味着消费者收益的增加。

（二）标准化对竞争的影响

1. 标准化扩大了网络外部性

标准化增进了兼容性或互联性，通过扩大网络为用户提供更大的价值，促进了良性的网络效应：一是使更大的网络中的成员得以分享信息，而不需要进行格式上的转换；二是间接的影响，共享数据的能力吸引更多的消费者使用这种格式，进一步扩大了已有的网络外部性。

2.标准化减少消费者的不确定性

标准化减少了消费者面临的技术风险，这将有利于促进新技术的普及。特别是那些拥有许多支持者的标准更是如此，标准能够提高这种技术的可信度，相反，对于不兼容的产品来说，消费者会产生疑惑或恐惧心理，因为害怕被锁定在一个不兼容的、没有前途的产品中，这将延缓这种产品的采用。

3.标准化导致市场外的竞争转入市场内的竞争

因为标准化减少了锁定，把竞争中心从争夺市场统治地位转移到争夺市场份额，企业竞争目标不再是市场，而是同一标准下的市场内竞争。在共同标准存在的情况下，不太可能出现大胆的渗透定价，但是却很可能出现标准锁定。对消费者来说，最不利的结果之一就是：接收了一个被广泛预期为开放的标准而被锁定在其内。

4.标准化使竞争从功能之争转向价格之争

由于许多产品都具有共同的功能，而这共同的功能的数量取决于标准具体到什么程度：标准越具体，每位生产者就越难在遵守标准的同时将自己的品位差别化，即降低了每个供应商将产品差别化的能力，从而加剧价格竞争。

5.标准化导致独家扩展功能的竞争

随着时间的推移，供应者会产生很强的在保持一定程度相互兼容的同时，通过开发独家扩展功能使自己与众不同的动机。扩展标准的竞争也会造成产品的不兼容，给消费者带来一定的麻烦。对于那些具有独家权利的拥有者来说，可以利用这些权利来控制技术的发展，从而限制竞争者对技术标准进行扩展的能力。那些发起或建立了一种产业标准的企业又会尽可能地控制其发展。

（三）标准竞争

当两种新的不兼容技术相互争斗、都试图成为事实上的标准以获得市场垄断地位时，就称其在进行标准竞争。标准之争是具有较强网络外部性和正反馈的网络市场中所独有的现象。

1. 标准竞争中的竞争优势——关键性资产

标准之争是具有较强的网络外部性及正反馈的网络市场中重要的企业行为，对网络经济条件下企业的发展和市场地位具有重要的影响。对一个企业来说，成功地进行标准竞争的能力取决于对以下几个关键资产的掌握：

（1）对用户安装基础的控制

用户安装基础是指购买和使用某一产品的用户人数。产品的网络效应取决于网络规模，即用户基础的大小。对安装基础的控制可以用来组织合作性的标准设定，依次参与标准竞争。

（2）知识产权

拥有能控制有价值的新技术或界面的专利权或版权的公司将处于有利的地位。

（3）创新能力

具有较强的创新能力能够使企业获得在将来进行独家扩展的能力，从而在标准竞争中处于一个强有力的地位。

（4）先发优势

如果企业事先已经做了大量的产品开发工作，并且在学习曲线上比竞争对手走得更远，企业就会处于一个更为有利的地位。

（5）生产能力

企业如果是一个低成本生产者，由于规模经济或制造能力，就会处于较强有力的地位。成本优势可以帮助企业在标准竞争中生存或获取市场份额。

（6）互补产品的力量

如果企业生产的产品是市场的一个重要的互补产品，企业就将会有很强的动机来推广产品，这自然会有利于使企业处于一个领先的地位，因为新技术被市场接受将刺激企业生产的其他产品的销售。

（7）品牌和声誉

仅仅有最好的产品是不够的，企业还必须让顾客相信其有实力获得竞争优势。经历和声誉在标准竞争中可以起到重要的作用，可以加强消费者对企业的预期。因此，培育自己的品牌和声誉在网络市场中很重要。

2. 企业在标准竞争中的策略

（1）先发制人策略

先发制人策略就是建立一个早期的领导地位。一旦一种技术在安装基础上拥有绝对的领导地位，那么即使是一个更高级和更便宜的技术，要想对原技术构成威胁也是很困难的。其中，能够迅速地建立一个巨大的安装基础将是很重要的，并且要使用户也认识到这一点。

（2）吸引互补产品的供应

企业总是希望通过自己产品的互补品在市场上的广泛流通来加强自己产品的地位。当然，企业可以自己生产主产品的互补产品，但是如果这种生产成本很大时，厂商更多的是希望去影响互补品生产商的决策。尤其是当这些互补品生产商的决策在很大程度上受其关于主产品未来的市场规模、网络大小决定时。因此，影响互补品生产商的决策，既是建立一个新的网络技术的需要，又是击败已有标准的有力工具。

（3）加强预期管理

在网络产品销售中，预期是使顾客决定是否购买的关键因素。预期管理有两方面的效果：一方面是积极效应，即承诺推出新一代产品，增强消费者预期；另一方面可能也会产生消极效应，如果这种承诺是不可信的，将会使自己的声誉受到影响。

（四）政府在标准化过程中的公共政策选择

在公共政策层面，确定是否要标准化是困难的，而确定哪一种技术或标准可能更困难。此时，政府公共政策面临选择的时机问题。如果政府行动过早，那么它就只能基于某一种标准相对较好的有限信息进行决策；而如果政府等待时间过长，那么产业就有可能已被锁定在一种特定的可能不是最好的标准上。因此，如何确定政府干预的最佳时机就成了一个十分重要的问题。此外，针对网络外部性可能导致的过度惰性，即新旧技术的转换过于缓慢的问题，政府的公共政策也可以发挥一定的作用。一般说来，政府需要对参与双方进行协调，促使产业技术实行转换。但这时仍存在以下难题：从社会角度看，政府一般很难掌握一切相关的信息。因此，有关转换以及转换的时机是否最优，将是考量政府公共政策选择能力的另一种标准。

第三章

产业结构

第一节　产业结构概述

一、产业结构的概念

一般来说，"结构"是指事物的各个构成部分的组合及其相互关系。产业结构是指国民经济中产业的构成及其相互关系。产业结构存在"广义"和"狭义"之分。狭义产业结构的内容主要包括：构成产业总体的产业类型、组合方式，各产业之间的经济技术联系，各产业的技术基础、发展程度及其在国民经济中的地位和作用。广义产业结构除了狭义产业结构的内容外，还包括产业之间在数量比例上的关系、在空间上的分布结构。如果把产业内部的结构，即产业内部企业的构成及其相互关系也当成是广义产业结构的内容，从这种广义产业结构的角度看，产业经济学就可以说是研究广义产业结构的经济学，但这样理解过于宽泛。本书所讲的广义产业结构，不包含产业内部的企业构成。广义产业结构理论包括从数量比例上分析各类产业之间关系的产业关联理论和从空间上分析产业分布结构的产业布局理论，本章专门介绍狭义产业结构理论。

二、产业结构的类型

产业有多种不同的类型，产业结构也有各种不同的类型。由于产业结构中各产业的状况、发展程度有差别，相互之间的关系及其在国民经济中的地位和作用是不断变化的，所以产业结构的状况会不相同，并且也会不断发生变动，也就必然存在各种不同种类的产业结构。正确划分产业结构的类型，是研究产业结构状况和发展规律的理论前提。产业结构主要存在按以下几种不同标准和方法划分的类型。

（一）三次产业构成不同的类型

根据三次产业分类法的分类，按照三次产业在国民经济中所占的比重、所处的地位不同进行排序，越是排在前面的产业占的比重越大、地位越重要，产业结构可分为1、2、3（其中1是第一次产业，2是第二次产业，3是第三次产业，下同）型，2、1、3型，2、3、1型，1、3、2型，

3、1、2型和3、2、1型等六种类型；在图形上表现为金字塔形、鼓形（橄榄形）、哑铃形（工字形）和倒金字塔形等四大类型，如图3-1所示：

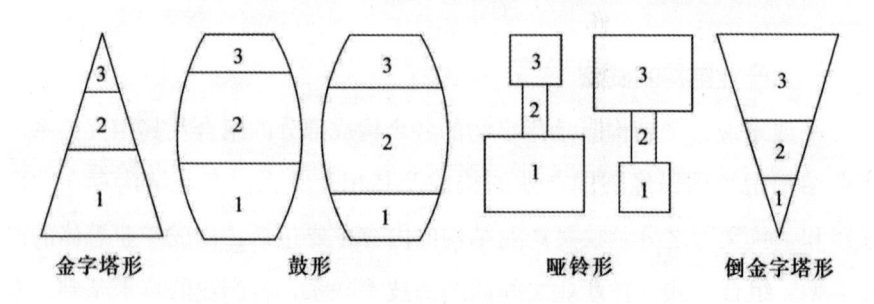

图3-1 三次产业构成不同的产业结构类型

图3-1中，1表示第一次产业，2表示第二次产业，3表示第三次产业。在图形中所占面积的大小表示各产业在国民经济中所占比重的多少。

所谓金字塔形结构，也就是1、2、3型结构，是指第一次产业在国民经济中占的比重最大，工业和服务业的占比都很小（工业主要是手工业），以第一次产业为主的产业结构，这是农业社会或农业国的产业结构。

所谓鼓形结构，又称橄榄形结构，是指第二次产业在国民经济中占的比重最大，第一、三次产业占的比重比较小，以制造业为主的产业结构，这是工业社会或工业国的产业结构。鼓形结构又有两种情况：一是第一次产业的占比比第三次产业大的2、1、3型结构，这是工业化前期的结构，此时农业的占比还比较大；二是第三次产业的占比比第一次产业大的2、3、1型结构，这是工业化中期的结构，此时服务业的比重已经超过农业。

所谓哑铃形结构，又称工字形结构，是指第二次产业在国民经济中占的比重比较小，第一、三次产业占的比重比较大的特殊型结构，这是部分发展中国家或地区在特定条件下形成的产业结构。比如以石油等矿产品出口为主或者以旅游等服务业为主、工业发展又比较落后的国家和地区，往往会形成这种产业结构。哑铃形结构也有两种情况：一是第一次产业的占比比第三次产业大的1、3、2型结构；二是第三次产业的占比比第一次产业大的3、1、2型结构。

所谓倒金字塔形结构,也就是3、2、1型结构,是指第三次产业在国民经济中占的比重最大、第二次产业其次、第一次产业最小、以服务业为主的产业结构,这是后工业社会或发达的工业化国家的产业结构。

(二)产业比例关系不同的类型

按照产业之间比例关系状况的不同,产业结构可分为协调型和失衡型两大类。协调型结构也称均衡型结构,是指产业之间数量比例合理,投入产出均衡,没有过剩和短缺现象或者不严重,国民经济能够协调发展的产业结构;失衡型结构也称畸形结构,是指产业之间数量比例失调、投入产出失衡,某些产品严重过剩或严重短缺或二者并存,对国民经济的长期发展和效益的提高会产生不利影响的产业结构。

(三)农业、轻工业和重工业构成不同的类型

根据物质生产部门划分为农业、轻工业、重工业的分类,按照三者在产业结构中的地位不同,产业结构可分为重型结构、轻型结构、以农为主型结构等三种类型。重型结构是以重工业为主的产业结构,这是处于工业化中、后期的大部分国家或者片面强调发展重工业的国家的产业结构;轻型结构是以轻工业为主的产业结构,这是一般处于工业化初期的国家的产业结构;以农为主型结构则是没有实现工业化国家的产业结构。重型结构又有两种不同的类型:一是以原材料、燃料、动力、交通运输、基础设施等基础工业为重心的重型结构,这是重工业化前期的产业结构;二是以高加工度制造业为重心的重型结构,这是重工业化后期的产业结构。

(四)产业发展层次不同的类型

按照产业的发展程度、技术水平、生产要素密集度、加工程度和附加值大小的不同,产业结构可分为初级结构、中级结构、高级结构等三个不同等级的类型。初级结构是指以技术落后产业、劳动密集型产业、加工度比较低和附加值比较小的产业或第一次产业为主的产业结构,这是发展水平最低的产业结构;中级结构是指以技术水平较高产业、资本密集型产业、加工度比较高和附加值比较大的产业或第二次产业为主的产业结构,这是发展水平较高的产业结构;高级结构是指以高新技术产业、技术密集

型产业、高加工度和高附加值的产业或第三次产业为主的产业结构,这是发展水平最高的产业结构。所谓产业结构的高度化或高级化,主要就是指产业结构由初级结构向中级结构、高级结构发展的过程。

三、产业结构与经济发展

产业结构理论之所以是产业经济学最重要的组成部分,学习和研究产业结构理论之所以意义重大,最根本的原因在于产业结构与经济发展的关系十分密切。产业结构与经济发展互为条件、互为因果,产业结构是过去经济发展的产物,又是未来经济发展的基础、动力和关键因素。产业结构的状况及其演进对经济发展的影响和作用,主要表现在以下几个方面:

(一)产业结构的改善是经济发展的重要组成部分

社会经济发展包括经济数量的增长、经济结构的改善和生活质量的提高。其中,经济结构主要是产业结构。由此可见,产业结构改进的本身就包含在经济发展之中,产业结构的改善就意味着经济的发展,经济要发展就必须改善产业结构。而且,经济数量的增长、经济水平的提高,又有助于产业结构的优化升级,既为产业结构的优化创造了有利条件,又提出了产业结构必须改善的要求。

(二)产业结构的状况是经济发展水平的主要标志

衡量经济发展水平的标准,主要不是经济增长、规模扩张、数量增加,而是产业结构的状况。产业结构优化程度的高低是经济发展水平高低的主要标志。比如,经济发展水平不同的农业经济社会、工业经济社会、知识经济社会的界定和区分,都以产业结构的状况作为标志:之所以叫农业经济社会,就是因为产业结构是以农业为主;之所以叫工业经济社会,又是因为产业结构是以工业为主;之所以称为知识经济社会,也是因为产业结构是以生产和传播知识的产业为主。

(三)产业结构的改进是经济协调和持续发展的必要条件

经济发展要协调,产业结构必须合理,数量比例必须恰当,投入产出关系必须均衡,社会再生产的实现条件必须满足。否则,必然会导致比例失调、结构失衡,短缺和积压并存,连简单的再生产都难以维持。经济发展要持续，产业结构必须不断优化升级，必须发展环保产业、知识技术密集型产业，发展节约、保护、高效利用资源的产业。否则，必然导致环境污染、资源破坏、生态失衡，根本不可能实现经济的可持续发展。

（四）产业结构的状况是经济效益的决定性因素

产业结构是决定资源在产业之间能否优化配置、高效利用的关键性因素。在产业层次上，只有产业结构合理化，资源才能被充分利用，才能防止积压和浪费；只有产业结构高级化，产业的资源才能得到高效利用。宏观资源的优化配置，主要体现为资源在产业之间的优化配置。产业结构优化带来的经济效益是决定宏观经济效益的重要因素，因此而产生的产业效益比企业效益意义更大，因为单个企业效益再高，如果整个产业部门生产过剩，等于无效益。

（五）优化的产业结构是经济发展的强大动力

产业结构对经济发展具有双重作用：不合理的产业结构，意味着产业的比例失调，会导致资源浪费，严重妨碍经济的发展，使社会需求得不到较好的满足；优化的产业结构，意味着产业的比例协调、技术先进、发展层次高，能够实现产业资源的优化配置和高效利用，改善供给，增加有效供给，创造新的需求，带来经济快速、协调、高效发展，使社会需求得到较好的满足。

四、产业结构效应

产业结构之所以能够对经济发展产生巨大的影响，主要原因在于产业结构的特殊功能。产业结构的特殊功能来自产业结构效应的作用。产业结构效应是指产业结构及其变化对经济发展产生影响的方式和效果。产业结构效应主要包括产业结构的结构关联效应、结构弹性效应、结构成长效应、结构开放效应、结构供给效应、结构需求效应。

（一）结构关联效应

产业结构不仅在内部具有产业关联效应、扩散效应、辐射效应、带动效应，即一种产业的发展可以带动前向、后向、旁向、环向产业的发展，一种产业的新技术能够广泛用于其他产业，提高产业总体的技术水平，而且产业结构还存在结构关联效应,即产业结构的变动能够引起资源结构、城乡结构、地区结构、就业结构、消费结构、分配结构等其他结构的变化,进而影响经济发展的作用和效果。

(二)结构弹性效应

产业结构的结构弹性效应是指产业结构作为供给结构,具有可变性和适应性,能够适应需求结构变动而促进经济增长、效率提高的作用和效果。

(三)结构成长效应

产业结构的结构成长效应是指产业结构的变动能够重新配置资源,使资源流向生产率更高的部门,引起有效产出极大增长的作用和效果。

(四)结构开放效应

产业结构的结构开放效应是指参与国际分工和国际贸易,利用国际产业结构变动的机遇,调整本国产业结构,促进经济增长的作用和效果。

(五)结构供给效应

产业结构的结构供给效应是指产业结构的改善能够提高供给能力,增加有效供给,减少无效供给的作用和效果。

(六)结构需求效应

产业结构的需求效应是指产业结构的改进能够更好地满足需求、引导需求、创造新的需求的作用和效果。

第二节　经济全球化与产业发展

一、经济全球化与外向型经济

(一)经济全球化趋势

1. 经济全球化的含义和演进

经济全球化泛指贸易、投资、金融活动的全球化,即以整个地球作为资源配置的大舞台,生产资本向全球流动以及由它所带动的全球贸易和金融活动。至今,经济全球化主要经历了以下三个阶段:

第一阶段：第二次世界大战后初期至20世纪70年代初的迅速发展时期。其突出表现是经济互助委员会、欧洲经济共同体和欧洲自由贸易联盟等集团的组建和发展。

第二阶段：20世纪70年代初期至80年代上半期的缓慢发展甚至停顿时期。这一时期，经济全球化的趋势明显减缓，其中，欧共体一体化进程的放慢尤为突出。发展中国家的国际经济一体化也大多处于停顿状态，有的甚至分化或解体。

第三阶段：20世纪80年代中期以后，在自由化政策的推动下，经济全球化进入了重新高涨并加速发展的新时期。西欧、北美、亚太等地区的区域性一体化获得了实质性进展。

2. 经济全球化的特征

从目前经济全球化发展的现象来看，经济全球化主要有如下特征：

（1）生产的全球化

生产的全球化最显著的特征是跨国公司越来越成为世界经济的主导力量。

（2）市场的全球化

市场的全球化表现为各国市场越来越呈现相互开放、融为一体的趋势，国际贸易已成为世界经济发展的"火车头"。

（3）资本的全球化

资本的全球化体现为各国之间的直接投资（FDI）持续增长，资本在各国之间频繁地自由流动。

（4）科技开发和应用的全球化

科技开发和应用的全球化主要表现为科技活动的全球化、科技传播的全球化、科技目标的全球化和科技影响的全球化。在全球化的背景下，人类的一些重大科技活动已超出了由一个国家进行研发的传统。

（5）信息传播的全球化

信息传播的全球化的特征是随着互联网等技术的出现而凸显的。随着互联网技术的日趋成熟，信息的传播速度突飞猛进。如今，世界某一角落发生的事件，在很短的时间内就传遍全球。

3. 经济全球化的动因

经济全球化的动因是多方面的，其中最重要的有三条：一是分工的深入和市场的扩大；二是科学技术的进步；三是跨国公司的发展。分工的深入和细化直接导致了生产力的提高，增加了商品的供给；市场的扩大为生产力提高后的新增商品寻找到新的需求，使得整个社会生产在更大的范围内得以平衡；科学技术的进步是生产力得以提高的基础和源泉，而跨国公司的发展是生产关系适应生产力的一种表现形式，它使商品可以在更广的地域范围内实现低成本、高效益的生产。

4. 经济全球化的发展趋势

根据经济全球化产生的动因和发展现状，在进入21世纪后，经济全球化有以下发展趋势：

（1）经济全球化是一个社会发展不可阻挡的必然结果

只要科学技术是不断进步的，就不可避免地会促进社会生产力的发展；而社会生产力的发展就必然要求在更大的地域范围内进行生产活动，在更大的范围内取得各种生产要素和实现商品的销售。因此，经济的全球化是在科学技术不断进步的前提下人类经济活动的必然归宿。

（2）经济全球化将首先以区域经济一体化的形态为其突出标志

虽说经济全球化是不可阻挡的社会经济发展的必然结果，但在一段时期内，区域经济一体化将成为其突出的表现形式。这主要是由于区域经济发展不平衡，区域产业结构高级化程度不同，区域之间的利益摩擦相对较大，导致了不同区域在要素流通等方面还存在着各种壁垒，阻碍着生产要素的流动，从而阻碍着经济全球化的迅速扩展。而在一个区域内，产业结构的高级化程度相对接近，利益关系相对容易处理，因而区域经济一体化的实现相对容易。

（3）在经济全球化的过程中，区域特色越发突出

经济全球化并非各区域完全同质化。根据有关竞争优势理论，各区域的竞争优势将在经济全球化的过程中体现出来。因此，区域特色将成为经济全球化过程中的另一个特点而被展现出来。

（4）各经济体将在经济全球化过程中采用通行的"游戏规则"

经济全球化要求不同的经济主体采用共同的"游戏规则"。目前，世界主要经济体都采用了市场经济体制。可以预见，随着经济全球化的发展，一些通行的"游戏规则"将被越来越多的经济体所采用。

（5）跨国公司在经济全球化过程中的作用将越来越大

跨国公司对全球化的促进作用表现在：一是作为对外直接投资的驱动力和主要载体；二是通过"内部化"优势扩展它们在全球的生产经营活动；三是将资本、技术和管理合为一体，组成"一揽子资源"向世界各地转移。

（二）外向型经济

在经济全球化的背景下，一国的经济将不可避免地融入世界经济之列，一国的产业结构也将不可避免地成为全球产业结构的一个子系统。换句话说，产业之间的关联关系将在国际产业的供给与需求中得到平衡，封闭型的产业结构系统已不再适应社会生产力的发展，只有开放式的产业结构系统才能适应经济全球化的潮流。

与开放式产业结构系统相关的一个概念是"外向型经济"。所谓外向型经济，是指一国或一地区经济发展的一种模式，通常是指一国或一地区为推动区域经济的发展而面向国际市场建立的经济结构和经济运行体系。这种面向，从总体上而言是区域市场与国际市场间各种要素和产品的双向流动，这种双向流动已经达到相当的量或程度，以至要求或促进区域经济和经济运行机制不同于内向型经济的特征，带动经济发展的机制已根本不同。

外向型经济是与国际经济紧密联系的经济体系。在外向型经济体制下，产业结构是一个开环系统，其投入与产出的平衡必须借助更大范围的国际经济产业结构系统才能完成。自改革开放以来，我国加大了与国外的交流，产业结构也从闭环系统变为了开环系统，经济取得了飞速的发展。在经济增长的同时，产业结构也得到了优化。改革开放初期，轻工业产品严重短缺，重工业畸形发展，能源、交通等基础产业成为制约经济发展的

"瓶颈"等结构问题得到了解决，产业结构在合理化和高级化方面均取得了较大的改善。

当然，经济全球化对于发展中国家来说是一把"双刃剑"。一方面，它可以为发展中国家提供发展机遇，有利于吸收外资，弥补本国紧缺的资本要素；有利于引进先进的技术，促进本国产业技术的进步；有利于学习先进的管理经验，培养本国的管理人才；有利于发挥比较优势，开拓国际市场。但另一方面，经济全球化也给发展中国家带来不利和风险，如威胁到本国的经济安全；在国际交往中，被迫面临不公正的竞争机会、接受不平等的利益分配等。

我国是一个发展中国家，在经济全球化的进程中同样面临着上述机遇与挑战。因此，在对外开放的过程中，必须认清形势，抓住机遇。一方面，要坚定不移地实行对外开放政策，适应经济全球化趋势，积极参与国际经济合作与竞争，充分利用经济全球化带来的各种有利条件和机遇；另一方面，又要对经济全球化带来的挑战保持清醒的认识，坚持独立自主原则，加强防范工作，增强抵御和化解风险的能力，切实维护我国的经济安全，更好地发展和壮大自己。

二、国际分工与产业梯度

（一）国际分工、产业转移与产业梯度

随着技术的进步和经济的发展，各国之间的产业分工愈加深化，各国之间的产业转移也愈演愈烈。如果说产业的国际分工和国际贸易为产业的国际转移提供了外部可能性，那么国际产业转移的内在经济动因是什么呢？

不同的国家之间存在着重合产业，这些重合产业虽然在投入要素的比例、生产设备和生产方法上具有相似性，但由于投入要素的价值等方面的差异性，导致不同国家的重合产业在生产同一产品上的成本不同，即同一产品在不同的国家的价值构成是不同的，在追求利润最大化的目标和市场竞争的压力下，就必然产生产业转移的结果，即国际分工和国际贸易的条件一旦具备，就必然会产生产业国际转移的现象。生产成本较高的国家通过产业的国际转移，将重合产业转移到生产成本较低的国家，以摆脱生产成本较高的不利竞争地位。

一般来说，在诸生产要素中，原材料和劳动力的成本往往发达国家、工业先行国比发展中国家、工业后发国高。因此，重合产业的转移途径通常表现为从发达国家向发展中国家转移，从工业先行国向工业后发国转移。

从产业结构的角度来看，由于各国产业结构的高级化程度不同，因此存在着产业梯度。换句话说，产业结构高级化程度较高的国家通常处于产业梯度较高的位置，而产业结构高级化程度较低的国家则一般居于产业梯度较低的位置。重合产业的国际转移也就体现为顺着产业梯度的高度，从较高位置的国家转移到较低位置的国家。产业结构高级化程度较高的国家，通过产业转移，腾出资源要素和空间，发展附加价值更高的产业，实现产业结构的升级；产业结构高级化程度较低的国家，通过接受转移的重合产业，同样实现了本国产业结构的提升。

自从有了国际分工，就产生了各国之间的产业转移。如果说第二次世界大战前的产业梯度主要表现为工业与农业之间的技术和生产率差距，国际分工也表现为工业国主要出口工业产品、农业国主要出口农产品和其他初级产品，那么如今的产业梯度则表现为劳动集约型产业、资本集约型产业、技术集约型产业之间及其内部的技术水平和生产率的差距。从各国产业结构高级化的程度来看，新兴工业国与发达国家的技术水平的差距在缩小，而非工业化国家与发达国家之间的技术水平的差距则有加大的趋势。新兴工业国充当了发达国家与非工业化国家之间的产业转移阶梯。

从第二次世界大战后国际产业转移演变的历史来看，大体经历了以下几个阶段：20世纪60年代，随着科学技术的发展和发达国家劳动力成本的不断增加，世界范围内产业转移的特点是工业先行国在实现产业结构升级的同时，把一些劳动密集型产业向工业后发国转移，自己则致力于发展技术密集型产业和资本技术双密集型产业。20世纪70年代，由于两次世界能源危机的冲击，导致能源与矿产资源价格上涨，世界范围内产业转移的一个重要特点是工业先行国在产业结构的调整中，把一部分大量消耗能源和矿产资源以及污染环境较为严重的重化工业部门向工业后发国转移。从20世纪80年代起，全球掀起了第二次世界大战后第三次产业转移的高潮，主要表现为已经完成工业化的国家在继续向尚未完成工业化的国家转移在本国已失去竞争优势的劳动密集型产业的同时，开始向发展中国家转移资本密集型和资本技术双密集型产业。韩国等亚洲新兴工业国家（地区）就是在这次国际产业转移中完成了工业化进程。

（二）国际产业转移与我国产业的发展

自20世纪80年代末以来，国际产业转移呈现出一些新的特点和趋势。

1. 国际产业转移结构高度化

自20世纪80年代以前，国际产业转移主要以原材料和初级产品加工为主，主要是由发达国家按产业梯度向发展中国家转移。进入20世纪90年代以后，国际产业转移不仅由发达国家向发展中国家进行，发展中国家也开始向发达国家和新兴工业国家进行产业转移，产业转移的重心开始涉及服务业，其中，金融、保险、旅游和咨询等服务业和技术密集型产业（如电子信息产业）是当时国际产业转移的重点领域。进入21世纪后，知识经济进入快速发展阶段，国际产业转移结构高度化、知识化的趋势有进一步加强的态势。

2. 服务业转移充实了国际产业转移的内容，成为经济全球化中新的亮点

目前，跨国公司开始了新一轮全球产业布局调整，服务业向新兴市场国家转移的趋势渐趋明显。跨国公司将非核心的服务环节，如后勤、财务、寻呼中心、研究开发、软件设计、经营管理、金融财务分析、办公支持、售后服务等，外化为一个投资项目或专业服务公司后再外包出去。服务业国际转移表现为三个层面：一是项目外包，即企业把非核心的业务外包给其他公司；二是公司业务离岸化，即跨国公司将一部分服务业务转移到低成本国家；三是一些与跨国公司有战略合作关系的服务企业，为给跨国公司在新兴市场国家开展业务提供配套服务而将服务业进行国际转移，

或者服务企业为了开展国际服务贸易而进行服务业国际转移。

3. 高技术产业的国际转移加快

信息产业是此轮高科技产业转移的核心，信息设备制造业和信息服务业都在加快转移。自20世纪末以来，跨国公司纷纷在其他国家建立研发中心，争夺当地人才，利用当地资源，直接为其全球战略服务。

4. 项目外包成为国际产业转移的新兴主流方式

跨国公司把非核心的生产、营销、物流、研发乃至非主要框架的设计活动分包给成本更低的发展中国家的企业或专业化公司去完成，以达到在全球范围内利用最优资源的目的。从产品价值链看，跨国公司所控制的价值增值环节集中于少数具有相对竞争优势的核心业务，而把其他低增值部分的生产加工外包给较不发达国家的供应商。

5. 国际产业转移出现组团式和产业链整体转移趋势

跨国公司的社会化协作程度高，横向联系广。随着竞争的加剧，跨国公司不再遵循传统的产业转移的阶段进行投资，而是主动地带动和引导相关投资，鼓励其海外供货商到东道国投资，加大零部件供给当地化战略的实施力度，发展配套产业并建立产业群，将整条产业链搬迁、转移到发展中国家。跨国公司除了转移传统的制造业外，对其他生产经营环节，如研究、开发、设计等，也开始向其他地区转移。这种新的产业转移趋势是伴随着企业规模的不断扩张以及区位条件的变化而出现的，它有利于提高企业的资源配置效率，提升企业整体的竞争力。

6. 跨国公司成为产业国际转移主体的趋势更加明显

跨国公司进行全球战略布局，是国际产业转移的主要推动力量。20世纪90年代以前，跨国公司大多自己开展主要业务，只是转移了部分劳动密集型加工装配环节。20世纪90年代后期以来，跨国公司不但大规模转移生产制造环节，而且将转移延伸到研发、设计、采购、销售和售后服务环节，以增强核心竞争力。为此，跨国公司不断调整战略战术，扩展战略联盟；加快本土化战略，赢得所在国政府和公众的认可与支持；加强组织集中化程度，总部的作用进一步凸显。

（三）迎接新一轮国际产业转移

在新一轮国际产业转移的浪潮中，中国是最主要的产业转移承接国。我国的一些产业通过大规模承接国际产业转移，获得了较快的发展。我国承接国际产业转移的主要优势在于市场和成本。我国拥有巨大且成长性好的市场、大量熟练的劳动力和科技人才以及广阔的经济增长前景。

面对国际产业转移的机遇，我们应当扬我所长、补我所短，创造综合竞争优势，吸纳更多生产要素向国内转移，加快我国产业的发展。第一，应当高度重视制度建设，大力改善知识产权、行政、法律等"软环境"。国家之间的竞争在很大程度上是"软实力"的竞争。我们应不断完善制度建设，使之与成本、市场优势更紧密地结合，增强我国对发达国家转移产业的吸引力。第二，应当高度重视国内市场广阔的优势，提高利用国际产业转移的水平。要充分利用我国市场大的优势，增强讨价还价的能力，坚持以市场换市场、以市场换资源、以市场换技术，增强国际产业转移对我国国民经济的促进作用。目前，我国承接转移的制造业绝大部分处于产业链的低端，技术层次不高，要加快加工贸易转型升级，搞好国内配套，延伸产业链，促进加工贸易从"候鸟经济"变成"榕树经济"，扩大我国在国际分工中的利益，并吸取拉美的教训，防止丧失经济自主性，把握国际竞争的主动权。第三，应当高度重视吸纳服务业外包，加强对高技术产业的支持。服务业和高技术产业是我国竞争力较弱的产业。我们应通过加大服务业对外开放力度、改善服务业发展环境、搞好高技术和服务业人才储备、改善创业创新环境、创新吸纳方式等多种途径，吸纳更多的服务外包和高技术产业转移。

第三节　产业结构的优化与调整

一、产业结构优化的概念

产业结构优化是指各产业协调发展、产业总体发展水平不断提高的过程。具体来说，产业结构优化就是指产业间的经济技术联系的数量比例关系由不协调不断走向协调的合理化过程，以及产业结构由低层次不断向高层次演进的高度化过程。这一合理化过程从本质上反映了一个产业结构系统的聚合质量，它具体表现为系统的产出与市场需求间的关系、各产业之间的协调、对资源利用转化效率等方面的平衡。产业结构高度化起初指产业结构中重化工业的比重逐渐占主导地位的现象，而现在则泛指产业结构系统根据产业结构演进规律，不断由低级向高级演进的过程。

产业结构的合理化和高度化是相辅相成的两个方面。合理化是高度化的基础，没有产业结构合理化，高度化就失去了基础条件，非但达不到产业结构升级的目的，反而有可能发生结构的逆转；而产业结构高度化则是合理化进一步发展的目的，产业结构的合理化本身就是为了使产业结构向更高层次转换，失去了这一目的，合理化也就失去了存在的意义。

二、产业结构优化的标志和衡量

由于产业结构优化包括产业结构高度化和合理化两大方面的内容，因此产业结构高度化和合理化的标志及衡量方法也就是产业结构优化的标志和衡量方法。

（一）高度化的标志

1. 高加工度化

产业结构呈现出由以加工程度比较低的轻纺工业、原材料工业为重心向以加工程度较高、较深的制造业和知识加工业为重心发展的趋势。

2. 高附加值化

增值效益明显、附加值较大的产业在产业结构中越来越占优势，所占产业整体比重越来越大的发展趋势。

3. 技术集约化

产业结构中的主体产业技术水平越来越高，技术基础越来越先进，技术密集型产业比重越来越占主要地位。

4. 知识化

知识成为产业发展的决定因素，生产和传播知识的产业在产业结构中占有重要地位。

5. 服务化

产业间彼此的服务功能加强，为其他产业提供服务成为提供产品的替代理念；服务性产业在国民经济中所占的比重越来越高并产生强烈的作用，趋向成为主导产业。

（二）合理化的标志及其衡量

1. 产业结构合理化的标志

一是各大类产业之间、各大类产业内部的具体产业部门之间数量比例平稳，投入产出均衡，生产能力能够充分发挥，社会扩大再生产能够顺利进行。

二是产业结构与需求结构相适应，并随需求结构的变化而变化，投资需求和消费需求能够得到较好的满足，减少以至消除供求不平衡的状况。

三是产业结构与资源结构相协调，充分有效地利用国内外资源，科学地参与国际分工，发挥本国的比较优势，取得比较利益。

四是产业类型构成恰当，新兴产业、主导产业、传统产业等得到适度发展。产业发展的同时，能够保护环境，节约资源，实现人口、资源、环境与经济的良性循环。

总之，一旦产业结构合理化时，表现为能充分有效地利用本国人力、物力、财力以及国际分工的优势，使国民经济各部门协调发展，社会的生产、交换和分配顺畅进行，社会扩大再生产顺利发展；使国民经济持续稳定地增长，社会需求得以实现，实现人口、资源、环境的良性循环。

2. 产业结构合理化的衡量

衡量产业结构是否合理的方法主要有以下几种：

（1）市场供求判断法

这是依据各产业的产品或劳务在市场上的供求情况来衡量产业结构是否合理的方法。具体来说就是：当市场上较长时期内出现某个或某些产业部门的产品或劳务严重供过于求或供不应求时，或者某个或某些产业的生产能力与市场对某产品或劳务的需求严重不符时，表明产业结构不合理；只有在各个产业的产品或劳务的供求基本平衡、没有严重过剩和短缺或者部门生产能力与市场需求相适应的情况下,产业结构才是基本合理的。

(2)需求相适应判断法

这是根据产业结构是否与需求结构相适应,并能否随着需求结构的变化而变化来衡量产业结构是否合理的方法。具体做法是:分别计算每一个产业产品的需求收入弹性和生产收入弹性,若两者相等,则表明该产业与社会需求是相适应的;如果所有的产业的需求收入弹性与生产收入弹性都相等,则说明整个产业结构与需求结构是相适应的,产业结构合理。

(3)结构效果判断法

这是依据产业结构变动引起国民经济总产出和总利润的变化来衡量产业结构是否合理的方法。如果产业结构变化引起国民经济的总产出相对增长、总利润相对增加,则表明产业结构在朝着合理的方向变动;若产业结构变化引起国民经济的总产出相对下降、总利润相对减少,则说明产业结构在朝着不合理的方向变动。

(4)影子价格分析法

这是依据影子价格来衡量产业结构是否合理的方法。影子价格是与实际市场价格不同的,用线性规划方法计算出来的反映资源最优使用效果的价格。按照西方经济学理论,当各种产品的边际产出相等时,表明资源得到了合理的配置,各种产品的供需平衡,产业部门达到最佳组合。所以,通过计算各产业部门的影子价格与产业总体的影子价格平均值的偏离程度可以衡量产业结构是否合理,偏离越小,产业结构越趋于合理。

三、产业结构优化的机制和措施

(一)产业结构优化的机制

1. 以市场机制为基础

产业结构不断优化的过程也就是资源在产业之间配置不断优化的过程。社会化大生产条件下的社会经济运行机制主要分为市场经济和计划经济两大类。这两类机制同时也是产业结构优化的机制。实践证明,在目前生产力水平下,市场机制是比计划机制更为有效的资源配置方式。因此,产业结构优化机制应以市场机制为基础。

市场机制通过价格的涨跌影响消费者利益得失的作用，会使得生产过剩的产业因亏损而压缩生产，生产不足的产业因盈余而扩大生产，从而促进产需结合、供求平衡、比例协调，实现产业结构优化。市场机制也可以通过竞争作用，一方面会使得传统落后的产业萎缩、衰亡，或采用高新技术进行更新改造；另一方面也会使得有需求、有前途的产业、新兴产业、高新技术产业发展壮大；而且还能推动技术进步，提高产业发展的技术水平和运行效率，从而促进产业结构的高度化。

2. 以政府调控为辅

由于市场机制也存在着事后性和盲目性，难以解决公共部门和自然垄断行业的发展、外部不经济、贫富分化等问题，为了弥补其不足，产业结构优化需要政府辅之以必要的调节和控制。政府对产业结构形成和优化实行调控的主要任务是：投资发展公共部门和某些自然垄断行业，支持和扶植新兴产业、高新技术产业、环保产业、高效利用资源的产业以及短线产业的发展，为市场机制更好地发挥作用创造有力的经济、社会环境和制度条件，促进产业结构的效率水平提高。

（二）产业结构优化的措施

政府促进产业结构优化的途径和措施有：

第一，正确选择主导产业，以更好地带动其他产业的发展，促进产业结构的升级；

第二，合理调整产业结构，纠正比例失调、结构失衡的偏差，促进产业结构合理化；

第三，鼓励技术创新，推动技术进步，提高产业结构的技术水平，促进产业结构的高度化；

第四，实行制度创新，为市场机制作用的充分发挥和产业的发展奠定良好的制度基础，保证产业结构的优化；

第五，制定合理的产业结构政策，区别对待主导产业、弱小产业、新兴产业、衰退产业。

第四节　工业化与工业化道路

工业化是产业结构演进的必然趋势，是社会经济发展的必经过程，是国家由贫穷落后走向发达繁荣的必由之路，是发展中国家的主要任务。工业化理论虽然是发展经济学的主要内容，但也应该是产业经济学不可缺少的重要内容，因为产业结构的演进是工业化理论的核心内容。

一、工业化

（一）工业化的内涵

工业化一般是指工业（或者制造业、第二次产业）在国民收入和劳动人口中所占的比重持续上升的过程。这是一个经济结构不断变化，人均国民收入和包括农业在内的劳动生产率不断提高，由以农业为主导的农业经济社会逐步向以工业为主导的工业经济社会转变的过程。

正确把握工业化的内涵，必须避免两种认识上的片面性：一是工业化不是只发展工业，不发展农业和其他产业。的确，实现工业化必须主要发展工业，但工业的发展离不开其他产业的发展，没有其他产业提供的市场、劳动力、原材料等，工业化很难顺利实现。因此，在工业化过程中，不能片面强调发展工业、忽视农业和其他产业的发展。工业化的概念是很广泛的，包括农业及工业两方面生产的现代化和机械化。工业化绝不应该仅局限于工业部门，而应该涵盖整个国民经济，不能仅仅把工业化看作制造业（尤其是重工业部门）在国民经济中比重的增加。由此可见，工业化过程不仅存在工业结构重工业化的规律性，而且是工业和农业的技术水平提高的过程，是整个产业结构升级的过程。二是在工业化过程中，工业的比重并不是始终上升的，而是先升后降，其变动轨迹呈现出一条抛物线；农业的比重不断下降，但不会下降为零，工业化过程不是发展工业、消灭农业的过程；服务业的比重则不断上升，在工业化后期成为主导产业。

（二）工业化与工业革命及产业革命的联系和区别

产业革命是指产业及其各方面的根本性变革，其内容包括单个产业和产业总体的根本性变化。产业革命的概念有广义和狭义之分：广义产业革命是一般而言的产业的根本质变，迄今为止，人类社会先后发生过三次产业革命；狭义产业革命专指第一次产业革命。由于第一次产业革命是在工业化开始时出现的、首先发生在英国的用机器大生产取代手工小生产、引起以农业为主的产业结构向以工业为主的产业结构演变的革命，所以狭义的产业革命又称为工业革命。工业化主要说的是过程，工业革命主要讲的是行动。产业革命是工业化的推进方式，发达国家的工业化历史表明，工业化就是在产业革命的推动下逐步实现的。

（三）工业化的衡量

衡量一个国家工业化程度或水平的高低、进程的快慢、是否成为工业化国家，可以根据工业产值在国民生产总值中的份额的大小或工业劳动力在总劳动力中的份额的大小及变化的速度、农业产值在国民生产总值中的份额的大小或农业劳动力在总劳动力中的份额的大小及变化的速度、农业生产机械化程度和人均收入的水平等四个方面的状况来衡量。仅以工业比重作为标准，不足以比较全面、准确地衡量工业化的状况，还必须综合考虑技术和收入水平。由于工业生产的基本特征就是机器大生产，手工业并不是严格意义上的工业，所以不能用工业生产的机械化率来衡量工业化的状况。但是，传统农业的基本特征是手工生产，工业化会引起农业生产的技术革命，即由手工生产逐步转向机器生产。工业化水平越高，农业机械化的水平也越高，因此可以用农业生产的机械化率来衡量工业化的状况。具体衡量指标主要是工业化率、农业比重、农业机械化率和人均收入水平。

1.工业化率

工业化率分为工业化率Ⅰ和工业化率Ⅱ。工业化率Ⅰ是工业总产值与国内生产总值（GDP）的百分比，工业化率Ⅱ是工业劳动力与总劳动力的百分比，计算公式如下：

工业化率Ⅰ＝工业总产值/GDP

工业化率Ⅱ＝工业劳动力/总劳动力

2. 农业比重

农业比重分为农业比重Ⅰ和农业比重Ⅱ，农业比重Ⅰ是农业总产值与国内生产总值（GDP）的百分比，农业比重Ⅱ是农业劳动力与总劳动力的百分比，计算公式如下：

农业比重Ⅰ＝农业总产值/GDP

农业比重Ⅱ＝农业劳动力/总劳动力

3. 农业机械化率

农业机械化率可用机械耕地、播种、收割面积的百分比衡量。

4. 人均收入水平

人均收入水平用人均国民总收入来衡量。

在工业比重超过农业的前提下，工业化率越高、农业机械化率越高、人均收入水平越高，表明工业化的程度或水平越高；工业化率、农业机械化率、人均收入水平提高得越快，表明工业化的进程越快；在工业化后期以前，一般来说，如果工业产值和劳动力的比重都达到40%~50%、农业产值和劳动力的比重都下降到10%左右、农业机械化率也超过50%、人均收入达到中等水平，应该就可以看成是实现了工业化。

上述衡量方式并不是完善的，没有反映工业化的资源、环境代价和收入分配的差距，其中40%~50%、10%左右和超过50%的数量界限与中等水平的收入标准是否准确合理，也有待深入探讨，还需要进一步研究能够更全面、准确地衡量工业化水平的指标体系。

（四）工业化的必然性

工业化并不是人们主观愿望的产物，而是社会经济发展的必然趋势。

1. 工业化是科学技术进步的必然结果

在农业经济时代，人们通过长期的生产活动，必然会不断增长知识、积累经验、提高技能、改进生产工具，从而引起科学技术的革命。工业化正是人类历史上第一次科技革命的产物，正是蒸汽机、新型纺织机的发明，引发了工业革命，开始了工业化。

2. 工业化是农业和手工业发展的必然趋势

以人力、畜力和手工技术为基础的农业和手工业，是落后的生产方式，劳动生产率极为低下，产出的产品远远不能满足人们日益增长的物质文化生活需要，这是农业经济时代社会经济长期发展缓慢的重要原因。人类社会要改变这种落后状况，增加物质财富的生产，就必须寻找新的先进的生产方式，开发新动力、新能源，发明和采用效率更高的新生产工具，而机器大生产正是这种新方式，这就必然导致工业革命的兴起、工业化进程的发生。

3. 工业化是社会经济发展的必经过程

人类社会只有通过工业化，用机器大生产代替手工小生产，才能极大地提高劳动生产率，充分开发和利用各种资源，创造巨大的物质财富，带来生产方式和生活方式的革命性变革，形成发达繁荣的城市，造就先进的科学、文化、教育、卫生事业，实现高度的物质文明和精神文明。

二、工业化过程

工业化过程一般划分为三个阶段，即工业化初期、工业化中期和工业化后期。在这三个阶段，产业结构都发生了重大变化，呈现出不同的特征。

（一）工业化初期：以轻工业为主导的轻工业化阶段

在工业化初期，一方面，市场最需要的是食品、纺织品等工业消费品，工业消费品又主要由轻工业部门生产，而轻工业主要是劳动密集型产业，投资少、周期短、技术要求不高、见效快，更容易发展；另一方面，虽然已经有了原始资本积累，并且发生了第一次科学技术革命，但总的来说还是资本缺乏、技术落后，只是劳动力成本低而且比较丰富。这种情况决定了迫切需要发展、更适于发展、经济效益更高的是多数为劳动密集型产业的消费品工业，所以工业化初期普遍首先发展轻工业，形成以轻工业为主导的"轻型"产业结构，工业化也是以轻工业为主要特征的轻工业化。

（二）工业化中期：以重工业为主导的重工业化阶段

工业化的推进和轻工业的发展改变了市场需求和生产条件。一方面，消费品生产的扩大和改进，需要提供更多更好的资本品，并且工业化引起城市化的兴起、导致基础设施建设的大规模开展、带来农业的技术改造和机械化，更是极大地增加了对资本品的需求，而资本品主要是重工业部门生产的，重工业是资本和技术密集型产业；另一方面，初期的工业化，不仅资本积累的规模迅速扩大，技术实现巨大进步，又极大地促进了经济的发展、收入的增加，从而使劳动力成本也大幅度提高，这就为资本品工业的发展创造了必要的、有利的条件。既有重工业产品的巨大需求，又有发展重工业的有利条件，正是在这样的背景下，工业化进入中期，普遍重点发展重工业，形成以重工业为主导的"重型"产业结构，工业化则由轻工业化转向以重工业为主要特征的重工业化。

（三）工业化后期：以服务业为主导的发达工业化阶段

重工业化的推进、城市化的基本实现、基础设施建设任务的基本完成、农业机械化的实现、科学技术的进一步发展，又使得市场需求和经济发展的条件发生了新的变化。一方面，工业化带来的经济发展和收入提高，使得恩格尔系数大幅度下降，改变了人们的消费结构，导致服务需求的大量增加，因此需要大力发展服务业，而且服务业劳动者的收入会更高；另一方面，科学技术的进步、工农业生产机械化、自动化的实现，极大地提高了劳动生产率，使得生产同样多甚至更多更好的物质产品不需要原来那么多甚至更少的劳动力，引起物质生产领域的劳动力过剩，而且劳动者的收入较低，正好可以转向服务业。既有服务业的大量需求，又有发展服务业的劳动力，正是在这种背景下，工业化进入后期，主要发展服务业，形成以服务业为主导的"服务型"产业结构，工业化又由重工业化转向以服务业为主要特征的发达工业化，进入后工业时代。

总而言之，工业化全过程中产业结构演进的趋势是：工业化初期先轻工业化，形成以轻工业为主导的"轻型"产业结构；工业化中期再重工业化，形成以重工业为主导的"重型"产业结构；工业化后期进入发达工业化阶段，形成以服务业为主导的"服务型"产业结构。这种产业结构演进的趋势，可以简单地概括为：先轻工业化，再重工业化，最后服务化。这是主要发达国家工业化实践证明了的一般规律。

三、工业化道路

（一）工业化道路的内容

工业化道路是指实现工业化的原则、方式和机制，要解决的是怎样实现工业化的问题。具体来说，工业化道路的选择主要包括以下几个方面的内容：

第一，产业的选择，即重点和优先发展的产业、产业结构的类型及各种不同产业之间相互关系的确定和调整。比如发展的重点是选择轻工业、劳动密集型产业，还是重工业、资本或技术密集型产业；是牺牲农业去发展工业，还是工农业协调发展等。

第二，技术的选择，即工业发展中技术类型的采用，是选择高新技术，还是一般适用技术；是运用多使用劳动力的技术，还是多使用资本的技术，包括如何处理机械化与就业的关系。

第三，资本来源的选择，即通过什么方式或渠道筹集工业发展所需的资本，是来源于农业剩余的转移、对国内外的掠夺，还是工业自身的积累、引进国外资本等。

第四，发动方式的选择，即工业化进程是靠民间发动，还是由政府推动。

第五，发展方式的选择，即工业发展是主要依靠粗放型的增长方式，还是主要采用集约型的增长方式；工业生产是以内涵扩大为主，还是以外延扩大为主。

第六，实现机制的选择，即工业化的任务是通过市场机制的作用去实现，还是由计划机制的作用来完成，或者是以市场为基础，结合政府的宏观调控。

第七，城市化模式的选择，即伴随工业化发展的是适度城市化、滞后城市化，还是过度城市化；是健康城市化，还是病态城市化。

第八，工业发展与资源环境关系的选择，即在发展工业的同时，是过度消耗资源、严重污染环境，或者是先污染后治理，还是节约资源、保护环境、边发展边防止污染。

第九，国际经济联系的选择，即工业化过程中是实行对外开放、发展外向型经济，还是闭关锁国、发展内向型经济，或者外向型与内向型相结合；是以外向型经济为主，还是以内向型经济为主。

世界各国工业化发展的历史表明，工业化道路不是唯一的，也不是一成不变的，会随着经济社会条件的变化而变化。在不同的社会发展阶段，不同的社会经济制度、民族历史、文化传统、资源禀赋、自然条件、比较优势条件下，工业化道路也会不同。

（二）正确的工业化道路

实现工业化是世界各国追求的目标。从18世纪60年代英国的工业革命兴起，人类社会就开始了工业化进程，至今已有200多年的历史。现在全世界有200多个国家和地区，奋斗了200多年，目前仍然只有几十个实现了工业化，大多数国家（地区）仍然没有实现工业化，努力成为工业化国家（地区）依旧是占世界多数的发展中国家（地区）面临的艰巨任务。为什么实现工业化这么难呢？走什么样的工业化道路，怎样实现工业化，是决定工业化快慢和成败的关键。现在世界上大多数国家（地区）之所以还没有成为工业化国家（地区），最重要的原因是这些国家（地区）还没有找到或走上正确、合理的工业化道路。什么又是正确、合理的工业化道路呢？世界各国工业化的经验教训表明，当今时代发展中国家正确、合理的工业化道路，应该是一条可以发挥比较优势和后发优势、用信息化带动、以集约型增长为主、不断调整和优化产业结构、资本来源多样化、与城市化适度同步发展、协调人口资源环境与经济社会的关系、能够实现可持续发展、实行对外开放、主要依靠市场机制和民间力量、政府发挥导向调控作用的工业化道路。

因为，只有发挥比较优势和后发优势，才能扬长避短、充分有效利用拥有的各种生产要素、降低工业化的成本、提高工业化的效益、加快工业化的进程、缩短工业化的时间；在人类社会正向信息经济迈进的时代，发展中国家除了要"补工业化的课"外，还必须跟上信息化的步伐，否则与发达国家的差距会越拉越大，而且现代工业离不开信息技术，传统工业需要用信息技术改造和武装，否则会缺乏竞争力，所以必须用信息化带动工业化、以工业化促进信息化；只有以集约型增长为主，才能高效利用各种资源，更好更快地实现工业化；工业化过程就是一个产业结构不断优化升级的过程，只有依据国内外经济技术条件、工业化发展阶段的变化，不断调整和优化产业结构，才能更好地完成工业化的根本任务；工业化与城市化是必然伴侣，工业化是城市化的发动机，城市化是工业化的促进器，工业化只有与城市化适度同步发展，二者才能互相促进、良性互动、一起实现，否则会产生严重的"城市病"和"农村病"，拖工业化的后腿；在资源短缺、物价飞涨、环境污染严重的当代，协调人口资源环境与经济社会的关系，节约资源，保护环境，才能实现可持续发展，有效克服资源环境的制约，顺利推进和成功实现工业化；在经济全球化的条件下，只有实行对外开放，参与国际分工，发展对外贸易，才能更好地利用国外资源和国际市场，引进外资和先进的技术及管理，有效地克服资金不足、技术和管理落后的困难，更好地推进工业化；政府资源和能力有限，完全或者主要依靠政府很难成功高效实现工业化，而且市场机制是比计划机制更为有效的资源配置方式，但市场机制又不是"万能"的，也存在"市场失灵"，所以必须在主要依靠市场机制和民间力量的同时，合理发挥政府的导向调控作用。

第四章

产业布局与产业集聚

第一节　产业布局理论

产业布局理论是一门研究产业空间分布规律的理论，它主要研究产业地域分布的影响因素、演进规律、基本原则、模式选择以及产业布局政策等问题，为人们干预产业的地理空间分布、实现资源合理配置提供理论依据。

一、产业布局的含义

产业布局是指产业在一国或一地区范围内的空间分布及组合的经济现象，是研究区域内各个产业类型的分布状况。从静态上来看是指形成产业的不同部门、要素、产业链条在空间上的分布态势和地域上的组合；从动态上来看是各个产业根据生产要素、地理环境、区域政策而进行的自发或被引导的分布与组合，形成整个区域产业的整体面貌的过程。

从区位论角度看，产业布局就是各个生产要素在企业寻求最佳生产区位的过程中形成的动态配置过程，即为资源、生产要素甚至产业和企业为选择最佳区位而形成的在空间地域上的流动、转移或重新组合的配置与再配置过程。

产业布局可以通俗地理解为产业规划，即对产业发展、产业结构进行整体布置和规划。具体的措施可以概括为统筹兼顾，协调各产业间的矛盾，进行合理安排，做到因地制宜、扬长避短、突出重点、兼顾一般、远近结合和综合发展。

二、产业布局的标准及演变规律

（一）标准

现代区位理论对产业布局的区位选择提出了三个标准：成本最低、市场份额最大和聚集效益。现代产业布局既是一个市场均衡问题，又是一个区域均衡问题，实质上是成本均衡问题。无论是古典区位理论还是现代区位理论，距离以及由距离所造成的运输费用，关键在于布局。在现实中，具体区位的选择是将上述三个标准与区域总体发展要求结合，综合考虑区域发展的经济、社会和生态目标，做出产业布局的最终选择。

（二）演变规律

产业布局是产业结构在地域空间上的投影。一般来说，区域发展总是先从一两个开发条件较好的地点上开始。随着区域经济的进一步发展，点与点之间的经济联系构成轴线，轴线经纬交织形成网络（域面）。由此，产业布局演变大致遵循：由一个或者多个增长极（点）向轴线和经济网络（域面）演变的规律。从古至今的世界经济版图，随世界经济中心的不断转移而变幻莫测，但是世界经济版图的演变基本遵循产业布局演变规律，并在此基础上进行循环发展。

第二节　产业布局的影响因素

产业布局是多种因素综合影响的产物，诸如区位因素、政策因素等。区位因素是决定区域竞争力与产业布局的先天条件及核心要素，区域政策因素是影响产业布局的后天因素。具体来说，产业布局的影响因素可以分为传统因素和新兴因素。

一、影响产业布局的传统因素

（一）原材料、市场和运输

对于使用大量原材料的制造产业来说，将企业建在原材料产地附近会大大降低运输成本。对于那些最终产品的重量、体积将大大增加或产品易变质的产业，将企业建在消费市场附近就比较有利。

随着原材料处理方式和运输方式的改进，以及制造业的构成由重工业转向高附加值产业，原材料的运输方式及成本不再是产业布局中非常重要的因素。相反，接近消费市场日益重要，如此可以更快地了解顾客偏好、服务要求以及竞争者信息等。在这样的过程中，企业可以获得城市化规模经济性和本地化规模性。城市化规模经济性是指由于产业布局在大城市中，这对产业经营产生更多好处，如更接近市场和消费者，运输成本低，较大的劳动力储备，获得多种商业服务等。本地化规模性指与其他同类或相关行业的厂商集中于同一区域而带来的好处，具体来说可以分为四个方面：利用已成的某种产品的市场；拥有高度产业化的劳动力队伍；利用地区内高度专业化的销售、研发及劳动力培训服务；形成地区的专业化分工，存在大量的专业性厂商对产业发展进行配套服务。

（二）社会因素

影响产业布局的社会因素主要体现在劳动力因素、历史因素和政府行为因素三大方面。

1. 劳动力因素

劳动力主要包括人口构成、人口数量、人口分布和密度、人口增长、人口素质和人口迁移等内容。劳动力因素对产业布局的影响包括两个方面：劳动力成本和劳动力质量。不同地区间的劳动力成本往往差异很大，这与当地的经济发展水平、生活费用要求、社会保障健全与否和工业化水平等都有关系。雇佣劳动力的难易程度也是产业布局中需要考虑的因素。地区拥有大量劳动力是吸引某些厂商（尤其是劳动密集型企业）选址该地区的重要因素。当然，要素质量上的差异，如劳动者的技能、工作态度和道德水平，都可能会抵消这一优势。由于发展中国家地区间（特别是主要城市与其他地区间）要素质量上存在差异，使厂商在选址时，往往首先从中心城市逐渐移到邻近地区。

2. 历史因素

社会历史因素对产业布局的影响主要包括历史上已经形成的社会基础、管理体制、国家宏观调控法律政策、国内外政治条件、国防状况、文化氛围等因素。它们是独立于自然地理环境之外的因素。

3. 政府行为因素

行为因素是指决策者、生产者和消费者在确定产业区位过程中的各种主观因素，它有时会使产业区位指向发生偏离。事实上，无论是我国还是世界上其他国家，许多产业并非建立在最优区位。这种偏离，行为因素特别是决策者的行为，起到了决定作用。生产者、消费者的行为仅对产业区位指向产生一定的影响。政府行为对产业布局的影响较大，主要体现在政

府职能和政府干预上,具体可以分为三个方面:

第一,直接制定产业布局政策,是一种由国家政府为刺激特定区域的经济发展(以某种激励或补贴形式),自上而下制定实施的政策。

第二,引导产业布局政策,主要通过政策引导产业布局,包括贸易政策与关税政策、国际政策等。

第三,地方差异化的布局政策,由于各地方对于吸引投资和开发本地经济的意愿、方法和政策存在差异,这种差异实际上造成了不同的空间布局政策的效果。

(三)经济因素

经济因素对产业布局的影响主要体现在聚集因子和基础设施两大方面。

聚集因子是科学地进行产业布局需要考虑的因素。产业区位集中方面,规模经济和外部经济是主要依据和动力。它减少前后关联产业的运输费用,降低运输成本;提高公共设施利用率,降低分摊的相应费用;便于交流科技成果和信息,提高产品质量和科技水平。

基础设施不但包括为生产服务的生产性基础设施,也包括为人类生活和发展服务的非生产性基础设施,如交通运输设施、信息设施、能源设施、给排水设施、环境保护设施、生活服务设施等。这些基础设施条件,特别是其中的交通运输条件、信息条件对产业分布的影响很大。交通运输条件主要指交通线路、交通工具和港站、枢纽的设备状况,以及在运输过程中运输能力的大小、运费率的高低、送达速度的快慢、中转环节的多少等。信息条件主要指邮政、电信、广播电视、电脑网络等设施状况。产业区位布局在最初总是指向交通方便、运输速度快、中转环节少、运费率低的地点。

二、影响产业布局的新兴因素

除了影响产业布局的传统因素外,经济全球化、外资的拉动、信息化发展、环境保护等已成为影响产业布局的新兴因素。

(一)经济全球化与外资的拉动是主导因素

世界经济的市场化、同质化程度达到了前所未有的历史水平,不管意愿如何，企业都必须面对全球竞争。这就要求所有企业必须以全球市场的眼光审视企业的市场竞争态势和经营发展战略，在全球市场上构筑战略优势。经济全球化在促进一个国家经济快速发展的同时，也在明显地改变着这个国家的产业布局。经济全球化的基本内涵是资本在全球范围内的流动，在开放经济中，外资净流入对区域经济增长具有重要影响。一方面，外资流入与国内储蓄一样是社会固定资产投资的重要资金来源；另一方面，各国对外开放的历史经验表明，利用外资可以促进技术进步，增加就业和提高居民收入水平，带动产业结构升级，加快贸易增长和工业化进程，保持国际收支平衡，增加外汇储备并稳定货币。外资对经济增长的重要性要远远超过单纯的资金流入，已成为区域经济长期快速增长的重要推动力量，而外资的进入将极大地影响外资流入区域的产业布局。

（二）信息化发展影响产业布局

随着信息产业的发展，信息技术水平已经成为国家（地区）经济实力的象征。信息资源比较优势在贸易中的地位越来越重要，贸易中信息技术因素成为参与贸易各方的竞争力构成要素。企业对信息的处理效率成为其参与竞争的基础和条件，信息基础设施的发达程度和信息产业的规模比重都会影响一国或一个地区在世界经济中的竞争实力和竞争地位。这种情况使得发展中国家或欠发达地区原来具有的自然资源和廉价劳动力的比较优势降低。发达国家或地区几乎控制和垄断着信息资源。随着信息资源和信息贸易重要性的日益增强，信息化发展的差异给产业布局中的地区差异以强烈的影响。

（三）环保产业成为产业布局中新的经济增长点

环保产业主要是指国民经济结构中以防治环境污染，改善环境质量，保护生态平衡为目标的系列技术开发、产品生产与流通、信息服务和工程承包等活动的总和。它要求综合运用经济、生态规律和现代科学技术，适时促进环境技术产业化、及时更新各产业中不利于环境保护和生态平衡的硬件设备与加工工艺。发展环保产业不仅是实施可持续发展战略的必然要求和物质基础，更可使环保产业成为新的经济增长点。随着全球产业布局向资源利用合理化，产业开始向环境无污染或少污染的方向聚焦，使得世界环保产业得到了迅速发展。大力发展环境产业和环境标志产品，这是产业布局适应可持续发展的一种新趋势。

第三节　产业布局的原则和模式选择

一、产业布局的原则

产业布局的规律决定着产业布局的基本原则，产业布局的基本原则反映了产业布局的内在规律性。在产业布局规律发挥作用的条件下，产业在地域空间的分布与组合就有了客观的依据，即为产业布局的原则。

（一）经济效益优先原则

从经济效益出发，确定产业的合理布局，这就是经济效益优先原则。产业布局对一个地区具有重大的经济影响，合理的产业布局能够以最小要素投入创造最大的经济效益。同时，合理的产业布局也应该分产业考虑农业、工业和服务业各自不同的特点，产业布局应结合产业特点合理布局以创造更高的经济效益。同时，产业布局还易受到政治、军事等因素的影响，因此合理的产业布局应排除这些因素的干扰和影响，而将经济效益放在第一位，做到经济效益优先，实现经济利益最大化。

（二）全局原则

产业布局应该以一个国家的地域为界限，因为它是国家干预本国经济的一种方式，而这种方式涉及领土问题，因此必须以国家的领土主权为基础。产业布局的目标是使产业分布合理化，实现国家整体综合利益的最优，而不是局部地区利益的最优。因此，一个国家的产业布局必须统筹兼顾，全面考虑。一方面，国家必须根据各地区的不同条件，通过分析和比较，确定各地区的专业化方向，明确各地区在全国经济中的角色和地位；另一方面，国家根据经济发展状况，在不同时期确定若干重点发展的地区。在此规划的基础上，各地区再根据本地区的特点，安排好本地区的产业布局，不可不顾国家整体利益，一味地发展本地区的优势产业。

(三) 分工协作、因地制宜原则

社会化大生产要求劳动必须在广阔地域上进行分工和协作。各地区要根据自己的经济特点形成专门化的产业部门，形成规模优势。当然，各地区的产业布局在重点布局专门化生产部门的基础上，还要围绕专门化生产部门布局一些相关的辅助性产业部门和生活配套服务部门，以形成合理的地区产业结构，只有这样才能保证专门化生产部门的良好运行。随着部门分工的深化，地区生产专门化的提高，地区之间的协作自然也就越发重要，在进行产业布局的时候必须考虑到地区间的协作条件。

(四) 效率优先、协调发展原则

由于不同地域的自然、经济和社会条件的不同，因此不同地域适合不同产业的发展，在确定地区专门化生产部门时，应该从地区区情出发，根据地区的综合具体条件，充分发挥地区优势，发展地区优势产业。如在拥有技术和人才优势的地区，应优先发展技术含量高、附加值大的产业；在矿产资源比较丰富的地区，应优先发展采掘和矿产加工业；在地势平坦、气候适宜、土地肥沃的地区应加强水利建设，优先发展农业和农产品加工业；等等。

产业的空间发展过程总是先在某一地域聚集，然后再向其他地域扩散。在发展的低级阶段，经济一般表现出集中发展的极核发展形态；在发展的高级阶段，经济一般表现出缩小地区间经济发展差距的全面发展形态。一个国家在进行产业布局时应该以产业空间发展的自然规律为基础。因此，当一个国家的经济水平处于低级阶段时，其产业布局应该考虑优先发展某些具有自然、经济和社会条件优势的地区；而当国家的经济发展水平处于高级阶段时，其产业布局应考虑重点发展那些经济落后的地区，从而缩小地区间的经济差距。任何时候，效率和协调都是产业布局必须考虑的问题，以保证一个国家整体的持续稳定的发展，只不过在不同时期重点有所不同而已。在优先发展某些地区时，必须把地区间经济发展的差距保持在一定的合理范围内，不要使贫富差距过大而引发过多的社会问题。在重点发展落后地区时，也要保持发达地区的持续稳定发展，使其产业结构向更高层次升级。

（五）可持续发展原则

可持续发展已经成为促进经济、人口、资源、环境、社会协调发展的一项重大战略，既可以是世界的、区域的、国家的或地方的可持续发展战略，也可以是多个部门联合的可持续发展战略。

人类生存和发展所依赖的环境所能承载的能力是有限的，自然资源也是有限的，其中许多资源都是不可再生的。人类的生活和生产不可避免地要从自然界攫取资源，同时向自然界排放废物，从而对自然生态环境造成损害。虽然自然环境有一定的自我恢复能力，但其所受的损害必须控制在一定限度内，否则就无法自我恢复。另外，自然生态一旦遭受破坏，人工对自然生态进行恢复所耗费的成本将是巨大的，可能远远大于人类生产所获得的收益。所以，在进行产业布局时必须注意节约资源和保护环境，防止资源的过度开发和对环境的过度破坏。要注意资源的充分利用和再生，注意发展相关的环保产业，等等。许多发达国家在发展过程中经历了先破坏后治理的过程，现在人类对于生态环境问题已经有了深刻的认识，不能再走弯路。

二、产业布局的模式选择

产业布局是在一定的地域内展开的，地域的具体条件是决定布局的依据。同一时期不同地域和同一地域不同发展阶段的具体情况各不相同，必须采取不同的产业布局模式。根据产业空间发展不同阶段的不同特点，产业布局的理论模式可以分为以下几种模式：

（一）网络（或块状）布局模式

网络布局是点轴布局模式的延伸。一个现代化的经济区域，其空间结构必须同时具备三大要素：一是"节点"，即各级各类城镇；二是"域面"，即节点的吸引范围；三是"网络"，即商品、资金、技术、信息、劳动力等各种生产要素的流动网。网络式开发，就是强化并延伸已有的点轴系统，通过增强和深化本区域的网络系统，提高区域内各节点间、各域面间，特别是节点与域面之间生产要素交流的广度和密度，使

"点""线""面"组成一个有机的整体，从而使整个区域得到有效的开发，使本区域经济向一体化方向发展。同时，通过网络的向外延伸，加强与区域外其他区域经济网络的联系，并将本区域的经济技术优势向四周区域扩散，从而在更大的空间范围内调动更多的生产要素进行优化组合。这是一种比较完备的区域开发模式，它标志着区域经济开始走向成熟阶段。

（二）地域生产综合体开发模式

地域生产综合体为在一个工业点或一个完整的地区内，根据地区的自然条件、运输和经济地理位置，恰当地安置各个企业，从而获得特定的经济效果的一种企业经济结合体。

地域生产综合体开发模式中，原料和燃料动力资源是在相互结合的基础上发展起来的，每个循环都包括过程的全部综合，即从原料的采选到获得某种成品的全过程。产品之所以能在某个地域生产，是因为拥有原料和燃料动力来源并能够对它们进行合理利用。也就是说，该理论认为生产是按照生产工艺的"链"所组成的稳定的、反复进行的生产体系进行的。

（三）产业平衡发展与不平衡发展模式

产业平衡发展是指通过国民经济各个部门、各个地区的相互支持、相互配合、全面发展来实现工业化的一种战略。产业不平衡发展战略的思考基础是平衡的、有条件的、相对的和暂时的。

平衡发展包含两个方面的内容：一是投资应大规模地进行；二是各产业和各地区的协调发展。平衡发展的实质是要克服经济发展中的不可分性的障碍，以获取因扩大经济规模而获得的外部经济利益。这种模式的优点是能够更好地发挥各产业之间相互关联、带动、补充的作用，可以实现经济的多元化，分散经济风险，避免瓶颈产业和短线产业的制约，减少对一些产业的过分依赖，能促进产业空间布局的合理化，实现各地区经济的协调发展，缩小地区差别。但是平衡发展要求生产过程中各个部门齐头发展，然而这是许多发展中国家难以做到的事情。

不平衡发展模式主张发展中国家应将有限的资源有选择地集中配置在某些地区和部门，然后通过投资的诱导机制和产业间、地区间的联动效应与驱动效应，带动其他部门和地区的发展，从而实现整个经济的发展。正确有效地采取产业不平衡发展模式，必须恰当选择重点优先发展的产业和地区，一般是先导产业、主导产业、新兴产业、瓶颈产业和短线产业等关联及引导作用大的产业，这些产业对整体产业发展更具有优势，对全局发展影响更大。

产业布局必须随着情况的变化及时转移战略重点，不能片面强调某些产业的发展，而忽视其他产业的发展。一般来说，经济是需要平衡协调发展的。从长期来看，经济协调、全面以及可持续发展是一个国家的长远目标，而不平衡发展可以作为实现全面协调发展的这一长期目标的手段。

（四）区域梯度开发与转移模式

该产业布局模式的理论基础是梯度推移理论。该理论认为：由于经济技术的发展是不平衡的，不同地区客观上存在经济技术发展水平的差异，即经济技术梯度，而产业的空间发展规律是从高梯度地区向低梯度地区推移。第二次世界大战后，加速发展的国际产业转移就是从发达的欧美国家向新兴工业国或地区再向发展中国家进行梯度转移的。

根据梯度推移理论，在进行产业开发时，要从各区域的现实梯度布局出发，优先发展高梯度地区，让有条件的高梯度地区优先发展新技术、新产品和新产业，然后再逐步从高梯度地区向中梯度和低梯度地区推移，从而逐步实现经济发展的相对均衡。我国在改革开放初期就曾按照经济技术发展水平把全国划分为高梯度的东部沿海地带、中梯度的中部地带和低梯度的西部地带，以此作为产业布局的依据。

（五）产业梯度推移与反梯度推移发展模式

梯度推移理论认为经济梯度推移的动力主要源于产业的创新。每一种新技术、新产业、新行业出现以后都会进行有序推移，由处在高梯度的地区向处在低梯度的地区转移。推移的有序性是由处在不同梯度上的地区接受创新转移的能力差异决定的。

梯度理论强调区域经济不平衡发展是对产业平衡布局理论的否定，它反映了地域分工的客观原因和经济效益最大化的实际，在指导一个国家产业布局的实践上有一定的历史意义。反梯度理论则认为，技术革命将会给落后地区带来超越发展的机会，而新技术的开发和引进，并非按照经济发展梯度的高低顺序进行。该理论还认为，由于地区差异的存在，梯度推移在空间上的表现也是呈现多样化的，有由高到低的正梯度推移，也有跳跃式的推移，还有多种推移方式并存的混合式推移。推移之所以能进行是由于不同地区经济发展水平的差距，既有推移动力，也有梯度差的吸引力。高梯度地区推移动力大于低梯度地区，而引力小于低梯度地区；低梯度地区则相反，推移动力小，推移引力大，动力和引力交互作用。

（六）进口替代与出口导向发展模式

进口替代战略是指以国内市场需求为导向实现国内工业扩张的产业布局战略。对外实行进口限制，鼓励以国产工业制成品取代进口制成品。由于发展中国家经济能量的弱小，其初建的工业无力与国外已经建立的强大工业竞争。因此，工业化无法通过进一步融入国际市场而转型，应采取必要的贸易保护措施。进口替代战略在许多发展中国家发挥了显著作用，但是这些以国内市场需求为导向的工业进一步发展，往往受制于国内市场的扩展和空间所限。同时，进口替代产业的建立也往往是以高成本、低效率为特征的，经济利益的长期流失使得发展中国家通过进口替代超越发达国家的期望无法实现。

决策者如何选择适合的产业布局模式，需要结合具体的发展条件和发展环境而定，产业布局模式本身不存在孰优孰劣的问题。产业布局模式本身也是一个内涵十分丰富的概念，布局选择是一种多要素、全方位、综合的判断过程。

第四节 产业集聚

一、产业集聚的含义

产业集聚是指在产业的发展过程中，处在一个特定领域内相关的企业或机构内,由于相互之间的共性和互补性等特征而紧密联系在一起,形成一组在地理上集中的相互联系、相互支撑的产业群现象。这些产业基本上处在同一条产业链上,彼此之间是一种既竞争又合作的关系,呈现横向扩展或纵向延伸的专业化分工格局,通过相互之间的溢出效应,使技术、信息、人才、政策以及相关产业要素等得到充分共享,集聚于该区域的企业因此而获得规模经济效益,进而大大提高整个产业群的竞争力。

二、产业集聚的类型

(一)指向性集聚

指向性集聚是为充分利用地区的某种优势而形成的产业(企业)群体。

(二)经济联系集聚

经济联系集聚的目的在于加强地区内企业之间的经济联系,为企业发展创造更有利的外部条件。它又分为两种类型:一种是纵向经济联系而形成的集聚。纵向经济联系是指一个企业的投入是另一个企业的产出。另一种是横向经济联系形成的产业集聚。横向经济联系是指那些围绕着地区主导产业与部门形成的产业集群体之间的关系。

三、产业集聚的效益

(一)外部规模经济

规模经济有外部规模经济和内部规模经济之分,前者指产业集聚的外部经济效益,后者指随企业自身的规模扩大而产品成本降低的经济效益。产业集聚可以提高劳动生产率,另外集中在一起的厂商比单个孤立的厂商更有效率(外部经济)。相关产业的企业在地理上的集中可以促进行业在区域内的分工与合作。外部规模经济的优势主要体现在以下几个方面。

1. 降低成本

有助于上下游企业减少搜索原料产品的成本和交易费用,使产品生产成本显著降低。

2. 提高效率

集群内企业为提高协作效率,对生产链分工细化,有助于推动企业群劳动生产率的提高。

3. 了解市场信息

集聚使厂商能够更稳定、更有效率地得到供应商的服务，比较容易获得配套的产品，及时了解本行业竞争所需要的信息。

4. 获取公共服务

集聚形成企业集群，有助于提高谈判能力，能以较低的代价从政府及其他公共机构处获得公共物品或服务。

5. 吸引人才

产业集聚可提供充足的就业机会和发展机会，会对相关人才产生磁场效应。大量具有专业技能的人才汇聚，企业可以在短时间内找到合适的岗位人才，从而降低用人成本。

（二）创新效益

产业集聚可以促进创新。企业的创新常常来源于企业之间、企业与用户之间的互动。在产业集聚中，新工艺、新技术能够迅速传播。企业更容易发现产品或服务的缺口，受到启发，发现市场机会，研发新的产品。产业集聚降低了企业创新成本。由于集聚，不同公司员工之间接触沟通的机会增多，有助于相互间的思想碰撞而产生创新思维。同一产业集聚区内的企业管理人员与技术人员的定期交流会对各个企业带来创新灵感，这是知识技术外溢性的体现。产业集聚有利于中小企业的技术创新融资，同时是建立产业集聚区创新体系的重要载体。

（三）竞争效益

企业竞争优势决定因素是：生产要素、需求条件、相关支持产业、企业战略结构和同业间竞争，这几个因素是企业拥有竞争优势的必要条件。企业是区域经济发展的主体，产业集聚区内的集聚企业具备这些条件，为提高本企业、本行业甚至本区域的竞争力提供了可能。产业集聚加剧了竞争，竞争是企业获得优势的重要来源，竞争不仅仅表现在对市场的争夺，还表现在其他方面：同处一地的同行企业有了业绩评价的标尺，可以相互比较，这给企业带来了创新的压力与动力，迫使企业不断降低成本，改进产品及提高服务，追赶技术变革的浪潮。集聚区内的企业比起那些散落在区外的企业，具有更强的竞争优势，更容易进入这一行业的前沿。

（四）产业集聚的其他效益

除了以上效益外，产业集聚还具有地区分工专业化效益、扩散带动效益、优化资源配置效益和国际贸易效益等。

1. 地区分工专业化效益

地区分工专业化效益是指产业集聚具有促进地区分工专业化协作的作用。产业集聚在特定地区集聚更多企业、机构和相关产业，能够更好地实行地区专业化分工协作，延长产业链，有利于新的产业形成，产生规模经济效益和外部经济效益，加快经济发展。

2. 扩散带动效益

扩散带动效益是指产业集聚具有聚集生产要素和影响带动集聚区及周围地区经济发展的作用。由于产业集聚具有上述多种效益，促进收益增加，促使更多企业和资金向集聚区聚集，促进了产业集聚区经济的发展。

3. 优化资源配置效益

优化资源配置效益是指产业集聚具有实现资源优化配置的作用。资源优化体现在资源的空间布局，地区、产业、企业分配的合理化以及资源的充分利用方面。

4. 国际贸易效益

国际贸易效益是指产业集聚促进国际贸易的发生。按照新国际贸易理论的观点，规模经济促进了国际贸易新形式和新特点的产生，专业化和大规模生产导致更低的产品价格和商品生产多样性，促使聚集区生产特定商品并与其他地区生产的商品交换，促使产业内贸易的产生。产业集聚是具有规模经济、外部经济和地区分工专业化等效益的产业空间组织形式，将有利于国际贸易的发展，生产要素的集聚、生产规模的扩大和地区专业化的生产形成新的比较优势，加快了国际贸易的发展。

第五章

国有经济的主导作用

第一节　国有经济的主导作用

一、对国有经济主导作用的认识

目前，对于国有经济主导作用普遍有几种看法：第一种看法认为我国作为社会主义国家，基本经济制度是"以公有制为主体，多种所有制共同发展"，所以国有经济主导就是要在国民经济中占据优势，这一优势具体应该体现在数量上。第二种看法认为国有经济主导要与基本经济制度中的"以公有制为主体"分开、辩证地来看。首先这是两个概念，不能混淆、不能等同；其次国有经济发挥主导作用不一定是依靠企业数量占比的优势来体现，数量上的优势在一些特定的时候能够发挥群体效应，发挥主导作用，但是这不是绝对的。国有经济要想在国民经济中发挥主导作用，需要有"质"的变化，在各自行业、领域能够发挥带头、引导的作用。第三种看法认为随着社会的进步与发展，国有经济不仅不需要再具有比重上的优势，甚至应该"国退民进"。从目前我国的实际情况来看，中国特色社会主义并不是仅仅发展公有制经济，而是在公有制经济发展的同时也鼓励和支持非公有制经济发展。这会导致公有制经济在一定程度内的比重降低，这是伴随着非公有制经济的发展出现的下降趋势；不过要说明的是，这种下降的趋势不能曲解为"国退民进"，更不能曲解为"退出竞争领域"，这样是不符合中国特色社会主义经济制度要求，不利于发展社会主义市场经济的。《中华人民共和国宪法》明确规定国有经济是我国国民经济的主导力量，国有经济要发挥主导力量首先有个前提，就是公有制经济占主体。如果国有经济比重过小，恐怕很难发挥主导力量。同时也不能将主导作用和主体地位的概念混淆。

我们一直说国有经济在国民经济中发挥主导作用，这就要求国有经济首先对国民经济要有一定的控制力，能够保障我国经济的良好发展态势，确保我国社会的稳定、和谐，保障人民生活水平的提高；其次，要推动科技创新、技术进步，改善产业结构，提高产业效率，带动产业升级；再次，国有企业作为国有经济在国民经济中的主要表现形式，要确保国有企业的活力、竞争力以及影响力，积极参与国际竞争；最后，我国走的是中国特色社会主义道路，国有经济作为公有制经济的重要组成部分，在确保经济发展的同时要保证我国社会主义性质与社会主义发展方向始终走在正确的道路上。党的十八大提出国有经济与民营经济要通力合作，推动发展混合所有制经济，这样既有利于国有资本的流通，实现保值增值，同时也能促进民营经济的发展，为民营经济发展提供更好的平台。

社会主义市场经济已经在我国初步建立，计划经济体制已经成为过去式，但是单纯地认为国有经济已经过时了，只需要在公共性领域、基础设施领域以及国防安全领域存在就可以了，这是十分片面的。如果国有经济战线过分收缩，退出竞争性领域，首先就要面临一个严峻的问题，国有企业上缴的利润是我国财政收入最为重要的一部分，如国有企业退出竞争性领域，进入到民营经济不愿意进入的行业、领域以及公共设施领域，那么不仅财政收入将减少一大部分，甚至还要出钱对国有企业进行补贴，所以说国有经济随着我国经济的发展，产业逐渐集中是对的。我们要在社会主义市场经济的条件下公平竞争，做强做大现有国有企业。真正需要退出的国有企业是那些在竞争性行业、领域无法维持下去的企业，这是市场的优胜劣汰原则，并非人为左右。换句话说，国有经济在我国国民经济中的比重出现下降并非不能接受，但是不能无限下降，不能出现人为下降。在下降的同时要抓好国有经济存量，盘活和壮大剩余国有资本。我国社会主义建设需要国有经济发挥重要作用，无论从经济、政治、人文建设等方面，都需要国有经济。在经济方面，国有经济是我国社会主义建设的物质基础，发挥国有经济主导作用对于我国社会主义建设有着至关重要的作用；在政治方面，国有经济能够实现对我国经济的宏观调控，同时在执行我国政府颁布的相关经济政策的时候，国有经济可以切实执行，为达到经济预期起到决定性作用；在人文建设方面，国有经济发挥主导作用可以在引领各个行业、领域发展的同时，推动企业回馈社会，更好地实现企业社会责任，构建和谐稳定的学习、生活、工作环境。

综上所述，国有经济在国民经济中发挥主导作用，要体现在对国民经济的控制力上，这种控制力并非完全依靠数量优势来体现和发挥的，而是要能在各自行业、领域起到推动作用，能够对各自行业、领域的技术进步、技术升级等起到带动作用，所以这就对国有经济整个有了一个"质"的要求。只有让国有资本流动起来，做强做大国有企业，国有经济才能更好地发挥主导作用。

二、通过国有企业改革来看我国国有经济的主导作用

改革开放以来，我国经济进入高速发展时期，民营经济也迎来了发展的春天。我国国有经济不仅占据主体地位，在数量上也占据较大优势，存在国有经济产业分布较广、企业自身素质参差不齐、资源利用率不高等问题。而社会主义市场经济的建立离不开国有经济的支持，需要国有经济发挥主导作用，所以对国有经济进行战略性调整就显得尤为重要。而国有企业作为国有经济在国民经济中的主要实现形式，研究国有企业对理解国有经济在各个行业、领域发挥主导作用会有很大的帮助。

目前，我国社会主义市场经济初步建立，我国经济仍然处于发展转型与体制转型的双重阶段，这就需要国有经济发挥主导作用，但前提是首先要对国有经济进行战略调整以及对国有企业进行体制改革。我国国有企业经历了从放权让利—扩大自主经营权—企业承包制、股份制改革—转化企业经营机制—初步建立现代企业制度—经营监管措施的改革，国有企业通过"摸着石头过河"蜕变成具有国际竞争力的大型企业。现阶段，为了保持国有经济在国民经济中的控制力，发挥国有经济的主导作用，国有企业改革的方向确立为：尽快适应社会主义市场经济体制；适应我国当前经济增长方式；基本完成对国有经济的战略性调整；构建合理的产业布局、结构；提高产业集中度，向关系国家命脉的关键性行业、领域集中；引领各个行业、领域的科技研发；提升企业自主创新能力，为建立良好、健康的国民经济做出贡献。

要看到，自国有企业改革以来，我国始终坚持对国有企业"抓大放小""有进有退，有所为有所不为"的原则，通过一系列的改革，完善了市

场环境、企业内部管理机制、用人机制、激励机制等，增强了国有企业的活力、竞争力以及影响力，国有企业效率大幅提升，国有资本实现增值。

随着国有经济战略调整的不断深入，国有企业改革也紧跟步伐。国有企业在数量上的逐年减少，有人曾提出质疑，认为国有企业逐年减少必然会减弱对国民经济的控制力，很难发挥主导作用。其实随着我们市场经济的初步建立，国有企业改革已经开始一步步向关系国家命脉的关键性行业、领域集中，这样不仅有利于提高产业集中度，而且能够增强国有经济对国民经济命脉的控制力，同时给予民营经济发展空间，加强国有企业与民营企业的合作，发展混合所有制经济，盘活国有资本，使国有资本实现保值增值。

三、国有经济在国民经济中发挥的主导作用

（一）巩固和发展我国社会主义基本经济制度的主导作用

对我国社会主义基本经济制度的主导作用要求我国国有经济比资本主义国家国有经济的规模要大，覆盖面要宽，要成为公有制经济的主导力量，要在实现社会主义公平分配，消除两极分化方面起表率作用。国有企业作为国有经济功能实现的执行者，必须始终坚定不移地坚持我国社会主义初级阶段的基本经济制度，在巩固的基础上实现发展。而这也就要求我国在进一步深化国有企业改革的进程中融入新的东西，走中国特色的社会主义道路，将产业结构调整、产业升级、体制创新相互融合。

在确保国有经济在整个国民经济命脉中发挥主导作用的同时，继续按部就班地坚持"有进有退，有所为有所不为"，不断通过对国有经济布局的调整将国有经济的重心逐步转移到关系国家安全、社会稳定、能源、基础设施等行业和领域，使有资产充分流动起来，在发挥国有经济主导作用的同时要进一步增强国有经济的活力、控制力以及影响力。与此同时，也不能忽视对国有企业内部的管理，要借鉴发达国家先进的企业管理制度，进行科学管理，完善国有企业自身的产权制度、经营模式，建立适应我国社会主义市场经济要求的现代化企业管理制度，摸着石头过河，在竞争中寻发展，在发展中求创新。并通过对国有企业的不断改革，实现国有

经济的不断发展，为我国的社会主义基本经济制度的巩固和发展起到表率作用。

（二）体现和贯彻国家意志方面的主导作用

我国走的是中国特色社会主义道路，这是一条从实践中摸索出来，符合我国国情、符合广大老百姓利益的道路。围绕这条道路，我国社会主义市场经济体制讲求的也是国家主导，而国家主导的手段就是通过国有经济来实现，究其根本，目前我国社会主义市场经济还属于初级阶段，需要平衡经济发展中的各种矛盾，将矛盾与对立进行有机统一，实现彼此间相互作用、相互协调，在计划调节与市场调节中达到最优。目前我国社会主义市场经济体制下的市场经济模式同欧美等发达国家相较主要区别在于：欧美国家的市场经济，其资源的优化配置主要依靠的是价格，由市场形成价格，生产资料、经济资源在自由流动的前提下，依靠市场来发挥配置作用，国家的职能相对弱化，只需要通过制定规则和政策为市场机制的作用创造条件；而我国是国家主导型的市场经济，要求国有经济担负起更重要的责任与使命，国家的职能不单单是维护社会的稳定发展，更要在推动经济发展、提高人民生活水平、实现国家现代化等方面做出贡献。就目前的情况来看，我国的经济发展是健康的、良好的，在世界经济发展史上书写了"中国奇迹"。而这一切所依赖的是我国政府强有力的国家控制，这也完全驳斥了一些学者的观点，所谓国家管得越少越好是站不住脚的。我国国有经济是国家直接掌控，体现和贯彻国家意志的经济，是国家调控的有力工具。

（三）优化调整产业结构和布局的主导作用

国有经济是我国国民经济的重要支柱，国有企业作为国有经济在国民经济中的实现形式，其在我国不同产业中也发挥着巨大作用。

根据战略性新兴产业的特征，立足我国国情和科技、产业基础，现阶段重点培育和发展节能环保、新一代信息技术、生物、高端装备制造、新能源、新材料、新能源汽车等产业。加快培育和发展战略性新兴产业是推进产业结构升级、加快经济发展方式转变的重大举措，有利于提升产业层次、推动传统产业升级、高起点建设现代产业体系，体现了调整优化产业结构的根本要求。改革开放以来，我国经济取得了巨大的成就，国有经济伴随着共和国的成长而不断成长，在国家经济改革中扮演着重要角色。

与此同时，协调区域经济也需要国有经济给予强而有力的支撑与调控。需要指出，区域经济和谐稳定有序的发展其意义不仅在于优化产业布局、升级产业结构、提高国际竞争力，同时也是平衡各地区发展，实现公共服务均等化，实现社会主义目标的要求。把握以及处理好东部地区与中西部地区、沿海地区与内陆地区之间的关系，都是形成合理分工、经济协作、资源优势互补的区域产业结构重要因素。而国有经济相较于一般企业在行业间开展经济合作具有一定的优势，无形地也就对国有经济提出更高的要求，在加强彼此间合作的同时，也要充分发挥国有经济的引导、带动作用，为我国区域经济的协调发展进行助推。

（四）实现科学发展与转变增长方式的主导作用

自进入21世纪以来，我国国有经济也翻开了新的发展篇章。我国必须坚持走可持续发展道路，坚持科学发展观，积极转变经济增长方式，实现国民经济的又好又快发展。目前，我国正处于经济发展方式转变的关键时期，在这一过程中，作为以公有制经济为主导的国家，国有经济需要发挥积极主动的作用，担负起自身的使命，而国有经济作为国民经济命脉的支柱，直接影响着经济发展方式转变的质量与快慢。所以，这就要求我国国有经济在这一过程中不仅要发挥一般性的功能，还要发挥特殊、独有的中国国有经济功能，从而更好地完成这一历史性使命、给国有经济功能进行全新定位。我国国有经济在转变经济增长方式方面的主导作用主要体现在以下五个方面：第一，大力加强科技创新功能；第二，支付发展方式转变成本的功能；第三，协调区域经济发展功能；第四，发挥国有经济在战略新兴产业的先导功能；第五，牢牢把握国有经济"稳定器"功能。

（五）推进技术进步与自主创新的主导作用

技术是推动一国经济、社会发展的重要力量，自主创新能力是决定一国综合国力的关键因素。考量国有企业、国有经济对于技术创新、科技方面的投入可以通过国有经济、国有企业对于从事科研与试验发展活动所必需的人力、物力、财力等的投资水平进行较为有效的评价。我国国有大型企业不仅具有先进的设备、科学的管理方法、稳定的资金支持，而且拥有大量的高科技人才和出色的企业领导者。创新能力强、科研投资规模大、自主创新环境好的特点，使国有大型企业成为推动我国技术进步与自主创新的主导力量和重要的战略基地。同时，通过联合高等院校和科研院所，实现产学研的结合，加强了自身的科研能力，也能带动大批中小企业蓬勃发展。由此可见，国有经济是推动我国技术进步的主导力量。

（六）保障国家安全的主导作用

国家安全与否决定了一国社会发展的稳定，而国家综合国力的高低则决定了其在世界民族之林中的地位，因此保障国家安全具有重要意义。国有经济是国民经济和国家安全的控制力量之一，为了保持国民经济的稳定发展和保证国家安全，国家必须采取包括建立国有企业在内的各种方式来控制整个国家的经济命脉。当今社会已经实现经济全球化，在一些行业和领域外资往往因为其资本和技术存在一定的优势从而可以很快在市场竞争中占据优势地位，因此这就要求我国国有经济在一些关键的行业、领域要做到绝对控制，从而确保国家的稳定，维护社会和谐，保证国家经济安全。与此同时，还要不断增强军事实力，加强军队建设，提高国有军工企业的军事研究能力和创新能力，保障军事安全，为我国企业提供安全稳定的发展环境。

（七）应对危机，维护社会和谐发展的主导作用

国有经济由于其地位的特殊性，自中华人民共和国成立以来始终在国民经济中发挥着至关重要的作用，同时在一些特殊时期、特殊事件上，发挥着不可取代的稳定国家安全、维护社会稳定的作用。从当前的形势看，我国正处于转变经济发展方式的过渡时期，而且这一过程将会持续一段时间，作为我国国民经济的主导，国有经济需要在这一特殊阶段应对随时可能出现的问题，做到维护社会稳定、和谐，保障国家安全，推动国民经济的发展。比如，在面对金融危机以及社会动荡等经济环境不好的时候，国

有企业必须肩负起相应的责任，不大幅裁员引起员工恐慌，确保员工的基本利益，然后在力所能及的条件下，增加就业岗位，维护社会稳定。正是因为我国国有企业能够在关键时刻站出来，在发生各种危机的时候展示出强大的主导作用来应对危机，才保障国民经济持续、稳定发展，人民生活不受危机的冲击。这也恰恰说明，我国国有经济在应对危机维护社会和谐发展方面的作用是不可低估的。

（八）实现国民经济良好增长的主导作用

国有企业作为国有经济在国民经济中的具体实现形式，在各地均有分布，可以说国有企业是中华人民共和国成立以来一个最为庞大的经济体系。同时，从分布上来看，国有经济多在关键性的行业、领域，比如基础产业、国防工业、高端技术产业等。而且由于各产业间往往都会产生关联效应，所以国有经济在战略调整的过程中，首先，国有经济在关键性行业、领域保持"绝对控制"或者是"相对控制"是为了更好地对国民经济起主导作用，实现有计划的调控；其次，要增强国有经济的活力、控制力、竞争力、影响力，发展壮大国有企业，盘活国有资本，实现国有资本的保值增值；最后，在国有资本增长的同时也要兼顾全社会的整体利益，注重社会责任的实现，适当地让企业经济利益让位全社会经济的整体利益，维护和促进国民经济健康发展与持续增长。

（九）提高国际竞争力的主导作用

自"走出去"战略实施以来，国有企业一直都是我国参与国际竞争的主力军。而随着我国加入WTO（世界贸易组织），越来越多的国际跨国公司也逐步开始进军我国市场，意图在我国市场分得一杯羹。虽然我国社会主义市场经济已经初步建立，其他所有制经济已经有了一定的发展，但是整体上与国有企业相较仍有差距，尤其在质量、规模、技术、人才等方面更为突出。在这样的背景下，我国在国际上提升竞争力与影响力仍然需要国有企业来发挥自身实力。与此同时，国有企业为自身发展也需要参与到国际竞争中来，在国际激烈的市场竞争中寻求发展，抢占市场份额，提升自身竞争力，加快企业研发速度，实现国有企业长期稳定发展，在国际竞争中推动产业升级，整体提高我国产品在国际上的知名度与竞争力。

第二节　国有企业的行政垄断

经过不懈努力的改革，特别是推动市场化改革之后，企业的经营环境已经发生大变化，使国有企业的现状较之改革前也呈现出明显的改变。就国有资产总额和所创造的利润而言，国有企业正经历一场"大存小亡"的日益激烈的竞争。在结构调整以及战略性改组上，经过近几年不断深化的改革，国有资产的分布结构已经发生了很大的变化。经营性国有资产向基础产业和大型企业集聚的速度加快。与此同时，对于数以千计的没有市场前景、没有资源和竞争能力的大企业，数以万计的一般中小企业，借鉴落实"抓大放小"方针时所获得的经验，中国政府继续通过兼并、破产、资产重组（指大企业）等方式让这些企业逐步退出市场，或者通过多种形式进行转制（指中小企业）。可以看到，国有资产正迅速向大型国有企业集聚，这些企业创造了国有企业几乎所有的利润，而众多的国有中小企业，由于在竞争性的市场中亏损严重，生存困难，正通过兼并、破产等一系列途径逐渐退出市场。一方面这些现象表明经过实施"抓大放小"及"国退民进"等战略后，国有经济布局调整工作已经初步获得了实质性的改变，但另一方面又给国民经济带来一种隐忧，那就是国有经济部门的利润几乎都由国有特大和大型企业创造出来的。这些国有大型企业几乎都集中在垄断产业或享有垄断地位。与其他所有制的企业相比，国有企业在政府直接或间接帮助下占有比较明显的优势。

一、垄断及其边界

"垄断"的词义是"独占"和"排他性控制"。经济行为上的垄断，可以理解为任何个人、单位或组织排他性地控制或独占某种经济资源、产品、技术或市场。关于垄断，目前经济学界大致将其分为三种类型：一是"自然垄断"，它是由资本投入及其沉淀性，以及相应的规模经济性和范围经济性所决定的；二是"法定垄断"，它是由政府限制竞争的法令和政策导致的垄断；三是"厂商垄断"或称"行业垄断"，它是企业凭借其资本集中、生产集中和技术集中等经济优势，单纯或合谋在生产经营和服务领域限制、排斥或控制竞争的经济性垄断。由于最后一种垄断形式为各国法律所禁止，所以前两种垄断形式为主。

（一）自然垄断行业的特征和边界

1. 自然垄断的特征

自然垄断的经济特征，包括：一是对单一产品的自然垄断性而言，规模经济是自然垄断的充分条件，但不是必要条件，即只要规模经济存在，就具有自然垄断性，但自然垄断一定必须要求存在规模经济，在规模不经济的情况下，只要成本劣加性存在，也同样存在自然垄断性；二是对多产品的自然垄断性而言，规模经济既不是自然垄断的充分条件，也不是自然垄断的必要条件。决定自然垄断性的是成本劣加性，而多产品的成本劣加性决定于联合生产的经济性，通常可用范围经济性来表示。

2. 自然垄断的可维持性

垄断是否能够在一个自由进入的市场上维持其地位，是经济学家争论的核心。垄断是否能够维持决定了政府是否需要采取反垄断政策，如果垄断是不可维持的，政府就不需要采取深入的反垄断政策；如果垄断是可以维持并不断强化的，则需要政府进行干预。

关于自然垄断的可维持性，从成本劣加性的讨论中，可以引出这样一个结论：在成本弱增的产出范围内，为实现较高的生产效率，应该由一家企业垄断经营。当产出超过成本弱增的范围后，就应该允许新企业进入。但由于政府管制者很难准确把握成本劣加的范围，所以政府在管制实践中，即使在成本弱增的范围内，也会允许新企业进入自然垄断行业，最终造成低效率进入。

自然垄断企业被认为是产业中的主导企业，它在做出价格和产量决策方面，要受到一系列约束条件的制约。而如果新企业认为有利可图，它们可以无约束地进入市场。对自然垄断企业行为（价格和产量决策）的有关约束条件包括：一是量等于特定价格下的市场需求总量；二是收入等于生产这些产量的总成本；三是如果新企业进入市场，垄断企业不能够改变原来的价格，不得要求以原有价格满足新企业夺走后的剩余需求。在这些约束条件下，如果没有新企业企图进入市场，那么垄断企业是可以维持的。从对垄断企业的约束条件看，在可维持性理论中，当新的竞争企业进入市场时，假定垄断企业不能做出任何反应，这虽然不符合实际的假定，但也有一定的现实性。这是因为垄断企业往往是受政府管制的，价格和产量的变动需要得到管制者的批准，由于政府管制过程的滞后性，表现为垄断企业的行为调整是缓慢的，缺乏应变性。

总之，在平均成本上升，但属于成本劣加范围内时，如果垄断者的利润大于零，新企业只要把价格定在垄断企业的不可维持性，则需要政府对市场进入加以管制，以保证垄断企业的可维持性；而在平均成本下降的产出范围，只要垄断企业不高于平均成本定价，新企业进入市场后就不可能采取降低价格策略，否则就会亏损。因此，只要新企业是理性的，就不会产生进入市场抢夺垄断企业市场份额的刺激，这就会自动保证自然垄断的可维持性，不需要政府对市场进入予以管制。

3. 自然垄断的边界

（1）自然垄断的静态边界

就整体上而言，电信、电力、铁路运输、煤气和自来水供应等产业都属于自然垄断产业，但并不等于这些产业的所有业务都是具有自然垄断性质的。也就是说，即便在一个自然垄断行业里，也可以同时存在自然垄断和竞争性等业务。

（2）自然垄断的动态边界

从动态的角度看，自然垄断的业务范围还具有相当大的可变性。这是因为，技术进步能在很大程度上改变自然垄断的边界。这在电信产业表现得特别明显。随着光缆技术的发展，利用卫星和无线电话技术，有线电话公司也能够提供传声和数据服务，这些都使电信产业将发生革命性的变化，从而为新企业进入电信产业，建立新的通信网络，向消费者提供比原有的电话通信网络质量更好、价格更低的通信服务创造了条件。这样，将来的电信产业模式并不是唯一的全国一体化的通信网络,而是由电话网络、有线电话网络、卫星和微波系统等其他技术所组成的一个多面体的互通网络。结果是大大缩小了电信产业的自然垄断性业务范围,其缩小程度和速度则取决于技术发展和应用的情况。在电力产业,技术进步对自然垄断性的电力输送业务也有一定的影响,如"混合循环燃气轮机"技术改变了电力生产的规模经济优势,而且它能超越电力输送网络直接向较大规模的顾客提供电力。在这些自然垄断产业中,因技术进步引起的自然垄断性业务范围的可变性,无疑对政府管制政策的制定者带来新的难题,要求政策制定者不仅要考虑现时的产业状况,而且要预见技术进步将会对未来的产业状况所产生的影响。

除了技术进步因素外,市场范围的变化也会改变自然垄断的边界。例如,在经济发展水平较低的地区,电力、煤气、自来水、铁路运输等产业具有明显的地区性,尚未形成全国性的或较大范围的市场,这些产业在较小的地区市场上具有自然垄断性,通常由一家企业垄断经营。但随着经济发展水平的提高,这些产业的市场范围将不断扩大,当市场需求量超过成本弱增的范围后,这些产业的许多业务领域就不具有自然垄断性,应该由多家企业竞争性经营,从而使原来的垄断型市场结构或寡头垄断型市场结构转变为竞争性市场结构。

因此,从上面的分析可见,无论从静态的角度还是从动态的角度,在特定时期内自然垄断的业务范围总是具有相对的边界。重要的是,政府管制者应根据本国的技术、经济状况,较为准确地把握具体产业的自然垄断边界,然后对自然垄断性业务制定相应的政府管制政策。

(二)行政垄断

行政垄断是法定垄断的一种类型,也是中国现行体制下最主要的垄断表现形式。这与中国特定的历史与特殊的体制密切相关。从历史上看,长期封建专制制度导致了政府权力的普遍介入。中华人民共和国成立后,在推行国家工业化战略中所采取的高度集中的计划经济体制,也在一定程度上强化了政府对社会经济生活的干预。在向市场经济体制转轨的过程中,由于在放权让利的同时并没有对政府职能进行清晰的界定，也没有对权力部门形成有效的制衡，使得某些部门和地方的利益膨胀，导致一部分原来由计划所控制的资源配置权力逐渐转化为垄断权利，形成行政垄断。行政垄断是以政府名义实施的市场禁入，不同于市场经济里其他的垄断形态，比如由于技术创新形成的垄断和由于竞争实力形成的垄断属于第三类的经济性垄断，由于成本特性形成的自然垄断。中国学术界一般将行政垄断概括为行业垄断和地区垄断，或者形象地概括为"条条"垄断和"块块"垄断。

反垄断主要是指反行政垄断，因为只有行政垄断通过强制性限制市场准入，消除潜在的竞争，才真正妨碍技术进步和经济效率。其他形式的垄断，尤其是保护产权产生的垄断，对经济行为和经济效率的影响是不同的。因为拥有独特资源而产生的垄断，往往有替代的产品和服务，当垄断利润过高的时候，其他替代品就有了市场创新产生的垄断。

二、自然垄断与行政垄断格局的特点

（一）行政垄断与自然垄断紧密结合

在实践中，自然垄断往往与法定垄断有联系，或者说自然垄断带有法定垄断的特征。所谓法定垄断是指中央政府或者主管部门通过颁布法律、法规、行规等形式，用行政权力和法律力量关注市场准入，只允许一家或少数几家企业垄断经营。但是，从目前中国的垄断局面来看，这一关系已经演变为自然垄断和行政垄断紧密结合的格局。即属于自然垄断行业的企业得到非合理的法定垄断地位，这种情况显然有别于因属于涉及国家安全或者明显具有自然垄断行业的成本劣加性特征而享有合理性、正当性的法定垄断的情况。在中国，石油、成品油专卖、广播电视、新闻出版等都属于行政垄断行业。而属于基础产业和城市公用事业的电力、电信、铁路、民航、邮政、高速公路、天然气管道运输、城市自来水、燃煤气供给等都是自然垄断行业，但这些部门的自然垄断都是在计划经济体制下有政府行政配置资源形成的，因此目前的自然垄断都带有行政垄断的色彩。

（二）垄断与市场集中度低、规模不经济并存

产业集中度是计算产业市场结构性状和大企业的市场控制力的一个概念，通常用某一产业中前若干家企业的某些指标的合计数占整个产业相应指标的比重来反映，这一比值越大，说明产业集中度就越高。规模经济是自然垄断的重要理论基础。规模经济的含义是随着产量或提供服务的增加，边际成本不断下降。在产业内只有一家企业存在的情况下，垄断者索取一个垄断高价，限制了需求量，结果生产者和消费者都无法获得规模经济的收益，规模经济仅仅停留在技术上的一种可能性。当采取成本加成的价格管制方式时，经营者可以获得有保障的利润率，既不关心成本的降低，也不必关注规模经济的获得。

三、行政垄断对经济增长的影响

竞争有利于扩大消费者的选择权，促进企业改善服务质量，而竞争对经济效率的促进作用则主要表现在它能刺激生产效率、动态效率（企业内部效率）和社会配置效率。在一个竞争性的环境中，只有效率较高的企业才能生存和发展，优胜劣汰规律会迫使企业想方设法努力降低生产成本，自觉优化生产要素组合，以提高生产效率。同时，竞争将激励企业不断采用新技术，推动技术进步，以创造技术优势，提高动态效率。此外，在不完全信息的现实世界中，竞争还能产生一种信息发现机制，打破垄断企业对信息的垄断，迫使企业按照包括正常利润在内的成本定价，从而促进社会配置效率。

（一）"经济垄断"与资源配置效率的关系

学术界基本上认为经济垄断具有双重作用，即垄断结构促进资源配置效率的提高，与此同时，垄断行为也导致资源配置效率的降低。而对于"行政垄断"与资源配置效率之间的关系，学术界基本上一致认为行政垄断导致资源配置的低效率。一般来说，垄断行为导致资源配置低效率主要表现为：

1. X非效率

X非效率是用于反映企业内部效率低下状态的基本概念。以往对厂商

行为的假设都是成本极小化的，意即厂商是"有效地"购买和利用了全部要素投入。而X效率理论的主旨就是要说明，免受竞争压力的保护不但会产生市场配置低效率，而且还会产生另外一种类型的低效率，即免受竞争压力的厂商明显存在着超额的单位生产成本，因为这种类型的低效率的性质当时尚不明了，所以称作X非效率（也叫X低效率）。后来，很多经济学家对X非效率进行了大量的研究，对X非效率的来源进行了分析和分类。就市场结构而言，垄断结构的存在使得企业免受竞争压力，垄断企业对价格、产出和成本的控制，是造成这种状况的原因所在。

如果可接受的利润水平不必达到成本极小化就能实现，那么成本极小化就不是垄断企业的典型行为。而在竞争结构下，竞争对比较理性的企业成员就会产生更大的压力，这种效应是通过市场机制完成的。依靠这种机制，一家企业如果降低它的价格，所有企业就必须跟着降低，否则就会被市场淘汰掉。就长期而言，企业需要靠尽可能压低成本生存，它不但要利用规模经济，而且还要能在长期平均成本曲线上进行生产。因此，竞争减少了某些垄断企业采取各种形式的自由处置行为的机会。另外，垄断企业管理者与所有者的目标不尽一致（所有者倾向于追求利润最大化，而管理者倾向于追求销售收入即规模最大化），使垄断企业难以形成利润最大化和成本最小化的共同行为，结果导致企业利润费用化。企业生产经营成本增加。也就是说，X非效率意味着垄断企业在高于它的理论成本曲线上生产经营。

2. 福利损失

垄断结构下的厂商必然产量较低，价格较高，由此造成了"垄断的福利损失"。垄断的福利损失也称"无谓损失"，是指实际收入的损失，或由于垄断、关税、配额或其他破坏所引起的消费者剩余和生产者剩余的损失。

3. 垄断价格和"消费者剩余"的减少

在完全垄断或勾结型的寡头垄断中，垄断企业完全是市场价格的制定者，它们可以实行各式各样的垄断价格。无论是什么具体形式的垄断价格，都表现为垄断企业较高的垄断利润率和消费者剩余的减少。垄断势力越大，往往利润率越高。

4. 组织管理低效率

信息是管理决策的依据，而垄断性大企业规模庞大，结构层次多而复杂，管理跨距和幅度都很大，在管理体系内部，信息向上反馈和指令向下传递的流程容易出现偏差和迟滞，如果上层管理机构根据偏差和迟滞的信息做出决策，职工也是根据偏差和不完整的指令而操作，就会导致决策的失误和控制损失，最终使得整个管理体系的效率下降。在当代，尽管先进的技术装备可以在一定程度上克服空间障碍，操纵几千千米以外的复杂机械，为越来越多的生产单位和生产环节的协同作业提供了可能；尽管信息技术和管理技术的发展可以使众多企业和工厂都可以在总公司的统一控制下，然而由于代理链条的加长，各级代理者倾向于追求对代理者有利的目标，导致代理成本加大、激励机制减弱、内部人控制等现象。

5. 动态技术低效率

垄断势力一经形成，可能会在一定程度上产生守成倾向，尤其是减少直接竞争对手的完全垄断，容易缺乏改进技术和提高劳动生产率的压力，有的甚至对已经发明的技术也束之高阁。因为缺少竞争对手，仅凭垄断价格就可以保证轻而易举地取得很多较高的利润。如果要采取新技术，就需要大量资本来替换仍可以获得可观利润的原有设备，就会产生大量的埋没成本或沉淀成本，即企业退出时不能由原有的市场转移出去的那部分投资，这是垄断企业所不愿意做的事情。尽管从市场经济历史的长河来看，垄断势力根本阻挡不住竞争的洪流，因而这种垄断组织压制技术创新和应用的例子也只能是偶尔的和短暂的。

（二）行政垄断对竞争的影响

垄断结构改变的只是竞争形式，而不是竞争本身，因此垄断并不必然限制和排斥竞争；相反，在某种情况下，垄断还可能促进竞争的进一步扩展并把竞争引向高级化。这是现代竞争理论关于垄断与竞争关系的一个基本认识。然而，这一认识并不能扩展至行政垄断。行政垄断既不会促进竞争进一步扩展，也无法将竞争引向高级化，它始终与竞争处于一种对抗的、此消彼长的紧张状态。在健全的竞争经济中，决不能允许任何集团利用特权来为自己谋利益。因此，在行政垄断与竞争之间，找不到经济垄断中垄断（结构）与竞争那样的合体。行政垄断的这种本性，早已为西方经济学家所洞察。大量的行政垄断是以直接排斥、限制竞争的形式表现出来的。行政垄断对竞争的损害，在理论层面上可以从微观、宏观两个层面予以揭示。

从微观方面考察，行政垄断对竞争的损害，主要是造成了特定市场不公平竞争与垄断局面的出现。这里所指的特定市场是指某一具体的产品市场或具体的地域市场如一省、一县。行政垄断往往是通过直接禁止某一产品或某地产品进入某一特定市场如禁止某一品牌的香烟、啤酒在某一省出售，或改变该特定市场中某些竞争者包括潜在竞争者的竞争参数如减免税收、提高检验标准等手段来实现的。前一种情况将直接导致该特定市场垄断局面的出现，因为在这种情况下，任何进入该特定市场的努力都是徒劳的。在后一种情况下，竞争表面上还允许存在，但由于竞争者的竞争条件已经改变，这种竞争实质上已经蜕变为一种不公平竞争。这种不公平竞争或许能持续一段时间，或许来不及开始就已经结束，为垄断局面所替代。

从宏观方面看，行政垄断对竞争的损害，主要是妨碍了全国开放、统一市场的形成。全国性的市场是由许多特定市场如商品市场、要素市场构成的。全国性市场的统一，须以特定市场的开放为条件，如果特定市场是封闭的，那么开放的、统一的全国性市场就无从建立。或许单一商品市场或地方市场的不开放、不完善对全国统一、开放市场的形成并没有十分明显的负面影响，但大部分商品市场或地方市场不开放、不完善，无疑将妨碍全国统一、开放市场的建立。行政垄断对竞争的宏观损害就在于其将本应统一、开放的全国性市场分割为彼此封闭、互不联系的条块结构。之所以说是封闭的，是因为行政权力是封闭的；之所以说是大量的，是因为行政垄断的主体是大量的，纵向有省、市、县、乡四级人民政府，每一级人民政府中又有许多具体的行政部门，每一级政府或政府部门都拥有相应的管理社会与经济事务的权力，每一级拥有行政权力的政府、每个拥有独立行政权力的部门都可能凭借其权力分割、封锁市场，这样在理论层面上就存在这样的情况：全国有多少个行政机关，就有多少个相对独立的市场存在，整个国家将变成一个由成千上万个彼此分割、互不联系的市场组成的网状结构。当然，行政垄断并非与竞争无缘。由于行政垄断能给个人、企业或其他组织带来经济利益或行政利益，因此行政垄断的存在必然会招致个人、企业或其他组织对行政垄断本身的追求。

（三）行政垄断对经济自由的影响

经济自由的基本含义包括：一是经济自由就是经济活动不受他人强制。二是经济自由并不意味着经济活动不受限制。不受限制的经济自由可能会导致经济自由本身的破坏。如契约自由是经济自由的重要内容，但如果允许限制产量、固定价格、划分市场等合同存在，那么经济自由就将大大受到损害，因此为了保护经济自由本身，必须对经济自由进行限制。除此之外，经济自由不可能是现代社会唯一的价值目标。三是经济自由必须保有一个最低限度。知识与本能取向的成功组合，既非出自人们经由共同的审慎考虑而做出的选择，也非出自人们通过共同努力寻求解决问题的方式而做出的选择；它们的成功组合，完全是个人模仿其他较成功者所作所为的结果，而且这些成功者的所作所为往往也是通过不同的象征或符号而对模仿者施以引导的。那种认为人已然拥有了一种构建文明的心智能力，从而应当按其设计创造文明的整个观念，基本上是一种错误。文明的发展，甚至维系，都取决于我们是否能为未知事象（或偶然事象）的发展提供最多的机会。这些未知事象或偶然事象是在个人将其所获得的知识与态度进行组合，将技巧与习惯进行组合的过程中发生的，而且也是在有能力的人士遭遇他们有相应知识去应对的特定环节时发生的。正因为我们对如此之多的东西都处于必然无知的状态之中，才决定了我们必须在很大程度上去面对或然之事和机遇。当然，无论是在个人生活中抑或是在社会生活中，尽如人意的偶然之事通常来讲并不会适时发生，然而我们必须对它们的发生有所准备。对此，我们所能做的，一是增加机遇：促使个人的天赋和环境形成某种特别的组合，从而造就某种新的工具或改进某一旧工具；二是增进成功的可能：促使诸如此类的创新能够迅速地传播至那些能够利用它们的人士并为他们所利用。我们之所以需要自由，乃是因为我们经由学习而知道，我们可以从中期望获得实现我们诸多目标的机会。正是因为每个个人知之甚少，而且也因为我们甚少知道我们当中何者知道得最多，我们才相信，众多人士经由独立的和竞争的努力，能促使那些我们见到便会需要的东西的出现。如果存在着无所不知的人，如果我们不仅能知道所有影响实现我们当下的希望的因素，而且还能够知道所有影响实现我们未来需求和欲望的因素，那么主张自由亦就无甚意义了。要对某种行为给自由所造成的全部损害进行考量是相当困难的，因为我们无法确知自由究竟能给我们带来什么，因而也无法预测对自由的限制将使我们失去什么，失去多少。自由的价值在于它为不曾预见的和不可预测的行动所提供的机会，所以我们也鲜能知道对自由施以特定限制究竟会使我们失去什么。任何这种限制，亦即除了实施一般性规则以外的任何强制措施，其目的都在于实现某种可预见的特定结果，所以因这种限制而未能成就的东西则往往是不为人所知的。对市场秩序施以干预所会产生的直接后果，在大多数情况下都是即时且明确可见的，但是其较为间接且影响深远的后果却在很大程度上是未知的，因而也会为人们所忽略。此外，我们也绝不可能意识到以这种干预方式实现特定结果所须付出的全部代价。基于此，这里只就行政垄断对经济自由，主要是对经营自由与消费自由造成的直接损害进行论述。

经营自由是公民的一项基本权利。经营自由是不可让渡的个人权利之一，虽然基本法未明确规定，但却是固有的。站在自由市场经济的角度说，经营自由是市场主体最基本的权利，生产什么、生产多少、何时进入、何时退出、销售给谁、销往何处、售价几何等都是企业自己的事情，政府一般不得限制，也不得特许某人生产任何产品，否则就构成对经营自由的侵犯。在现代市场经济条件下，市场主体的自由要受一些限制，如对关系到国家安全的军工产品，只能由特定的企业生产；对关系到国计民生的产品价格，不能超过国家定价或政府指导价；签订合并契约，有时要受反垄断法执法机关的审查；规定某些商品不能公开销售或不能向特定的对象销售等。但即便如此，经营自由仍是现代市场经济条件下市场主体最基本的权利。不管在何种性质的国家，只要它是实行市场经济，市场主体仍然享有决定生产什么、生产多少等权利。然而，在行政垄断条件下，市场主体的经营权明显受到了侵害，其中最明显的是进入市场的权利、退出市场的权利、销售商品的权利受到了侵害。对进入市场的限制主要是行政审批制、行政许可制，对退出市场的限制就是对企业破产的限制，对销售商品的限制主要是封锁市场。

如果说为了公共利益的需要，对市场主体的经营自由权进行某些方面的限制仍是必要的，那么对消费者的消费自由进行强制则完全没有必要。因为经营者的某些经营行为可能给社会公共利益造成损害，而消费者的消费行为对社会公共利益是无害的。个人如何使用钱财的问题，跟国家毫无关系，不必在这一点上进行任何道德方面的教育。因此，出于维护公共利益的需要，强制消费者购买某些产品或接受某种服务的理由是不能成立的。当然，实践中也很少有哪一个行政机关以这种理由强制消费者购买某种产品或接受某种服务。常见的情况是，强调保护消费者的特定利益而强迫消费者购买某种特定的产品，如强调保护居民的财产安全而强迫住户购买、安装其指定的经营者的防盗门等。这种理由更难成立，因为没有任何一个人会比消费者本人更加关心自己的利益，显然行政部门在差强人意。由此观之，行政机关强制消费者购买某种商品是无任何根据的，是一种侵犯消费者自由的行为。

第三节　反垄断和市场化

国有企业改革已经进行了40多年，中国经济发生了巨大变化，中国从过去封闭的计划经济，进入自由开放的现代市场经济发展阶段，但是改革尚未完成。改革的一个重要成就或经验就是大部分人逐渐拥有了清晰的改革思路和明确的改革目标。回顾改革历程，在实行放权让利、经济责任制和利改税、破产制度、承包制等改革举措的很长一段时间里，国有企业改革都有明显的实用主义或机会主义特征，也叫作"摸着石头过河"。而后开始建立起目标主义或战略主义的改革思路，也就是建立现代企业制度和产权制度，从战略上调整国有经济布局和改组国有企业。改革需要深入，就得触动利益集团包括国有企业和政府本身的利益，深化垄断行业改革，重点是实行政企分开、政资分开，要做到这一点，关键是要实行所有制改革，引入竞争机制，同时加强政府监管和社会监督。

一、国有经济布局的战略性调整与破除行政垄断

国有经济布局的战略性调整，其实质就是对国有企业实行所有制改革。所有制改革就是要产生以明晰产权为基础的真正意义上的市场竞争主体。要彻底破除行政垄断局面，一个首要任务是打破所有制上国有企业所享有的垄断格局。打破国有制经济在所有制上的垄断状态的方式既可以是通过实施国有股退出、国有企业退出某一特定市场，又可以是通过引入竞争，或者同时实行这两个方式。不实现所有制改革，所塑造出来的竞争环境很可能会演化成一种"无谓竞争"。

中国自然垄断行业改革的实践表明，如果在引入竞争后不相应进行所有制改革，那么一家大国有企业重组为几家较小的国有企业后，并不能产生以明晰产权为基础的具有独立法人资格的市场竞争主体，结果很可能造成企业制定的价格低于它的实际成本，形成所谓恶性竞争；或者从"大垄断"演变成"小垄断"。

国有经济的战略性调整需要对国有企业进行重新定位，即回归财政体系。国有资本应该作为实现政府经济职能的手段，服务于经济社会发展的需要。国有企业不应与民争利，应该在民间资本无力或不愿进入的领域发挥作用。对垄断性行业进行所有制改革其实就是实行民营化。民营化过程是一个在自然垄断产业逐步增加民营经济的比重，扩大民营企业的经营范围，相应减少国有经济的比重，缩小国有企业的经营范围的过程。这应该是一个循序渐进的过程。首先，政府应该主动充当"第一推动力"，打破既得利益集团的利益格局，遵循有序退出市场的原则。政府应该在独家或数家行政垄断的行业创造一定的竞争环境，形成一个大体可操作的竞争性框架，同时争取完成市场价格机制完全取代行政控制价格的机制；然后，要进一步放开市场准入，取消市场准入的所有制歧视，最终完成国有企业的转型，即不以追求利润为目标，而是以实现普遍服务为导向，弥补非公有制企业的缺陷和不足。在以上过程中，政府管理职能要逐渐转向对行业内所有经营性公司一视同仁的资质管理、牌照管理和行为监督，提高政府管理的透明度，加大社会多方面监督，加强管理过程中的法治意识和法治建设。

二、国有经济市场化的途径

（一）通过资本市场进行融资

由于垄断性产业大部分属于基础产业和公用事业，社会生产和居民生活必须以其为基本条件，其市场需求稳定，并且投资具有收益上的稳定性和长期性，对投资者而言，风险较低。由于受价格体制的影响，中国自然垄断产业经营产品的价格长期以来被人为地压低了。在这种情况下，垄断性产业很难面向市场融资，特别是从资本市场融资。随着价格关系的进一步理顺，自然垄断产业所提供的产品和服务的价格因其短缺仍会进一步上涨，所以其收益率还会提高。加上基础部门和公用事业投资回报的稳定性和安全性，将会使有关金融工具，如相关上市公司的股票、公用事业公司债券等成为资本市场中可靠且优质的板块，受到社保基金的青睐。这一优势已经使得不少上市公司对公用事业产生了极大的兴趣。因此，以收益而论，垄断性产业十分适合资本市场融资的要求特别是若干具有极其诱惑性的行业（如电信、电力、石油、银行等）。

值得注意的是，如果资本市场如股票市场低迷，那么股份制方式的民营化就很难成功。所以，对于民营化，应该考虑资本市场的条件、国内外的景气以及就业状况而分阶段地加以推进。目前，中国自然垄断产业的改革大多数仍在保留国有独资的资产关系前提下，通过两权分离实行民营化改革，这只是一种浅层次的制度边际调整，企业的经营活动不时地受到来自政府方面的行政约束，而政府又作为有多元目标的利益集团，它的决策不可避免地要使企业经营活动偏离市场化运营轨道。而公司股份制的出现，改变了国有独资企业的组织形式，通过吸纳非国有股东、引进民间力量来制衡国有股东的权力以牵制国有独资的管理行为。因此，在自然垄断产业中，必须积极推行产权改造，按国际惯例试行股份制，进行市场化经营和股票市场融资。应当充分估计股份制改造在促进民营经济进入垄断性产业中的重要作用，并采取切实的改革措施和步骤，通过股份制改造，尽快打破垄断性产业国家控股、产业垄断、效率低下的局面。

（二）实行特许投标制

特许投标理论强调在政府管制中引进竞争机制，通过招标的形式，在某产业或业务领域中让多家企业竞争独家经营权（即特许经营权），在一定质量要求下，由提供最低价格的那家企业取得特许经营权。因此，可以把特许经营权看作是对愿意以最低价格提供产品或服务的企业的一种奖励。采用这种方式，如果在投标阶段有比较充分的竞争，那么价格可望达到平均成本水平，获得特许经营权的企业也只能得到正常利润，从而使最有效率的企业按其平均成本或近于平均成本定价，向市场提供产品或服务。通过授予经营权，对于建立和强化民营企业的激励机制是十分重要的。实行特许经营的目标是，在保护公共利益的同时，保证投资者能够获得最佳的财务收益。从特许投标制的特点来看，其主要是以公开招标方式由民营企业对国有企业的某个环节进行投标，以选择投资者和经营者。这种经营权转让方式在供水、海港、机场和收费公路领域等具有比较普遍的适用性。因为在这些领域政府需要私人投资，但从长远看又不愿意放弃资产所有权，采用这种方式正好符合这一要求。

特许投标制在中国的应用，按照《中华人民共和国招标投资法》的规定，首先应向社会发布特许经营项目的内容、时限、市场准入条件、招标程序及办法，在规定的时间内公开接受申请；要组织专家根据市场准入条件对申请者进行资格审查和严格评议，择优选择特许经营权授予对象。民营企业可用不同的方式进行投标。例如，提出一揽子服务并收费率最低的可中标，或依据政府所规定的价格提供基础产品及服务，而所要求的代价数额最小的民间企业也可中标。特许投标是一种运用市场竞争机制的有效方法，如果运用得当，它能取得比直接管制更好的效果。但这需要政府（特许投标的组织者）正确处理特许投标中的竞争不足、特许投标后的资产转让、特许经营合同的条款与管理三个关键问题。因此，为了增强特许投标理论的应用性，促进垄断性产业的健康发展，必须规范特许投标活动，并采取如下相应措施：

一是招标投标活动应遵循公正和诚实信用的原则进行。首先，政府应向投标者提供尽可能多的有关信息，招标前应召开会议，投标的标准应广而告之，是不同所有制的参与者都能平等地以招标方式展开市场竞争。招标投标活动要打破地区、部门的界限，应清理和制止利用权力限制和排斥本地区、本系统之外的法人或组织参加投标的行为，鼓励较多的企业参与特许投标竞争，招标公开化缓解特许投标中的竞争不足问题。其次，投标人要如实提供相关的情况和资料，坚决制止无证、超级、挂靠、转让资质、超范围承接工程和投标活动中一切弄虚作假的行为。再次，评标、开标要在没有干扰的情况下按规范进行。评标应由评标委员会担任，评标委员会组成人员中专家应占有不低于50%的比例。最后，中标价格应实行合理的低价竞标制，但要防止业主与个别投标者串通压价，使之低于合理的预算成本，从而影响工程质量。也就是说，中标价不一定是最低的，但应是合理的。

二是在实际应用特许投标理论时，对产业或业务领域的合理选择也十分重要，政府应首先考虑对质量和品种比较明确、需求与技术比较稳定的对象实行特许投标，这也有利于解决特许经营合同的条款与管理问题。

三是为了避免特许投标后的资产转让问题，可采取由政府负责资产投资，而让企业仅仅是竞争纯粹的特许经营权。

四是项目应该有足够的回报，包括成本回报与利润，这就保证了资金被错误分配的可能降到了最低限度。最终消费者与用户将获得物超所值的服务。

五是为刺激经营者一起收费来维护和扩充自身设备，在合同中应写明具体的维护要求,而且对执行情况应能加以监督。

(三)混合所有制形式经营

由于中国对垄断性产业中垄断性较强的业务对外资以及国内民营企业的独立进入有一定的限制,因此目前通常要求以合资经营的形式参与生产经营比较合适。这是因为,对于外资企业而言,由于中国自然垄断产业属于涉及国计民生的重要产业,所以要求必须以合资形式经营,确保政府对产业的一定程度的控制能力。对于国内民营企业,由于当前单独进入垄断性产业中垄断性较强的领域有一定的困难,因此国有企业通常可采取与私有企业(民营企业)以合资合作的形式共同经营企业。从中外合资来看,它是以外国公司和其他经济组织或个人同中国的企业或其他经济组织在中国境内共同投资兴办企业的形式吸引外资。其特点是合营各方共同投资、共同经营,按各自出资比例共担风险,共负盈亏。中外合资经营企业的组织形式为有限责任公司或股份有限公司。这种形式有利于引进国外先进的设备、技术和科学管理,有利于培养人才,是中国垄断性产业直接利用外资的重要方式。垄断性产业在对外资开放的同时,也应该允许国内的民营企业进入。

(四)民营企业独资经营

在中国垄断性产业中,竞争性业务领域应该也可以向民营企业完全放开,允许民营企业独资进入经营。这里包括放松对国外企业和国内民营企业进入的限制。对于多数国外经营垄断性产业的企业,直接进入竞争性业务领域在经济实力上应该是不存在障碍的。至于中国国内民营企业,经过几十年的改革开放,中国民营经济发展迅速,许多民营企业也已经有了相当的经济实力,中国已经涌现出一大批有实力的民营企业。中国民营企业规模不断扩大,形成了一批具有较强经济实力的民营企业集团。不仅如此,民营企业还拥有较完善的激励机制,更适应市场运行的规则。因此,向民营企业开放垄断性产业也是有利可图和拥有操作性的。由于垄断性产业可以"拆分"为"垄断性业务"和"竞争性业务",对于竞争性业务可以完全放松管制,尽量减少以至消除民营企业独资进入这些产业部门的体制障碍和人为限制,开放某一细分市场,鼓励引导国外企业以及国内的集体、个体、股份制等民营企业合理进入这些部门。这样就意味着,对自然垄断产业某一竞争性细分市场将全部或部分取消垄断,允许私人投资者以独资的方式进入市场。

得到允许进入的民营企业与现存的垄断性产业的国有企业的关系有两种情况:一是互相补充型,二是互相竞争型。如果竞争型市场准入战略被采纳,尽管在许多情况下要想在国有企业和民营企业之间建立起"平等竞争市场"是比较困难的,但是在这个过程中,通过竞争给国有企业以压力,为其效率的改进提供一个外在环境,可促使国有企业提高业绩表现和改善企业形象。如果互补型的市场准入战略被采纳,则效率高的民营企业将起到模范作用,从而通过互相比较的竞争,间接影响国有企业的业绩表现。因此,民营企业进入垄断性产业投资经营,不仅可以促进国有企业民营化的发展,同时还增加了垄断性产业产品的供给,改善了服务质量、降低了价格,当然也减轻了政府的财政负担。

(五)转让部分竞争性领域的国有资产

通过向一家民营企业转让国有企业的全部股份是经济发达国家另一种民营化(私有化)形式。当原国有企业经过私有化改制后就完全转变成民营企业,出售是经济发达国家国有企业民营化的主流途径,尤其是20世纪80年代以后的国有企业改革更是如此。在英国,政府将全部资产和设施的所有权永久地转交给民营公司。虽然政府仍保留一定的制约权力,但是一切有关运行、投资、风险、维护和用户服务等都是民营公司的职责。这种方式主要用于小型国有企业民营化或某些大型国有企业的附属企业民营化。对于垄断性产业中的竞争性业务,应该像一般竞争性产业的国有企业的民营化改革一样,按照国有向民营的方式转变。民营就是使国有企业通过拍卖或由私营企业吞并、收购等方式改组成私营企业。也就是通过产权置换、转让等,将一部分国有资产出售,转变产权关系,出售所得上缴国库。例如,出售国有资产,可增加政府社保基金来源,积极鼓励自然垄断产业中竞争性业务投资多元化,加速资产民营化进程。

三、开放市场，引入竞争机制

反垄断的重点就是消除市场禁入，开放市场和引入竞争机制。开放市场不仅体现在产权开放上，也体现在市场结构的开放上，更确切地说，开放市场同时以"所有制改革"和"放松管制"为主要内容。对中国来讲，管制放松既涉及自然垄断产业，又与竞争性产业有关；既要考虑管制放松途径的选择，还要与经济转型的具体环境相协调；既要实现管制放松的一般目标，又要做到优化产业结构以增强竞争力。

实际上，打破市场垄断、引入竞争之所以能够提高企业的生产效率，就在于在竞争的压力下，国有垄断企业为了摆脱被市场淘汰的命运，必须建立激励和约束机制，成为具有经济自主权的市场主体，这就迫使政府还权于企业，同时把企业不应当承担的责任承接过来，实现政企分开。根据中国自然垄断行业已有的或正在进行的改革实践，开放市场、引入竞争的基本途径包括分解业务和放松管制（主要是放松进入管制）。

分解业务是指根据业务的市场范围和流程进行横向分解（也叫水平分解）和纵向分解（也叫垂直分解）。这种开放市场、引入竞争的方式存在若干问题：一是从竞争的主体看，无论是横向分解还是纵向分解所形成的市场主体，大多是清一色的"国"字号，所有竞争者的利益主体只有一个，即国有资产所有者。电信行业"横拆竖割"之后，不管是从原国有垄断企业分拆开来所组建的中国电信、中国移动、中国网通，还是由三个政府部门联合经营的中国联通，无不具有国有独资公司或国有股占绝对优势的特征。因此，所谓分解后所产生的竞争效应只不过是几家国有企业之间展开的有限竞争而已。二是从竞争的程度看，因为实际上只有一个所有者，任何一个竞争者被淘汰都将是国有资产的巨大损失。因而，这种方式所形成的竞争是很弱的，有的甚至只是具备了竞争的可能性而不具有现实性。三是从引入竞争的目的看，横向分解和纵向分解导致的直接后果，虽然打破了国有企业独家垄断的格局，却将大范围的全国性垄断变为小范围的区域性垄断或者业务上的垄断，这种垄断格局在没有放松市场进入管制的条件下，不足以对在位企业产生足够的竞争压力，开放市场的目的并没有实现。放松进入管制在实践中存在的主要问题是中国政府没有对国内私有经济展开大幅度的放松进入管制。

引入竞争的意义或者程度不应该仅仅停留在分拆原垄断企业，重新分配市场份额，而更重要的是要形成一个畅通的进入和退出渠道，也就是说要对潜在的竞争者创造进入条件，使在位企业随时都可以面临来自潜在竞争者的压力和"威胁"。这才是引入竞争的最终目的。

第六章

建立现代企业制度与构建风险预警机制

国有企业改革是一场广泛而深刻的变革。进入20世纪90年代，国有企业的体制转换和结构调整进入攻坚阶段，一些深层次矛盾和问题集中暴露出来。由于传统体制的长期影响、历史形成的诸多问题、多年以来的重复建设以及市场环境的急剧变化，相当一部分国有企业还不适应市场经济的要求，经营机制不活，技术创新能力不强，债务和社会负担沉重，富余人员过多，生产经营艰难，经济效益下降，一些职工生活困难。必须采取切实有效的措施解决这些问题，这不仅关系到国有企业改革的成败，也关系到整个经济体制改革的成败。搞好国有企业的改革和发展，是实现国家长治久安和保持社会稳定的重要基础。必须正确处理改革、发展、稳定的关系，改革的力度、发展的速度要同国力和社会承受能力相适应，努力开创改革、发展、稳定相互促进的新局面。

第一节　构建现代企业制度的基本内容与实践

党的十四届三中全会提出现代企业制度以后，人们对现代企业制度的关注度很高，但认识和理解不完全一致。有一种理解认为现代企业制度就是"产权清晰、权责明确、政企分开、管理科学"，这种理解仅仅是现代企业制度的微观层次。现代企业制度的宏观层次是适应市场经济发展。现代企业制度的提出是为了提高国有企业对市场经济的适应性，离开了市场经济这一前提，建立现代企业制度就失去了它的改革意义。

一、现代企业制度的基本内容

我国经济体制改革的目标是建立社会主义市场经济确立以后，承包制因其尚未明晰产权等缺陷，无法适应社会主义市场经济体制。经过多年的探索和实践，人们开始认识到企业制度创新的重要意义。首先，企业制度是经济体制的基础。企业是市场的基本经济单元，经济细胞不活，市场就无法正常发育；企业是市场竞争的主体，企业行为不规范，市场就无法正常运行。具有明晰产权、明确权责、行为规范、管理科学的企业，是社会主义市场经济体制正常运行的基础；否则，社会主义市场经济就会成为无源之水、无本之木。现代企业制度对于建立全国统一的市场体系有着重要作用。特别是对于生产要素市场而言，无论是资本市场、劳动力市场，还是生产资料市场、技术市场，企业既是市场的供方，又是市场的需方。如果不建立现代企业制度，企业没有法人财产权，不能支配和运作自己的财产，将直接影响各种要素市场的发育和成熟，延缓整个市场体系的建设。其次，建立现代企业制度是宏观调控发挥作用的基础。利率、税率、汇率、货币发行量等变量有效作用于企业的前提条件就是建立现代企业制度，约束和规范企业行为，企业不能自负盈亏，宏观调控就起不到引导作用。再次，建立社会主义市场经济体制与建立现代企业制度之间有密切的内在逻辑关系。市场机制发挥作用有两条路径，一条是价格机制，另一条是竞争机制。价格机制发挥作用的前提是竞争机制。在激烈的市场竞争中，任何一次对价格信号的忽略或反应迟钝，都会给企业自身利益造成严重甚至不可估量的损害。过去企业对价格信号不能做出积极反应，甚至视而不见，根本原因就在于企业没有独立的法人财产。企业不是投资主体，不能运作、调动、处置自己的财产去投资以取得收益，同时也不对经营不善造成的经济后果承担财产责任，实际上由国家承担了企业的债务责任。最后，建立现代企业制度，是我国国企改革的方向。传统计划经济体制的最突出特征是行政性的高度集中，国家是唯一的经济主体，计划由国家制订，材料由国家供应，资金由国家调拨，企业盈利了是国家赚，亏损了是国家赔。这种做法束缚了企业的手脚，抑制了企业的活力。因此，国企改革基本上是沿着放权让利的路径向前推进的，国有企业的整体面貌发生了较大的变化。但是，放权让利存在的问题逐渐暴露。人们看到，企业改革中出现的深层次矛盾，都与企业产权有着直接关系，要解决深层次矛盾，突破口就应该选择理顺产权关系。仅靠放权让利，不能形成系统的市场调节机制。企业在激烈的市场环境下，应当具有适应市场变化的一切经营自主权，如投资决策权、产品销售权、物资采购权、机构设置权、工资分配权、产品劳务定价权、人事管理权等，才能自行调节企业行为。而这些自主权应该是企业法人财产权派生出来的。国有企业改革之所以要把以放权让利为主要内容的改革路径转变为以理顺产权关系为主要内容的制度创新，就是要让企业拥有适应市场变化的一切经营自主权。

建立现代企业制度，是发展社会化大生产和市场经济的必然要求，是公有制与市场经济相结合的有效途径，是国有企业改革的方向。要建立健全现代企业制度必须全面理解和把握产权清晰、权责明确、政企分开、管理科学的要求，突出抓好以下几个环节：

第一，继续推进政企分开。政府对国家出资兴办和拥有股份的企业，通过出资人代表行使所有者职能，按出资额享有资产受益、重大决策和选择经营管理者等权利，对企业的债务承担有限责任，不干预企业日常经营活动。企业依法自主经营，照章纳税，对所有者的净资产承担保值增值责任，不得损害所有者权益。各级党政机关都要同所办的经济实体和直接管理的企业，在人、财、物等方面彻底脱钩。

第二，积极探索国有资产管理的有效形式。要按照国家所有、分级管理、授权经营、分工监督的原则，逐步建立国有资产管理、监督、营运体系和机制，建立与健全严格的责任制度。国务院代表国家统一行使国有资产所有权，中央和地方政府分级管理国有资产，授权大型企业、企业集团和控股公司经营国有资产。要确保出资人到位。允许和鼓励地方试点，探索建立国有资产管理的具体方式。健全和规范监事会制度，过渡到从体制上、机制上加强对国有企业的监督，确保国有资产及其权益不受侵犯。

第三，对国有大中型企业实行规范的公司制改革。公司制是现代企业制度的一种有效组织形式。公司法人治理结构是公司制的核心。要明确股东会、董事会、监事会和经理层的职责，形成各负其责、协调运转、有效制衡的公司法人治理结构。所有者对企业拥有最终控制权。董事会要维护出资人权益，对股东会负责。董事会对公司的发展目标和重大经营活动做出决策，聘任经营者，并对经营者的业绩进行考核和评价。发挥监事会对企业财务和董事、经营者行为的监督作用。国有独资和国有控股公司的党委负责人可以通过法定程序进入董事会、监事会，董事会和监事会都要有职工代表参加；董事会、监事会、经理层及工会中的党员负责人，可依照《中国共产党党章》及有关规定进入党委会；党委书记和董事长可由一人担任，董事长、总经理原则上分设。充分发挥董事会对重大问题统一决策、监事会有效监督的作用。党组织按照《中国共产党党章》、工会和职代会按照有关法律法规履行职责。股权多元化有利于形成规范的公司法人治理结构，除极少数必须由国家垄断经营的企业外，要积极发展多元投资主体的公司。

第四，面向市场着力转换企业经营机制。要逐步形成企业优胜劣汰、经营者能上能下、人员能进能出、收入能增能减、技术不断创新、国有资产保值增值等机制。建立与现代企业制度相适应的收入分配制度，在国家政策指导下，实行董事会、经理层等成员按照各自职责和贡献取得报酬的办法；企业职工工资水平，由企业根据当地社会平均工资和本企业经济效益决定；企业内部实行按劳分配原则，适当拉开差距，允许和鼓励资本、技术等生产要素参与收益分配。要采取切实措施，解决目前某些垄断行业个人收入过高的问题。

建立现代企业制度改革目标的提出，标志着我国的国有企业改革由过去维持原有的制度框架不变进行利益关系调整，转到了按照建立社会主义市场经济体制的要求，着力于变革生产关系，明晰产权，进行企业制度创新的新阶段。国家经贸委公布的《国有大中型企业建立现代企业制度和加强管理的基本规范（试行）》（以下简称《基本规范》）中提出了现代企业制度的基本内容：一是政企分开，政府与企业要由行政隶属关系改为产权关系；二是国有资产授权经营，授权具备条件的国有大型企业对其全资、控股、参股的国有资产行使所有者职能；三是实行股份制改革，除必须由国家垄断经营的企业外，其他国有大中型企业都应为多元股东结构的有限责任公司和股份有限公司；四是建立规范的法人治理结构，董事会对重大问题统一决策，并选聘经营者，董事与经理层人员要减少交叉任职，董事长和总经理原则上不得由一人兼任；五是强化监事会的监督作用。

从《基本规范》对现代企业制度的总结来看，现代企业制度的重点就是产权清晰。产权清晰是建立现代企业制度的基础与核心，是对权责利边界的界定。产权清晰就要使每一个产权主体、每一种产权关系实现独立性与完整性的统一，不至于产生相互推诿、权力利益相互争抢的现象。法人治理结构就是产权关系清晰的具体实现。法人治理结构要求明确股东会、董事会、监事会和经理层的职责，形成各负其责、协调运转、有效制衡的公司法人治理结构。因此，产权制度改革是建设现代企业制度的基础，法人治理结构是建设现代企业制度的核心。公司制及其有限的责任制度，是人类经济活动中处理复杂问题的一大发明，它将人们不同的才能和不同的权力有机地组合为一个整体。在企业的责权利界定清晰之后，投资人、管理层和监督者之间能够起到相互制衡的作用。

二、国有企业建立现代企业制度的实践

先试点后推广是我国改革开放过程中形成的重要经验。我国国有企业改革也不例外，必须坚持大胆创新与稳步推进的原则。1994年，国务院决定选择100家大中型企业进行建立现代企业制度的试点工作。到1997年，100家试点企业中有69家改造为国有独资公司，11家改造为股权多元化的股份有限责任公司，6家改造为有限责任公司。由此可见，大多数试点国有企业的股权结构没有发生根本变化，这可能是出于对未来不确定性的担忧和经验不足，也有可能是在推进国企改革中面临种种困难，例如企业负债沉重的问题；为了进行股份制改革，国家采取多种途径解决企业负债沉重的问题，如成立四大资产管理公司通过债转股的方式剥离企业债务等。

建立现代企业制度有助于加快国有企业技术进步和产业升级。要实现国民经济持续快速健康发展，必须适应全球产业结构调整的大趋势和国内外市场需求的变化，加快技术进步和产业升级。国有经济在国民经济中的重要地位，决定了国有企业必须在技术进步和产业升级中走在前列，积极拓展新的发展空间，发挥关键性作用。国有企业技术进步和产业升级的方向与重点是：

以市场为导向，用先进技术改造传统产业，围绕增加品种、改进质量、提高效益和扩大出口，加强现有企业的技术改造；在电子信息、生物工程、新能源、新材料、航空航天、环境保护等新兴产业和高技术产业占

据重要地位，掌握核心技术，占领技术制高点，发挥先导作用；处理好提高质量和增加产量、发展技术密集型产业和劳动密集型产业、自主创新和引进技术、经济发展和环境保护的关系。

通过技术进步和产业升级，少数大型企业和企业集团要在产品质量、工艺技术、生产装备、劳动生产率等方面达到或接近世界先进水平，在国际市场上占有一定的份额；一批企业和企业集团要具有较高技术水平，能够生产高附加值产品，在国内外市场有较强的竞争力；多数企业要不断进行技术改造和产品更新，并充分发挥我国劳动力充裕的优势，积极参与国内外市场竞争。

采取积极有效的政策措施，支持企业技术进步和产业升级。对于有市场、有效益、符合国家产业政策的技术改造项目，给予贷款贴息支持；对技术改造项目的国产设备投资，实行税收鼓励政策。培育和发展产业投资基金和风险投资基金。充分利用国内外资本市场筹集资金，支持企业技术改造、结构调整和高新技术产业发展。实施促进科技成果转化的鼓励政策，积极发展技术市场。继续采取加速折旧、加大新产品开发费提取、减免进口先进技术与设备的关税和进口环节税等政策措施，鼓励企业进行技术改造。

技术进步和产业升级的主体是企业，形成以企业为中心的技术创新体系。企业要加强技术开发力量和加大资金投入，大型企业都要建立技术开发中心，研究开发有自主知识产权的主导产品，增加技术储备，搞好技术人才培训。推进产学研结合，鼓励科研机构和大专院校的科研力量进入企业和企业集团，强化应用技术的开发和推广，增加中间试验投入，促进科技成果向现实生产力的转化。对重大技术难题组织联合攻关，重视发挥科技专家的作用，形成吸引人才和调动科技人员积极性的激励机制，保护知识产权。

三、建立现代企业制度的配套条件

国有企业改革和发展是一个复杂的社会系统工程，需要搞好相关的配套改革。

（一）加强和改善企业管理

必须高度重视和切实加强企业管理工作，从严管理企业，实现管理创新，尽快改变相当一部分企业决策随意、制度不严、纪律松弛、管理水平低下的状况。

一方面，提高国有企业科学管理水平，是建立现代企业制度的内在要求，也是国有企业扭亏增盈、提高竞争能力的重要途径。重点搞好成本管理、资金管理、质量管理。建立健全全国统一的会计制度。要及时编制资产负债表、损益表和现金流量表，真实反映企业经营状况。切实改进和加强经济核算，堵塞各种漏洞。坚持质量第一，采用先进标准，搞好全员全过程的质量管理。坚持预防为主，落实安全措施，确保安全生产。重视企业无形资产的管理、保护和合理利用。把加强管理和反腐倡廉结合起来，加强对企业经济活动的审计和监督，坚决制止和严肃查处做假账、违反财经纪律、营私舞弊、挥霍浪费等行为。广泛采用现代管理技术、方法和手段，总结过去行之有效的管理经验，不断赋予新的内涵。推广先进企业的管理经验，引进国外智力，借鉴国外企业现代管理方法。发挥管理专家的作用，为企业改进经营管理提供咨询服务。加强现代信息技术的运用，建立灵敏、准确的信息系统。合理设置企业内部机构，改变管理机构庞大、管理人员过多的状况。

另一方面，企业要适应市场，要根据市场制定和实施明确的发展战略、技术创新战略和市场营销战略，并根据市场变化适时调整。实行科学决策、民主决策，提高决策水平，搞好风险管理，避免出现大的失误。健全和完善各项规章制度，强化基础工作，彻底改变无章可循、有章不循、违章不究的现象。建立各级、各个环节的严格责任制度，加强考核和督促检查，确保各项工作有人负责。完善劳动合同制，推行职工全员竞争上岗，严格劳动纪律，严明奖惩，充分发挥职工的积极性和创造性。增强法治意识，依法经营管理。

加强和改善企业管理，需要建设高素质的经营管理者队伍。国有企业要适应建立现代企业制度的要求，在激烈的市场竞争中生存发展，必须建设高素质的经营管理者队伍，培育一大批优秀企业家。国有企业的经营管理者队伍总体是好的，为企业改革和发展做出了重要贡献。发展社会主义市场经济对国有企业经营管理者提出了更高要求。他们应该是：思想政治素质好，认真执行党和国家的方针政策与法律法规，具有强烈的事业心和责任感；经营管理能力强，熟悉本行业务，系统掌握现代管理知识，具有金融、科技和法律等方面的基本知识，善于根据市场变化做出科学决策；遵纪守法，廉洁自律，求真务实，联系群众。这就需要从以下几个方面加以完善：一是深化国有企业人事制度改革。坚持党管干部原则，改进管理方法。中央和地方党委对关系国家安全和国民经济命脉的重要骨干企业领导班子要加强管理。要按照企业的特点建立对经营管理者培养、选拔、管理、考核、监督的办法，并逐步实现制度化、规范化。积极探索适应现代企业制度要求的选人用人新机制，把组织考核推荐和引入市场机制、公开向社会招聘结合起来，把党管干部原则和董事会依法选择经营管理者，以及经营管理者依法行使用人权结合起来。进一步完善对国有企业领导人员管理的具体办法，避免一个班子多头管理。对企业及企业领导人不再确定行政级别。加快培育企业经营管理者人才市场，建立企业经营管理人才库。按照公开、平等、竞争、择优原则，优化人才资源配置，打破人才部门所有、条块分割，促进人才合理流动。采取多种形式加强教育培训，全面提高经营管理者素质。继续举办和规范工商管理培训，改进培训内容和方法，提高培训质量。努力创造条件，营造经营管理者和企业家队伍健康成长的社会环境。二是建立和健全国有企业经营管理者的激励和约束机制。实行经营管理者收入与企业的经营业绩挂钩。把物质鼓励同精神鼓励结合起来，既要使经营管理者获得与其责任和贡献相符的报酬，又要提倡奉献精神，宣传和表彰有突出贡献者，保护经营管理者的合法权益。少数企业试行经理（厂长）年薪制、持有股权等分配方式，可以继续探索，及时总结经验，但不要刮风。要规范经营管理者的报酬，增加透明度。加强和完善监督机制，把外部监督和内部监督结合起来。健全法人治理结构，发挥党内监督和职工民主监督的作用，加强对企业及经营管理者在资金运作、生产经营、收入分配、用人决策和廉洁自律等重大问题上的监督。建立企业经营业绩考核制度和决策失误追究制度，实行企业领导人员任期经济责任审计，凡是由于违法违规等人为因素给企业造成重大损失的，要依法追究其责任，并不得继续担任或易地担任领导职务。

（二）改善国有企业资产负债结构和减轻企业社会负担

逐步解决国有企业负债率过高、资本金不足、社会负担重等问题，对于实现国有企业改革发展目标至关重要。要根据宏观经济环境和国家财力，区别不同情况，有步骤地分类加以解决。第一，增加银行核销呆坏账准备金，主要用于国有大中型企业的兼并破产和资源枯竭矿山的关闭，并向重点行业倾斜。国有和集体企业兼并国有企业可以享受有关鼓励政策。所有兼并破产和关闭的企业，都按国家有关规定，妥善安置职工。第二，结合国有银行集中处理不良资产的改革，通过金融资产管理公司等方式，对一部分产品有市场、发展有前景，由于负债过重而陷入困境的重点国有企业实行债转股，解决企业负债率过高的问题。实行债转股的企业，必须转换经营机制，实行规范的公司制改革，并经过金融资产管理公司独立评审。要按照市场经济的原则和有关规定规范操作，防止一哄而起和国有资产流失。第三，提高直接融资比重。符合股票上市条件的国有企业，可通过境内外资本市场筹集资本金，并适当提高公众流通股的比重。有些企业可以通过债务重组，具备条件后上市。允许国有及国有控股企业按规定参与股票配售。选择一些信誉好、发展潜力大的国有控股上市公司，在不影响国家控股的前提下，适当减持部分国有股，所得资金由国家用于国有企业的改革和发展。要完善股票发行、上市制度，进一步推动证券市场健康发展。第四，非上市企业经批准，可将国家划拨给企业的土地使用权有偿转让及企业资产变现，其所得用于增资减债或结构调整。要严格按照国家的法律法规操作，坚持公开、公平、公正的原则，维护国家所有者权益和银行及其他债权人权益。第五，严格执行国家利率政策，切实减轻企业利息负担。银行要合理确定贷款期限，支持企业合理的资金需求，对不合理的贷款期限，要及时纠正；不得超过规定擅自提高或以各种名义变相提高贷款利率；对信用等级较高、符合国家产业政策、贷款风险较低的企业，贷款利率可适当下浮。第六，具备偿债能力的国有大型企业，经过符合资质的中介机构评估，可在国家批准的额度内发行企业债券，有的经批准可在境外发债。严格禁止各种形式的非法集资。第七，分离企业办社会的职能，切实减轻国有企业的社会负担。位于城市的企业，要逐步把所办的学校、医院和其他社会服务机构移交地方政府统筹管理，所需费用可在一定期限内由企业和政府共同承担，并逐步过渡到由政府承担，有些可以转为企业化经营。独立工矿区也要努力创造条件，实现社会服务机构与企业分离。各级政府要采取措施积极推进这项工作，改善国有企业资产负债结构和减轻企业社会负担，一定要同防范和化解金融风险相结合，一定要同深化企业内部改革、建立新机制和加强科学管理相结合，防止卸了原有包袱，又重复出现老的问题。

债转股适用于常规处置方式已经失效但仍有前景、直接破产清算显得可惜的不良资产企业；债转股意味着资产管理公司作为新股东，有必要强制"修理"企业，使其好转；债转股不是万能药，不能解决所有问题。

（三）做好减员增效、再就业和社会保障工作

下岗分流、减员增效和再就业，是国有企业改革的重要内容。把减员与增效有机结合起来，能够达到降低企业成本、提高效率和效益的目的。要鼓励有条件的国有企业实行主辅分离、转岗分流，创办独立核算、自负盈亏的经济实体，安置企业富余人员，减轻社会就业压力。要规范职工下岗程序，认真办好企业再就业服务中心，切实做好下岗职工基本生活保障工作，维护社会稳定。下岗分流要同国家财力和社会承受能力相适应。要调整财政支出结构，坚持实行企业、社会、政府各方负担的办法落实资金，亏损企业和社会筹集费用不足的部分，财政要给予保证。地方财政确有困难的，中央财政通过转移支付给予一定的支持。要进一步完善下岗职工基本生活保障、失业保险和城市居民最低生活保障制度，搞好这三条保障线的相互衔接，把保障下岗职工和失业人员基本生活的政策措施落到实处。

首先，大力做好再就业工作。采取有效的政策措施，广开就业门路，增加就业岗位。积极发展第三产业，吸纳更多的下岗职工。引导职工转变择业观念，下大力气搞好下岗职工培训，提高他们的再就业能力。进一步完善促进下岗职工再就业的优惠政策，鼓励下岗职工到非公有制经济单位就业、自己组织起来就业或从事个体经营，使需要再就业的下岗职工尽快走上新的岗位。对自谋职业的，要在工商登记、场地安排、税费减免、资金信贷等方面，给予更多的扶持。要积极发展和规范劳动力市场，形成市场导向的就业机制。

其次，加快社会保障体系建设，顺利推进国有企业改革。依法扩大养老、失业、医疗等社会保险的覆盖范围，城镇国有、集体、外商投资、私营等各类企业及其职工都要参加社会保险，缴纳社会保险费。强化社会保险费的征缴，提高收缴率，清理追缴企业拖欠的社会保险费，确保养老金的按时足额支付。进一步完善基本养老保险省级统筹制度，增强基金调剂能力。采取多种措施，包括变现部分国有资产、合理调整财政支出结构等，开拓社会保障新的筹资渠道，充实社会保障基金。严格管理各项社会保障基金，加强监督，严禁挤占挪用，确保基金的安全和增值。逐步推进社会保障的社会化管理，实行退休人员与原企业相分离，养老金由社会服务机构发放，人员由社区管理。认真落实企业离休干部的政治、生活待遇，做好管理和服务工作。

（四）通过发展各类市场维护正常经济秩序

继续完善商品市场，培育和发展要素市场，建立有利于商品、资金、技术、劳动力合理流动的全国统一的市场体系。健全市场规则，规范市场行为，加强市场监管，清除分割、封锁市场的行政性壁垒，营造公平竞争的市场环境。采取有力措施，抓紧解决企业互相拖欠款项的问题，强化信用观念，严格结算纪律。依法严厉打击走私贩私、制售假冒伪劣商品以及其他经济违法犯罪行为。推进税费改革，清理整治乱收费、乱罚款和各种摊派，切实减轻企业负担。

第二节　国有企业产权关系变革

股份制又称股份制经济或股份经济。它是这样一种经济组织形式：拥有不同生产要素（资金、技术、土地、设备、管理技能等）的各个所有者，以投资入股的方式，把他们所拥有的生产要素集中起来，形成统一的企业法人财产，围绕所投入资产的保值增值进行经营，自负盈亏，按股分红。简而言之，股份制就是以集资入股的方式建立起来的一种经济组织。向股份制组织投入资产的所有者就成为股东，他们是股份制经济组织中最主要的利益主体。

一、股份制既可姓"资"又可姓"社"

股份制产生的根本原因在于生产社会化和市场经济的发展，与私有制没有必然的联系。股份制通过集资入股的形式，把社会闲置资金集中于实体经济，并把社会公众的财产转化为企业的法人财产，因而股份制是一种企业集资的组织形式，也是一种财产占有或组织形式。股份制不是某个社会形态特有的经济现象，不反映社会经济制度本身的特征。因此，股份制不是资本主义专有的，社会主义经济也可以运用股份制。

股份制组织的具体含义可以从以下几个方面来理解。首先，股份制是一种投资方式。在现实社会中，资金等各种生产要素往往是分散在不同的所有者或社会主体手中的。要从事工商业活动，就需要把这些分散的生产要素动员起来、集中起来，形成必要的投资规模和有效的生产要素组合。股份制就为动员和集中社会闲散和分散的生产要素提供了有效的方法和途径。其次，股份制是一种动态的财产组织形式。把自己所拥有的财产作为资产投入运营，追求资产的保值增值，成为现代一种具有普遍代表性的财产占有方式。股份制作为一种具有普遍意义的投资方式，自然也成为人们经营自己财产、追求财产保值增值的有效方式。再次，股份制是一种现代企业组织经营方式。股份制之所以成为企业的首选组织模式，是因为它的组织结构既有利于企业管理组织的科学化，也有利于企业的发展壮大。最后，股份制是一种分配方式。通过股份制，社会成员所拥有的生产要素转化为企业资产，生产要素所有者转变为企业股东，他们不但拥有对企业资产的所有权，同时拥有收益权，从而形成按生产要素分配的分配方式。

股份制作为社会经济运行的组织形式，可以超越一定的社会生产关系而存在于若干个社会形态之中，可以表现不同的社会生产方式的特殊本质。当股份制和资本主义私有制相联系时，股份制就体现私有的性质；当股份制和社会主义公有制相联系时，股份制就体现公有制的性质，成为适应社会主义市场经济的企业模式。

二、股份制成为现代企业制度的主要实现形式

1993年11月，党的十四届三中全会通过的《中共中央关于社会主义市场经济体制若干问题的决定》（以下简称《决定》）明确提出，国有企业改革必须进行企业制度创新，强调"公有制为主体的现代企业制度是社会主义市场经济体制的基础"。这是党中央第一次明确肯定建立现代企业制度是我国国有企业改革的目标模式。《决定》还对现代企业制度的特征做了归纳，即产权清晰、权责明确、政企分开、管理科学。在国有企业中实施以股份制改造为主要形式的产权关系变革，在这时条件已基本具备。党的十四大明确提出，社会主义市场经济体制为我国经济体制改革的目标模式。在此之后，我国积极推进了五大方面的配套改革，即计划、财税、金融、投资、外贸等方面的体制改革，在政府职能转变和市场体系培育方面也做了大量工作。这些为企业改革进入产权层次提供了较为有利的宏观经济环境和配套条件。同时，我国学术界围绕股份制是否就是私有制、股份制能否成为国有企业改革的一种形式等问题展开了广泛深入的大讨论，为人们认识、了解和接受股份制，解开在股份制问题上的意识形态之结，起到了很好的宣传、教育、帮助作用。其实早在上海证券交易所、深圳证券交易所成立后，股份制作为一种筹资方式已被人们接受。党的十四大和十四届三中全会之后，在定性的认识上，股份制被视为社会化大生产的产物，是市场经济条件下资产运作的一种方式。在定位认识上，股份制也不

仅仅是一种筹资的手段，而且是一种符合现代企业发展要求的企业组织制度和财产组织方式，是现代企业制度的基本形式。

1993年是我国股份制试点迅速发展的一年。其中，最引人注目的是上市公司的数量增长很快，年初上市公司数量只有52家，到年末已有182家，其中发行了B股的上市公司从年初的18家增加到33家。1993年企业股份制试点有以下几个基本特点：一是上市公司和定向募集公司并行发展。为了进一步推动股份制试点工作的健康发展，促进企业转换经营机制，缓解股市供求不平衡的矛盾，国务院下达了50亿元的股票公开发行额度。这样，几乎各省市区都产生了一家或者几家公开发行股票的股份有限公司。它们的改组、发行和上市标志着我国的企业改革和股份制试点进入了一个新的阶段。与此同时，由于绝大部分企业分不到股票发行额度，不能成为上市公司，定向募集成了主要形式。二是上市公司结构得以调整。50亿元股票额度的发行，大大改善了以往沪、深上市公司的结构。上市公司的规模由小变大，上市公司的行业分布更加广泛，并向以工业、制造业为主的方向发展。三是大量企业在H股上市获得成功。这些公司在H股上市后，均有良好的表现。特别是马鞍山钢铁，被英国《国际金融评论》评为1993年度全球新兴股票市场最成功的上市公司。

党的十五大对作为现代企业制度的股份公司制度给予充分肯定，在公有制理论上实现了重大突破。我国发展股份制经济的核心问题是国有企业的股份制改造问题，也就是国有企业产权关系变革问题。通过股份制变革国有企业的产权关系，主要期望达到以下几方面的目的：一是通过股份制改造，从根本上改变国有经营性资产的组织方式和实现形式，从以往国家单一产权和直接经营管理企业，改变为国有资产对股份制企业的参股、控股，国有资产成为社会多元化投资主体的一员，不再进入直接生产过程去控制企业，而是以实现资产的保值增值为基本目的。二是通过股份制改造，使国有企业成为拥有法人财产权的独立的市场经济微观主体。这样，一方面有助于按照市场经济的运行要求，规范作为出资者的国有资产方与作为生产经营的企业方之间的权责利关系，彻底实现政企分开，推动企业从根本上转换经营机制和管理体制，推动政府转变职能；另一方面，有助于企业按照市场经济的运作要求，形成规范的法人治理结构和规范的资产运营方式。三是彻底转变投融资机制，推动和适应社会多元化投资主体的形成和发展，适应市场机制对资源配置的调节作用。我国国有企业传统上是依赖财政投资的，后来在改革开放过程中，又主要依赖国家银行的融资支持，结果形成了投资效益不高、预算约束不严、资产监管缺位等种种弊端。通过股份制改造，一方面可以摸清国有资产的家底，强化国有资产所有者对国有资产的监管；更为重要的方面在于建立市场化的投融资渠道和机制，建立和强化投资者和市场对企业的约束，从产权关系入手解决传统国有企业的弊端。

第三节 国有企业风险预警机制构建

企业内部控制与风险管理融为一体，内部控制是将风险控制在可接受范围，以实现企业预期战略目标和经营目标的主要手段和过程；风险管理是内部控制应当实现的目标，并贯穿于内部控制全过程。风险预警机制是风险管理的核心部分，也是内部控制五大机制之一。本节将在理论分析的基础上，结合国有企业特征，构建国有企业风险预警机制，并对其组成部分进行阐述。

一、一般框架

（一）企业风险预警机制研究概述

风险预警机制是风险管理的核心。学者们将风险预警机制作为风险管理的有机组成部分进行研究，而将其进行独立研究的相关研究成果不多，且主要集中于金融机构或企业财务风险预警机制的研究。对于国有企业风险预警机制的相关研究就尤为匮乏，且集中在财务风险预警机制的研究上。

风险预警机制的构成要素有：风险预警主体、风险信息与预警识别、预警指标体系和预警阈值、风险分析和风险处理等。这基本概述了企业风险预警机制应当包括的最低要求。但存在两个问题：一是没有体现出国有企业风险预警机制的个性化特征；二是没有构成一个完整、系统的体系与机制。

（二）国有企业风险预警机制构建的主要原则

1. 符合企业风险预警机制构建的一般原则

通常企业建立与实施风险预警机制应当遵循全面性、针对性、目标性、先兆性、成本效益性、可操作性等原则。国有企业建立与实施风险预警机制也应当遵循这些原则。

（1）全面性原则

风险预警机制的建立和实施应当覆盖企业全部业务和事项、所有企业和下属单位所面临的风险，即每类业务和事项、每个职能部门和全部子企业均应建立风险预警机制。

（2）针对性原则

企业风险预警机制在全面覆盖的基础上，应当结合企业实际情况，针对企业重大业务和高风险领域有重点地建立和实施风险预警机制。

（3）目标性原则

企业建立和实施风险预警机制，最终目标是实现企业发展战略和经营目标；直接目标是能够及时识别、评估和应对风险，将风险控制在企业可接受范围内，防止风险识别不及时、评估不充分、应对仓促不恰当等。这些目标又是分业务和层级的，主要是将各业务层级的风险控制在可接受范围内。

（4）先兆性原则

企业在建立和实施风险预警机制中要构建风险预警指标体系及其阈值，以便根据所达到的预警指标的数值评估得出风险预警级别，提出风险预警预案。失去先兆性，则丧失了风险预警机制构建的意义。

（5）成本效益性原则

企业在建立和实施风险预警机制时，应当充分考虑相关的实施成本和预期效益，以适当的成本实现风险预警机制。

（6）可操作性原则

企业所建立的风险预警机制应当具有可操作性，以便能够被全体员工实施，发挥预期作用。

2.考虑国有企业个性特征原则

国有企业在建立和实施风险预警机制过程中，需要充分考虑国有企业个性化特征，以使其风险预警机制适应国有企业实际情况。这些国有企业特征是需要充分考虑的：国有企业有完善的内外部监管体制机制，国资委和其他相关政府部门对国有企业风险预警机制有一定的监督、指导作用；国有企业有健全的党委及其纪检监察部门以及工会组织；国有企业若存在腐败风险，主要出现在高、中管理层等，应由国有企业党委或控股股东党委实施管理。

（三）国有企业风险预警机制的基本框架

根据上文分析，我们认为，国有企业风险预警机制基本框架由四个部分构成：基础工程、风险监测与预警机制、风险应对与处置机制、结果评估与改进机制。其中，基础工程的构建是整个风险预警机制的基础，对其他三个部分产生重大影响。

二、基础工程

企业风险预警机制的基础工程主要包括：明确组织机构风险管理职责、目标设定、风险因素识别、风险清单（库）构建、风险预警指标设置、风险预警级别划分、风险应对预案确定。这为实施风险预警机制奠定了组织基础和工作基础。

（一）明确组织机构风险管理职责

国有企业通常有健全的组织机构，在风险预警机制中，只需明确其风险管理职责。这些组织机构包括国有企业法人治理层面的机构、内部控制与风险管理部、审计部、法律事务部以及其他有关职能部门和子企业组织机构等。这些机构在风险预警机制中应当承担相应的职责。

1.法人治理层面的风险管理职责

国有企业法人治理层面的机构由股东大会（国资委或控股股东）、党委、董事会、监事会和管理层构成。

（1）股东大会（国资委或控股股东）

股东大会，特别是作为国有企业出资人代表和行政监管的国资委，或国有企业控股股东，在国有企业风险预警机制构建中的主要职责是：第一，指导、督促国有企业落实风险预警机制的建设与实施；第二，指导、督促国有企业建立完善各类突发风险事件应急预案，开展预案的培训和演练；第三，追究或者配合国家有关部门追究对重大风险防控不力的国有企业负责人和直接责任人的责任。

（2）党委

国有企业党委应当负责重点防控国有企业经理层以及中层领导干部的违纪违规违法行为，以及行贿受贿、贪污腐败、损害国有企业利益和其他不作为的风险。

（3）董事会

国有企业董事会负责企业全面风险管理工作，特别是风险预警机制的有效性，并向股东（大）会负责。董事会在企业风险预警机制建立与实施方面的主要职责是：第一，领导制定企业全面建立和实施风险预警机制工作，并决策其中的重大事项；第二，确定企业风险预警机制的总体目标、风险偏好、风险承受度，批准风险管理策略和重大风险应对方案；第三，监督、检查和评价管理层实施企业风险预警机制；第四，批准风险管理组织机构设置及其职责方案；第五，批准企业内部控制与风险管理委员会提出的风险预警机制监督评价报告；第六，组织与领导企业风险预警机制的自我评价与改进；第七，督导企业风险管理文化的培育。大型企业可以在董事会下设内部控制与风险管理委员会，领导、督促风险预警机制的建立与实施。

（4）监事会

监事会主要负责对国有企业重大风险预警机制实施情况进行监督，同时监督董事会和管理层构建与实施风险预警机制的情况与效果。

（5）管理层

国有企业管理层对企业风险预警机制的建立与实施工作的有效性向董

事会负责。总经理或总经理委托的高级管理人员负责主持企业风险预警机制实施的日常工作,并组织拟订企业风险管理组织机构设置及其职责方案报董事会审议批准。

2. 内部控制与风险管理部

作为国有企业风险预警机制建立与实施的专职机构,对总经理或其委托的高级管理人员负责,主要履行以下职责:第一,研究提出全面风险管理工作报告和风险预警机制实施方案;第二,指导各职能部门、子企业全面风险管理工作以及风险预警机制的建立和实施工作;第三,负责组织建立企业风险管理信息系统;第四,研究提出风险应对策略和跨职能部门的重大风险应对方案,并负责该方案的组织实施和日常监控;第五,负责对企业风险预警机制实施有效性评估,提出评估报告,研究改进方案;第六,负责组织协调整个企业风险预警机制的运行;第七,具体负责培育企业风险管理文化的相关工作,提高所有员工的风险管理意识。

3. 审计部

审计部作为内部审计监督和咨询的职能部门,主要负责对企业整体、各职能部门和子企业风险预警机制建立和实施的有效性进行审计监督,并提出相关完善建议。通常可在实施内部控制审计中结合进行,也可单独实施重大业务、重点单位风险预警机制建立和实施情况的专项审计。此外,审计部门也需要对审计风险进行预警与防范。

4. 法律事务部

法律事务部作为企业专门负责法律事务的职能部门,主要负责对整个企业法律风险进行预警和防范,并指导其他职能部门和下属子企业预警和防范相应的法律风险。

5. 其他有关职能部门和子企业组织机构

主要负责与本职能部门、子企业相关的风险预警机制的建立与实施,并确保其有效性。它们在内部控制与风险管理部及审计部、法律事务部的组织、协调、指导和监督下,主要履行以下职责:第一,执行企业风险管理与风险预警机制的基本流程;第二,研究提出本职能部门或子企业重大决策、重大风险、重大事件和重要业务流程的风险管理与风险预警具体机制；第三，研究提出本职能部门或子企业风险管理与风险预警机制实施情况的评估报告以及整改措施；第四，做好本职能部门或子企业风险管理信息系统的工作；第五，做好本职能部门或子企业培育风险管理文化的相关工作。

对于规模较大、组织机构较为复杂的分子企业，可参照企业整体风险预警机制来建立和实施本企业的风险预警机制，并接受母企业及其职能部门的指导和监督。

（二）目标设定

所谓风险，就是影响目标实现的不确定性。风险的定义为"事项将会发生并影响战略和经营目标实现的可能性"。在经营环境中，企业实现未来战略和经营目标的任何时候均会存在不确定性。因此，没有目标，就没有风险。在企业风险管理和风险预警机制中，目标设定是基础。这里的目标，包括三个层面的含义：一是企业内部控制的目标；二是企业战略目标和经营目标；三是企业风险预警机制所需实现的直接目标。

国有企业建立和实施风险预警机制最根本目标是实现企业内部控制的目标，包括经济性目标和政治性目标。国有企业的经济性目标包括五大目标，即合理保证企业经营管理合法合规、资产安全、财务报告及相关信息真实完整、提高经营效率和效果、促进企业实现发展战略。国有企业政治性目标主要是：国家宏观经济政策落实的榜样和国家进行宏观经济政策调控的载体；促进产业结构调整与升级；维护充分就业和不随意解聘职工，并带头维护好职工群众的合法权益；带头保护环境，成为环境友好型企业；带头遵纪守法和履行社会责任，成为优秀企业；增强对国民经济的控制力和影响力，撬动更多的市场和资本；巩固国家执政的经济基础，增强国际影响力。

国有企业建立和实施风险预警机制是帮助企业实现战略目标和经营目标。企业应当制定愿景、使命等远景目标，制定五年发展战略目标，并根据战略目标制定年度经营目标。在各职能部门和子企业层面，也应当根据企业整体发展的战略目标和经营目标，制定相应的职能部门、子企业的战略目标和经营目标。企业经营目标特别是各层级的经营目标是企业风险管理和风险预警机制的引导性目标，企业风险管理和风险预警机制就是要及时识别、评估和应对可能影响实现经营目标的各种不确定性事项，通过实现各层级经营目标来确保实现企业整体经营目标。企业应当以全面预算管理方式分解企业年度经营目标。

国有企业建立和实施风险预警机制的直接目标是：第一，及时收集与沟通风险信息；第二，及时识别和评估风险，特别是重大风险；第三，及时、恰当、有条不紊地应对各种风险，特别是重大风险；第四，维护和创造因风险机会带来的价值，保护企业不因灾害性风险或人为失误而遭受重大损失；第五，促进企业风险管理水平的提升和风险管理文化的升华。

（三）风险因素识别

导致企业风险的因素多种多样，但可分为内部风险因素和外部风险因素。

1.内部风险因素识别

企业可以从以下方面来识别可能导致风险的内部因素：①人力资源因素，包括董事、监事、经理及其他高级管理人员的职业操守、员工专业胜任能力等，特别要注意识别董事、高级经理层成员、其他高级管理人员、关键岗位员工的职业操守和廉洁自律品行、法律法规意识和大局意识、专业胜任能力等；②内部管理因素，包括组织机构的科学性和合理性、经营方式的先进性和适应性、资产管理的健全性和有效性、业务流程的优化和清晰等，特别关注组织机构重叠或权责不清、国有资产流失、业务流程模糊等问题；③自主创新因素，包括研究开发、技术投入、信息技术运用等，特别关注研究开发投入不足、创新能力不强、产品结构老化、新产品研发不强、技术与理念不先进、信息技术运用不当等问题；④财务因素，包括企业财务状况、经营成果、现金流量等，特别关注企业债务结构、资产结构的合理性以及企业偿债能力、运营能力、获利能力、盈利质量、成本费用管理、财务信息可靠等方面的问题；⑤安全环保因素，包括营运安全、产品与服务质量安全、员工健康、环境保护、信息安全等，特别关注各部门、各环节、各单位的生产安全,提供产品与服务的高质量,员工安全教育、职业卫生和健康教育以及相关措施的实施,环境保护机制建设与实施、节能减排、"三废"排放合规、环境美化优化、环境友好型企业建设、信息系统与网络安全等问题;⑥其他有关内部风险因素。

2. 外部风险因素识别

企业应当从以下方面来识别可能导致风险的外部因素:第一,经济因素,包括经济形势、产业政策、融资环境、市场竞争、资源供给等,特别要关注国内外宏观经济政策以及经济运行情况、本行业状况、国家产业政策,国家和区域财政、金融政策的变化及其对企业投融资的影响,税收政策和利率、汇率、股票价格指数的变化,新能源发现与利用等;第二,法律因素,包括法律法规、监管要求等,特别关注国内外与本企业相关的政治和法律环境,影响企业的新法律法规和政策,本企业签订的重大协议和有关贸易合同等的合法性,本企业发生重大法律纠纷案件的情况,企业和竞争对手的知识产权情况等;第三,社会因素,包括安全稳定、文化传统、社会信用、教育水平、消费者行为等,特别要关注所在生产经营地区的安全稳定状况与趋势、生活习俗习惯、传统礼仪、宗教信仰、消费习惯等;第四,市场因素,包括供应商、客户、竞争对手、新产品、新市场等,特别关注与企业战略合作伙伴的关系,未来寻求战略合作伙伴的可能性,市场对本企业产品或服务的需求,本企业主要客户、供应商及竞争对手的有关情况,产品或服务的价格及供需变化,能源、原材料等物资供应的充足性、稳定性和价格变化,主要客户、主要供应商的信用情况,潜在竞争者、竞争者及其主要产品、替代品情况等;第五,科学技术因素,包括技术进步、工艺改进等,特别要关注国内外同行的科技进步、技术创新、工艺改进、新产品开发、设备升级等;第六,自然环境因素,包括自然灾害、环境状况等,特别要关注水旱、气象、地震、地质、海洋、生物等灾害和森林草原火灾以及生态环境的改变等;第七,其他有关外部风险因素。

企业应当结合实际情况,尽可能完整、清楚地识别这些风险因素,建立风险因素识别清单，并定期进行完善、更新，以便为各级管理层和员工提供识别风险因素的有效工具。

（四）风险清单（库）构建

企业应当在风险因素识别的基础上建立风险清单（库），描述企业可能面临的各种风险、该风险可能产生的不利后果、责任部门和岗位，以及该风险的控制方法和控制活动，以便企业管理部门和各级员工能够按图索骥，找到相应的风险以及风险应对方法。

企业风险清单的构建，可以分为企业整体层面的风险清单、职能部门风险清单、业务风险清单。通常企业整体层面的风险清单应当包括：企业战略风险清单、企业运营腐败风险清单、企业组织架构风险清单、企业法人治理结构风险清单、企业董事会运作风险清单、企业股东大会运作风险清单、企业监事会运作风险清单、企业经理层运作风险清单、企业文化建设风险清单、企业人力资源风险清单、企业社会责任风险清单等。企业职能部门风险清单，即各职能部门根据其负责的业务和职能所建立的风险清单，所有的职能部门均应建立风险清单，如资本运营部的资本运营风险清单、资产财务部的资产财务风险清单、审计部的审计风险清单、纪检监察部的纪检监察风险清单、营销部的营销风险清单、采购部的采购风险清单、工程部的工程风险清单、生产管理部的生产风险清单、投资管理部的投资风险清单、人力资源部的人力资源风险清单、质量安全管理部的质量安全风险清单、法律事务部的法律风险清单等。业务风险清单，即根据企业主要业务所建立的风险清单，企业应当为每一项主要业务建立一个风险清单，如采购业务风险清单、销售业务风险清单、生产业务风险清单，筹资业务风险清单、投资业务风险清单等。

企业整体层面风险清单应当在企业内部控制与风险管理委员会领导下，以企业内部控制与风险管理部为主，联合企业各职能部门共同来制定；职能部门风险清单应当以该职能部门在企业内部控制与风险管理部的指导下来制定；业务风险清单应当以相应业务的主导部门为主，组织该业务涉及的相关职能部门，在企业内部控制与风险管理部的指导下来制定。

所有的风险清单均应及时更新,以适应环境发展变化。

(五)风险预警指标设置

企业应当根据各类风险特征,建立相应的风险预警指标体系,以监测和预警其风险的严重性。风险预警指标可以是定性指标,也可以是定量指标。当出现这些风险预警指标中的一项或多项指标时,就意味着企业可能出现了某种程度的风险,应当启动相应的风险应对预案,化解风险。企业应当针对整体层面和各业务层面建立相应的风险预警指标。

(六)风险预警级别划分

企业应当根据识别的风险因素及其对风险预警指标的分析,从定性分析和定量分析方面,对风险发生的可能性及其带来后果的严重程度,划分相应的风险预警级别,并提出相应的风险预警信号。通常根据风险对企业影响的严重程度,可以将企业风险预警级别分为五级,即微弱、一般、中等、重大和灾难性(特别重大)。

定量分析,即以定性风险预警指标为对象,分别确定五级风险预警的指标阈值,达到或超过对应的阈值,就为相应的风险预警级别。阈值的设定,可以是企业根据自身实践经验,总结历史教训得到;或者根据同行业平均水平得出;也可以通过采用德尔菲法,即专家调查法得出各级别风险预警的阈值。定性分析,即根据企业已经出现的各种状况,分析其可能对企业日常运营的影响、可能造成财务损失的金额、可能给企业声誉造成的损害、可能对职工或其他社会公众身心健康造成的伤害、可能对环境造成的污染或其他损害等方面的严重程度。

(七)风险应对预案确定

企业应对风险的主要方法有:第一,风险规避法,即企业在进行风险决策时,尽可能选择风险较小的方案,在实施过程中发现不利情况则及时中止或调整方案,以避免或减轻损失,包括完全风险规避法、部分风险规避法、中途风险规避法;第二,风险降低法,即企业通过采取一定的措施和加强管理等方法来降低风险发生的概率或减少损失,主要是企业通过建立和实施内部控制来实现;第三,分散分担法,即企业准备借助他人力量，通过联营、横向或纵向多样化、业务分包、购买保险和其他适当的控制措施，将风险控制在可承受度范围之内，包括风险分散法、风险分摊法、风险转移法等；第四，风险承受法，即企业在充分考虑成本效益的前提下，对风险承受度范围内的风险，不采取控制措施或其他措施，而是接受，并对该风险可能造成的损失进行事前或事后应对，包括以自身收入弥补损失、设立风险基金、提取风险损失准备金等。风险应对的策略主要是风险降低法。

企业应当根据风险类型及其风险预警级别，事先制订相应的风险应对预案，以便在出现相应风险预警级别时，能够从容应对。凡是承担相应风险管理的机构，均应有相应的风险应对预案。通常企业整体层面、各职能部门和各分子企业层面、各业务层面均应在风险识别和评估的基础上，制订相应的风险应对预案。风险应对预案应当明确责任人、风险应对的主要方法和措施等。

三、风险监测与预警机制

风险监测与预警机制主要工作包括：风险信息收集与沟通、风险评估与预警级别确定、报告风险评估结果与应对方案。

（一）风险信息收集与沟通

企业应当从内部和外部收集相关信息，特别是与识别风险因素相关的信息，并对这些信息进行分析和评估，并将初步评估结果在企业上下、左右进行沟通，以引起各相关职能部门和子企业的重视。

在风险信息收集与沟通中，需要注意：第一，全员性，即除专业信息管理部门外，企业所有职能部门、子企业所有员工均应注意收集相关风险信息；第二，及时性，包括收集的及时性、分析评估的及时性、沟通的及时性等；第三，重点性，即企业信息管理部、内部控制与风险管理部重点收集可能影响企业的所有风险信息，其他职能部门、子企业重点收集与其分管业务和职责相关的风险信息；第四，定期性，即除随时收集和沟通风险信息外，企业还应当定期有意识、有目的地收集和沟通相关风险信息，以预防遗漏重大风险信息的收集与沟通。

（二）风险评估与预警级别确定

企业应当对收集到的风险信息进行认真的分析，全方位考虑其发展趋势及其对企业发展战略和经营活动可能产生的影响及严重性。在风险分析与评估过程中，应当采用头脑风暴法、专家咨询法等，以使分析与评估结果更为恰当。

在风险分析与评估的基础上，结合企业风险清单和风险预警指标，分析确定可能达到的风险预警级别。在分析、确定风险预警级别过程中，对于达到中等（黄色）预警级别的，应当采用头脑风暴法、多部门联合研讨法、专家咨询法等，进行充分讨论、分析与论证，以使分析与确定的风险预警级别更科学、恰当，并统一各职能部门的认识和步调，以便协同应对风险。

（三）报告风险评估结果与应对方案

企业应当建立风险预警评估结果和应对方案报告制度，确定不同预警级别风险评估报告的报告层级与路径。在风险预警评估结果和应对方案报告中，要具体说明所识别的主要风险因素、可能对企业带来的机会或损失、相关预警指标计算分析结果、可能达到的风险预警级别等风险预警评估结果，以及根据风险应对预案拟采取的风险应对方案，并说明风险应对方案与风险应对预案的区别及其理由。

四、风险应对与处置机制

风险应对与处置机制主要工作包括：批准风险应对方案、实施风险应对方案及调整风险应对方案。

（一）批准风险应对方案

企业相关部门和分管领导接到企业风险预警评估结果和应对预案报告后，应当及时进行处理。如评估结果是否恰当、应对方案是否合理充分，是否需要组织专家进行进一步论证等。如果原则上同意该风险预警评估结果和应对预案，则批准该报告，并启动风险应对预案。

（二）实施风险应对方案

企业相关部门根据批准的风险应对预案，实施风险应对的具体工作，力争化解风险，降低损失。

（三）调整风险应对方案

在实施风险应对方案中，需要根据实际情况和事件进展，适时评估原风险应对方案的适应性。一旦发现原应对方案难以有效应对风险，或者出现了新的问题，导致原方案存在缺陷，风险应对部门应当及时提出调整与完善原方案的建议，并根据原方案的报告与审批路线进行报告和审批。

五、结果评估与改进机制

风险应对结果评估与改进机制的主要工作包括：评估与报告风险应对结果、表彰与惩戒相关人员及改进风险预警机制。

（一）评估与报告风险应对结果

在风险应对结束或者应对过程暂告一段落时，企业应当对风险应对过程和结果进行评估，总结与分析风险应对成功的经验、取得的成绩、存在的主要问题，并从基础工作构建、风险监测与预警、风险应对与处置、结果评估与改进等方面提出进一步完善企业风险预警机制的建议。

风险应对结果评估报告应当报送相关部门和主要领导审批后在企业内部采用一定方式进行上下、左右的沟通，既接受全体员工的监督，又能够教育全体员工，提高风险管理意识，培育风险管理文化。国有企业重大风险应对结果评估报告还应当报送国资委或控股股东。

（二）表彰与惩戒相关人员

企业还应当对风险预警机制实施过程中取得突出成绩的单位和个人进行表彰，对存在重大问题并给企业造成重大损失或损害的单位和个人进行责任追究，以奖优罚劣和严格的责任追究确保风险预警机制和企业内部控制机制的有效运行。

（三）改进风险预警机制

企业应当根据风险应对结果评估报告中分析的企业风险预警机制存在的主要问题以及改进建议，制定并落实风险预警机制改进方案，提升企业风险预警机制的科学性、合理性和有效性。

此外，企业内部控制与风险管理部、各职能部门和子企业均应在每年末对企业整体层面、各职能部门和子企业层面、业务层面风险预警机制运行有效性进行评价，提出评价报告。评价报告的基本内容包括：风险预警机制运行取得的成绩、存在的主要问题、改进建议等，并对其负责的风险预警机制进行完善。

第七章

优化国有资产管理体制

推动国有资本做强做优做大是党的十九大做出的新的重大决策，是国企国资改革发展理念和方式的重大变革。各级国资委都在探索建立以管资本为主和推动高质量发展的监管体系和制度机制，以自我革命的勇气做好完善国资监管体制各项工作。从以管企业为主转向管资本为主，新一轮深化国企改革呈现出崭新面貌。改革理念转变带来的绝非是监管体制的修修补补，而是整个监管思路的巨大调整。一直以来政府对国有企业管得过多、过细，还有干预企业投资经营决策的情况。政府不能既当"投资人"，又当"裁判员"和"运动员"。"裁判员"的职能要交给市场，企业是"运动员"。政府要敢于"开闸放水""放虎归山"，坚持市场化取向，让国企的"原动力"持续迸发。总之，国企改革要抓一个"敢"字，做到"敢"字当先、"敢"字当头。

第一节　组建成立国有资本投资运营公司

要通过改组组建国有资本投资运营公司，构建国有资本投资、运营主体，改革国有资本授权经营体制，完善国有资产管理体制，实现国有资本所有权与企业经营权分离，实行国有资本市场化运作。发挥国有资本投资、运营公司平台作用，促进国有资本合理流动，优化国有资本投向，向重点行业、关键领域和优势企业集中，推动国有经济布局优化和结构调整，提高国有资本配置和运营效率，更好服务国家战略需要。试点先行，大胆探索，及时研究解决改革中的重点难点问题，尽快形成可复制、可推广的经验和模式。

一、进一步推进政资分开、政企分开改革的深化

在计划经济向市场经济转变过程中，我国不断改革国资管理体制，由政府直接经营国有企业向政府管理国家出资形成的投资权益转变。一是推进政资分开，在行政管理体系下建立相对独立的国资管理部门。按照相关法规，企业国有资产属于国家所有，各级政府分别代表国家履行出资人职责。各级政府设立国有资产监督管理委员会，为各级政府下属的特设机

构，根据各级政府授权依法履行出资人职责。二是推进政企分开，《中华人民共和国企业国有资产法》（以下简称《企业国有资产法》）和《中华人民共和国公司法》（以下简称《公司法》）为企业自主经营提供了法律保障。《企业国有资产法》明确界定国有资产是指国家对企业各种形式的出资所形成的权益，而不是国有企业。《公司法》对股东参与公司治理的权利、责任做出了全面的规定，政府作为股东直接干预企业经营的行为在法律上失去依据。

我国的国资管理体制改革采取的是渐进改革方式，政资分开、政企分开很难一步到位。2003年国家以设立国资委为标志的国资管理体制改革，相比之前存在的"九龙治水""有人揽权、无人负责"的混乱局面是重大进步。令人遗憾的是，国资管理体制改革有时甚至出现了行政化有所加强的趋势，具体表现在以下几个方面：一是国有资产管理部门以多种名义对国企的自主经营权进行干预，包括对董事会、经理层的权力进行干预，对企业经营决策进行审批等。另外，其他党政部门也对国有企业存在一定程度的干预。政府直接干预企业经营的做法违背了企业发展的规律，与《公司法》的要求也不一致。二是国有资产管理部门有时偏离了"出资人履职机构"的定位，承担了越来越多的行政管理工作，如节能减排、安全生产、维稳、保增长等。国资管理行政化趋势是多方面原因造成的，包括：国资管理部门设立时主要来自相关行政部门的重组，具有行政机构的基因；国资管理部门是行政管理体系下的机构，作为行政体系的一部分，主动或被动承担了一些行政管理职能；过去十几年国有企业改革压力较小，国有经济总体上不断发展壮大。

政府对国有企业采用行政性管理方式，虽然可以暂时缓解国有经济面临的短期性矛盾，取得立竿见影的效果，但对国有企业的制度会带来长期的伤害，导致企业失去活力和竞争力，最终得不偿失。具体而言有以下几个方面：一是降低管理者积极性。政府过度干预企业破坏了权责对等、激励与约束相统一的公司治理机制，企业管理者激励不足、权力不足，逐步形成了请示上级、依赖上级的习惯，管理者的主动性和创造力得不到发挥。二是降低企业决策速度。国有企业的许多决策都要报上级政府部门审批，但政府主管部门既缺乏决策的信息、知识和激励，又要按照行政程序办事，常常导致决策时间过长，但市场商机稍纵即逝。三是导致企业过度厌恶风险。任何商业活动都无法回避正常的商业风险，创新更是高风险活动，企业只有承担一定的风险，才能获得正常的回报。一方面，国有企业缺乏承担商业风险的激励，在决策过程中企业管理层和上级主管部门都尽可能过滤存在风险的项目；另一方面，行政性的追责机制虽然有助于落实决策责任，但也导致企业负责人高度厌恶商业风险。四是降低企业适应市场竞争的灵活性。政府决定较多考虑社会目标，容易忽视市场竞争。

在国有企业改革过程中，国资管理体制改革是难点和重点。从过去多年的改革实践看，多数国有企业面对激烈的市场竞争压力，在政府允许的范围内不同程度地自我改革，不主动改革的企业基本都被市场竞争淘汰了。相比之下，有的政府主管部门则缺乏改革压力，反而存在自我膨胀的现象。国资管理体制改革与现代企业制度建设是相辅相成的关系，应同步推进，但考虑到政府的强势地位以及国资管理体制改革相对滞后的现实，国资管理体制改革应成为当前国企改革的突破口。党中央有力推动了国资管理体制改革，2015年底发布了《关于改革和完善国有资产管理体制的若干意见》，进一步明确了改革的具体任务，有关部门也在制定实施方案，加快推动相关改革措施落地。

二、国有资本投资运营公司的定位和功能

国有资本投资运营公司是实现国有资产有序进退、优化产业布局、资本运作、资产重组整合、产业持股管理、历史问题解决的操作平台。国有资本投资运营公司在顶层设计中被定义为两种类型的公司。

国有资本投资公司以产业投资为主，围绕战略性产业进行产业链布局，更侧重于投资与投资后的持股管理，与所出资企业强调的是以资本为纽带的投资与被投资的关系，重点在增量上做文章。根据功能和任务的侧重点不同，国有资本投资公司可进一步细分为政策性投资公司与商业性投资公司，政策性投资公司主要侧重公共服务、基础设施、资源和支柱性产

业等的投资，商业性投资公司主要侧重于新产业、新方向的战略性投资。

国有资本运营公司更侧重于资本运作与资产经营功能，主要开展股权运营、资产管理以及解决历史遗留问题，着力改善国有资本的分布结构和质量效益，突出市场化的改革措施和管理手段实现国有资本的保值增值，在存量上加强流动性。国有资本运营公司也可进一步细分为持股类资本运营公司与资产经营类资本运营公司，持股类资本运营公司侧重于股权的流动，资产经营类资本运营公司侧重于资产整合、改制重组、资产处置等。

按照成立目的与功能定位，国有资本投资运营公司具体可包含创新融资、战略投资、持股管理、股权运作、资产运作、战略研究六大主要业务。通过股权运作和资产运作来盘活存量，变现低效及无效资产，培育增量，优化结构，并按照持有股权比例以管资本为主的方式进行持股管理，同时开展战略研究，研究产业投向及国资监管方式，为国资国企发展服务。这六大业务，构成国有资本投资运营公司的业务体系与组织体系。

三、国有资本投资运营公司的运作优化

一是明确战略导向，重塑管控模式。以"产融结合，双轮驱动"为导向，将集团总部职能从以资产经营为主向以资本投资与运营为主转变，逐步构建"集团总部—产业子集团—投资企业"三级管控模式，实现"小总部大产业"。公司总部以战略管控为主，以战略布局、资源整合、产业协同、资本运作、监督考核以及所属企业董监事管理为主要职能，落实全面预算管理、全面风险管理、全面信息化管理和全员业绩考核。产业集团定位为专业化的运营平台，是独立的市场经营主体，是公司的利润创造中心，负责运营业务的日常管理和提升专业化管理水平。投资企业定位为专业化的生产中心、成本中心、利润中心，是履行安全生产、保护环境、确保产品质量的责任主体。

二是完善法人治理结构，真正建立现代企业制度。在清晰界定政府、国资委与试点企业权责边界的基础上，构建形成董事会、监事会、经理层各司其职、运转有效、制度健全的法人治理结构。在董事构成上，按照专业化、市场化与国际化的要求，选择熟悉国家产业政策、行业投资、资本

运作、财务金融的专家担任外部董事，且外部董事比例超过半数；在决策机制上，董事会实施一人一票表决制度，决议须经过全体董事过半数通过，建立健全战略投资委员会、财务预算委员会、薪酬与提名委员会、风险防控委员会、审计委员会等专门委员会；在职责的界定上，董事会承担决定公司发展规划、业务范围和结构调整、年度投融资计划等重大决策事项，提出董事会成员选聘人选，选聘、解聘经理层成员，审议决定收入分配方案、工资总额管理、经理层薪酬管理和业绩考核、中长期激励、子企业资本进退流转等事项。监事会重点围绕财务管理、重大决策、董事会和经理层依法依规履职情况、运营过程中涉及国有资产流失的事项等进行监督，以问题和风险为重点加强监督检查，健全完善激励约束机制，落实责任追究制度，确保监督程序有效运转。经理层按照董事会的要求，全面负责公司的经营管理工作，对公司经营业绩负责。经理层由董事会按照市场化方式选聘，并实行市场化的薪酬。

三是积极推进混合所有制，放大国有资本。大力推进股权多元化改革，积极发展混合所有制经济。对于有条件上市的企业或资产，要尽快推动上市；对于暂时不具备上市条件的企业或资产，可以考虑：一是通过股权转让、增资扩股等方式在原有项目中引入战略投资者；二是在新建项目时考虑引进战略投资者共同建设；三是充分利用政府引导基金、产业投资基金、创业投资基金等含有非国有投资人的基金，共同设立股权投资基金。

四是实施市场化选人用人，强化评价激励机制。继续完善三项制度改革和竞聘上岗制度，激发员工干事创业的积极性；用市场化的选人用人方式和薪酬制度，选聘使用职业经理人；将行业排名纳入竞争性企业的考核指标；在混合所有制企业探索关键岗位员工持股，试行分红权、增值权、虚拟股票、股份期权、限制性股票、业绩股票等方式，建立长效激励约束机制，真正建立起"人员能进能出、岗位能上能下、收入能增能减"的市场化劳动、人事、分配机制。

五是优化资源配置，形成规模效益。坚持以市场为导向、以企业为主体，有进有退、有所为有所不为，优化国有资本布局，增强国有经济整体功能和效率。操作层面上，要做好"加减乘除"。加法方面，对企业的优势产业要加大投入力度，实现优势产业规模壮大，增强国企的控制力和影响力；减法方面，不符合功能定位、不具备运营优势的部分实业项目要逐步退出；乘法方面，要推动公司优质资产上市或引入战略投资者，实现优势产业几何倍数的增长，迅速放大国有资本；除法方面，要加强产业协同，实施精细化管理，深入推进"产产结合""产融结合""融融结合"，有效降低生产经营成本。

六是实施创新驱动战略，增强竞争能力。按照"创新、协调、绿色、开放、共享"五大发展理念，把创新驱动作为集团产业结构转型升级的必由之路。在管理创新、商业模式创新、技术创新以及供给侧改革等方面加大投入力度，提升企业核心竞争力。继续在金融业和实业探索推行"产融结合"，逐步解决实体企业融资难和金融企业风险高的问题。加快建设大工业局域网。科技创新，重点是要解决企业"智力不足"的问题。要加强与知名高等院校、科研院所的合作，与两院院士合作，努力开发拥有自主知识产权和市场竞争力的新产品、新技术和新工艺。

七是加强监控体系建设，保障国资安全。国企改革中，要确保授权"授得下、接得住、行得稳"，必须推行监督体系改革，推进专业监督与职能监督结合、业务监督与纪检监督结合、内部控制与法律规范结合，建立层层负责，形成闭环的"大监督"体系，确保实现"授权到哪，监督跟到哪"。具体探索上，将试行建立审计中心，加大整改和问责力度；推行上级企业向下级企业委派纪委书记、财务总监制度，加强对下属企业的监管。

四、国有资本投资运营公司与国资委的关系

国务院《关于改革完善国有资产管理体制的若干意见》明确指出，政府授权国有资产监管机构依法对国有资本投资、运营公司履行出资人职责。国有资产监管机构按照"一企一策"原则，明确对国有资本投资运营公司授权的内容、范围和方式，依法落实国有资本投资运营公司董事会职权。国有资本投资、运营公司对授权范围内的国有资本履行出资人职责，作为国有资本市场化运作的专业平台，依法自主开展国有资本运作，对所出资企业行使股东职责，维护股东合法权益，按照责权对应原则切实承担起国有资产保值增值责任。

在新型国资管理体制下，国资委在把握战略布局规划及国有资本经营预算的基础上，向国有资本投资运营公司派出董事，依法对国有资本投资运营公司董事会充分授权，不再由各个处室直接向企业下达指令，而是把主要精力落实到国有资本投资运营公司董事会建设上来，通过董事会职能的发挥即可实现对国有资本投资运营公司的管理。

国有资本投资运营公司董事会应下设三个委员会：一是战略决策委员会。由执行董事、股东董事、独立董事组成，由董事长任主任。战略决策委员会主要职责权限为：研究制定公司中长期发展战略、重大投融资项目及决策；研究制定公司风险管理战略和政策；审议年度预算和决算，并对上述内容的落实情况实施检查。战略决策委员会每年召开的定期会议应不少于两次，非定期会议若干次。二是提名与薪酬委员会。由股东董事和独立董事组成，由独立董事担任召集人。主要负责制定经理人员的选择标准和程序，推荐经理候选人，同时对高级管理人员的工作进行评估，决定现有高管是否有资格留任。制定独立董事、执行董事和高管层业绩考核标准与薪酬方案，并直接参与独立董事、执行董事和高管层经营业绩的评定。三是审计委员会。由股东董事和独立董事组成，并由独立董事担任召集人。主要是加强对国有资本投资运营公司高管层及公司财务的审计与监督，其主要职责为：提议聘请或更换外部审计机构；监督公司的内部审计制度及其实施；负责内部审计与外部审计之间的沟通；审核公司的财务信息及其披露情况；审查公司的内控制度。提名与薪酬委员会、审计委员会中独立董事应占多数并担任召集人，审计委员会中至少应有一名独立董事是会计专业人士。各专门委员会对董事会负责，提交议案供董事会审查决定。

国有资本投资运营公司将主要呈现出以下六个方面的特征：第一，融资渠道多样化。国有资本投资运营公司在强化已有的传统融资能力外，依托进一步开放，探索跨境融资，降低融资成本，并不断探索包含债券、中期票据、信托计划、产业投资基金在内的新型融资方式。第二，产业投资基金化。国有资本投资运营公司在公共服务、基础设施、战略新兴产业的投资布局中,改变以往单纯依靠国资力量的做法,较多地采用产业基金模式,出资成立产业基金,广泛吸引社会资本的参与,撬动更大杠杆投向目标产业。第三,产业管理财务化。国有资本投资运营公司对下属产业的管理将以产权为纽带,以市值管理、财务管控为重点,充分体现下属产业的自主经营权,实现管资产向管资本的转变。在市值管理方面,对其股权进行增持或减持,提高国有上市公司股权的流动性,促进国有资产合理估值;在财务管控方面,更多地体现现代企业治理中确定的股东权利,管理资本收益、确保国有资本安全。第四,资本运作证券化。国有资本投资运营公司将逐步通过市场化的股权流动,推动下属产业整体上市或主业上市,并在这一过程中发展混合所有制,吸引社会资本。比如上海通过股权的划转与流动发展混合所有制,将下属产业公司全部打造成上市公众公司,形成"市国资委—资本投资、运营公司—上市公司"的整体架构。第五,兼并收购国际化。国有资本投资运营公司将依托下属核心产业实现同类产业或者产业链相关产业的兼并收购,同时也将鼓励核心产业跨区域进行战略并购,以培育能够参与跨国竞争的大型公司。第六,资产管理聚集化。国有资本投资运营公司通过资产管理的"腾、挪、转、卖"功能,实现国有资产向优势领域聚集,培育主业竞争力,实现规模经济;同时对沉淀资产进行统筹盘活,对不良资产进行处置,实现资产向资本的转化,并将资本重新进行战略配置。

第二节 推动国有资本合理流动优化配置

中央企业结构调整与重组,要服务国家发展目标,落实国家发展战略,贯彻国家产业政策,以管资本为主加强国资监管,不断推动国有资本优化配置。在调整重组中深化企业内部改革,建立健全现代企业制度,形成崭新的体制机制,打造充满生机活力的新型企业。推动国有资本合理流动优化配置的目标,就是要使国有企业战略定位更加准确,功能作用有效发挥；总体结构更趋合理，国有资本配置效率显著提高；发展质量明显提升，形成一批具有创新能力和国际竞争力的世界一流跨国公司。

一、巩固加强一批

巩固安全保障功能。对主业处于关系国家安全、国民经济命脉的重要行业和关键领域、主要承担国家重大专项任务的中央企业，要保证国有资本投入，增强保障国家安全和国民经济运行能力，保持国有资本控股地位，支持非国有资本参股。对重要通信基础设施，粮食、棉花、石油、天然气等国家战略物资储备领域，实行国有独资或控股。对战略性矿产资源开发利用，石油天然气主干管网、电网等自然垄断环节的管网，核电、重要公共技术平台、地质等基础数据采集利用领域，国防军工等特殊产业中从事战略武器装备科研生产、关系国家战略安全和涉及国家核心机密的核心军工能力领域，实行国有独资或绝对控股。对其他服务国家战略目标、重要前瞻性战略性产业、生态环境保护、共用技术平台等重要行业和关键领域，加大国有资本投资力度，发挥国有资本的引导和带动作用。

二、创新发展一批

搭建调整重组平台。改组组建国有资本投资运营公司，探索有效的运营模式，通过开展投资融资、产业培育、资本整合，推动产业集聚和转型升级，优化中央企业国有资本布局结构；通过股权运作、价值管理、有序进退，促进国有资本合理流动。将中央企业中的低效无效资产以及户数较多、规模较小、产业集中度低、产能严重过剩行业中的中央企业，适度集中至国有资本投资运营公司，做好增量、盘活存量、主动减量。

搭建科技创新平台。强化科技研发平台建设，加强应用基础研究，完善研发体系，突破企业技术瓶颈，提升自主创新能力。构建行业协同创新平台，推进产业创新联盟建设，建立和完善开放高效的技术创新体系，突破产业发展短板，提升集成创新能力。建设"互联网+"平台，推动产业互联网发展，促进跨界创新融合。建立支持创新的金融平台，充分用好各种创投基金支持中央企业创新发展，通过市场化方式设立各类中央企业科技创新投资基金，促进科技成果转化和新兴产业培育。把握世界科技发展趋势，搭建国际科技合作平台，积极融入全球创新网络。鼓励企业搭建创新创业孵化和服务平台，支持员工和社会创新创业，推动战略性新兴产业发展，加快形成新的经济增长点。鼓励优势产业集团与中央科研院所企业重组。

搭建国际化经营平台。以优势企业为核心，通过市场化运作方式，搭建优势产业上下游携手走出去平台、高效产能国际合作平台、商产融结合平台和跨国并购平台，增强中央企业联合参与国际市场竞争的能力。加快境外经济合作园区建设，形成"走出去"企业集群发展优势，降低国际化经营风险。充分发挥现有各类国际合作基金的作用，鼓励以市场化方式发起设立相关基金，组合引入非国有资本、优秀管理人才、先进管理机制和增值服务能力，提高中央企业国际化经营水平。

三、重组整合一批

推进强强联合。稳妥推进装备制造、建筑工程、电力、钢铁、有色金属、航运、建材、旅游和航空服务等领域企业重组，集中资源形成合力，减少无序竞争和同质化经营，有效化解相关行业产能过剩。鼓励煤炭、电力、冶金等产业链上下游中央企业进行重组，打造全产业链竞争优势，更好地发挥协同效应。

推动专业化整合。在国家产业政策和行业发展规划指导下，支持中央企业之间通过资产重组、股权合作、资产置换、无偿划转、战略联盟、联合开发等方式，将资源向优势企业和主业企业集中。鼓励通信、电力、汽车、新材料、新能源、油气管道、海工装备、航空货运等领域相关中央企业共同出资组建股份制专业化平台，加大新技术、新产品、新市场联合开发力度，减少无序竞争，提升资源配置效率。

加快推进企业内部资源整合。鼓励中央企业依托资本市场，通过培育注资、业务重组、吸收合并等方式，利用普通股、优先股、定向发行可转换债券等工具，推进专业化整合，增强持续发展能力。压缩企业管理层级，对五级以下企业进行清理整合，将投资决策权向三级以上企业集中，积极推进管控模式与组织架构调整、流程再造，构建功能定位明确、责权关系清晰、层级设置合理的管控体系。

积极稳妥开展并购重组。鼓励中央企业围绕发展战略，以获取关键技术、核心资源、知名品牌、市场渠道等为重点，积极开展并购重组，提高产业集中度，推动质量品牌提升。建立健全重组评估机制，加强并购后企业的联动与整合，推进管理、业务、技术、市场、文化和人力资源等方面的协同与融合，确保实现并购预期目标。并购重组中要充分发挥各企业的专业化优势和比较优势，尊重市场规律，加强沟通协调，防止无序竞争。

四、清理退出一批

大力化解过剩产能。严格按照国家能耗、环保、质量、安全等标准要求，以钢铁、煤炭行业为重点，大力压缩过剩产能，加快淘汰落后产能。对产能严重过剩行业，按照减量置换原则从严控制新项目投资；对高负债企业，以不推高资产负债率为原则严格控制投资规模。

加大清理长期亏损、扭亏无望企业和低效无效资产力度。通过资产重组、破产清算等方式，解决持续亏损三年以上且不符合布局结构调整方向的企业退出问题。通过产权转让、资产变现、无偿划转等方式，解决三年以上无效益且未来两年生产经营难以好转的低效无效资产处置问题。

下大力气退出一批不具有发展优势的非主营业务。梳理企业非主营业务和资产，对与主业无互补性、协同性的低效业务和资产，加大清理退出力度，实现国有资本形态转换。变现的国有资本除按有关要求用于安置职工、解决历史遗留问题外，集中投向国有资本更需要集中的领域和行业。

推动国有资本合理流动优化配置，就功能作用有效发挥来看，在国防、能源、交通、粮食、信息、生态等关系国家安全的领域，保障能力显著提升；在重大基础设施、重要资源以及公共服务等关系国计民生和国民经济命脉的重要行业，控制力明显增强；在重大装备、信息通信、生物医药、海洋工程、节能环保等行业，影响力进一步提高；在新能源、新材料、航空航天、智能制造等产业，带动力更加凸显。就资源配置更趋合理来看，通过兼并重组、创新合作、淘汰落后产能、化解过剩产能、处置低效无效资产等途径，形成了国有资本有进有退、合理流动的机制。中央企业纵向调整加快推进，产业链上下游资源配置不断优化，从价值链中低端向中高端转变取得明显进展，整体竞争力大幅提升。中央企业间的横向整合基本完成，协同经营平台建设加快推进，同质化经营、重复建设、无序竞争等问题得到有效化解。就发展质量明显提升来看，企业发展战略更加明晰，主业优势更加突出，资产负债规模更趋合理，企业治理更加规范，经营机制更加灵活，创新驱动发展富有成效，国际化经营稳步推进，风险管控能力显著增强，国有资本效益明显提高，实现由注重规模扩张向注重提升质量效益转变，从国内经营为主向国内外经营并重转变。

第三节　建立有效的激励约束机制

委托代理理论是基于研究企业内部信息不对称和激励问题而发展起来的。其主流观点认为，生产的专业化是委托代理关系产生的基础，但由于信息不对称以及委托人和代理人效用函数不一致等原因，二者之间可能存在利益冲突，如果缺乏有效的制度安排，代理人行为很可能最终损害委托人的利益。我国国有企业改革的历史就是两权分离，有效解决委托代理关系，构建现代产权和企业制度的过程。国有企业先后经历了从承包经营责任制、厂长经理负责制，到公司制、现代企业制度的不同阶段。计划经济时代，国有企业是政府的附属物，所有权和经营权都直接在政府手上。随着市场经济改革的深入推进，国有企业获得了更多的生产经营自主权，基于国有资产经营责任的委托代理关系也不断深化和演进。当前，构建现代产权和企业制度，已经成为一种趋势和普遍共识。然而，国有企业委托代理关系既具有委托代理理论所阐述的一般性特点，又具有其自身特性。全体人民向政府的委托、政府对企业董事会和经营者的委托，远比一般企业股东大会、董事会、经营层的结构复杂得多，存在着委托代理主体不明确、委托代理主体权责利关系不清晰、激励约束机制单一且不合理、缺少契约化的制度安排等问题，导致了国有企业委托代理关系的种种问题和困境。

一、培育国有企业的企业家

习近平强调指出："全面深化改革,就要激发市场蕴藏的活力。市场活力来自于人,特别是来自于企业家,来自于企业家精神。激发市场活力,就是要把该放的权放到位,该营造的环境营造好,该制定的规则制定好,让企业家有用武之地。"深化国有企业改革是全面深化改革的重要内容,也是完善社会主义市场经济体制的关键举措。如何更好地发挥企业家的作用,是做强做优做大国有企业的关键所在,也是深化国有企业改革必须解决的重点、难点问题。

(一)不断完善的激励约束机制激发企业家精神

国有企业领导班子成员虽然是党和政府培养和选拔的干部,但他们与党委、政府的关系本质上是委托代理关系。因此,必须着力完善激励约束机制,尊重企业家的地位和作用,有效激发企业家精神。一是以党政手段激励党委书记、董事长为主,进一步打通政企交流的通道,着力培养党在经济领域的执政骨干、治国理政的复合型人才,同时适当提高其履职津贴、完善履职保障;二是以市场手段激励职业经理人,包括市场化薪酬、经营层持股、期权等手段;三是强化对董事会及其成员的考核、约束,以企业治理的经营决策质量以及其专业履职能力为主,兼顾企业经营业绩;四是强化和保障董事会对经营层的考核、约束机制,建立市场化导向的职业经理人退出机制;五是进一步突出外部市场、法律环境和制度的约束体系,加快建立职业经理人市场,同时强化代理人的伦理道德及声誉影响的文化约束。

近年来,在知识、技术等要素参与分配的政策和制度建设上实现了许多重大突破,而在管理要素参与分配上没有实质性突破。在出台的一些股权、期权分红激励措施上,主要体现在对科技人才的激励上,而忽视对企业家和管理人才的有效激励。要充分发挥企业家在现代经济增长中的重要作用,必须建立一套行之有效的有利于企业家人力资本价值实现的激励约束机制。现代企业投资生产的过程,实际上是非人力资本和人力资本共同投入、共同创造价值的过程。在发展创新型经济条件下,创新型企业家的人力资本对企业资产的形成和增值起到关键作用，理应享有其合理的投资回报。企业家是企业财富的重要创造者，发挥企业家的作用，应该使企业家实际拥有企业的部分产权，使企业家更多地承担起企业产权主体的责任。拥有产权是最大的激励，也是最有效的约束。把企业家的人力资本股权化，形成企业家与企业的利益共同体，是企业家充分行使企业经营决策权的重要条件，也是企业持续发展的内在要求。因此，要在进一步规范国有企业领导人员年薪制的基础上，更加重视完善国有企业经营管理人才中长期激励措施，在推进国有企业混合所有制改革中，探索建立企业家股权、期权分红激励机制。实行股权、期权激励，并不是凭空给企业经营者一块"肥肉"，而是在经营者上任伊始就必须先认购一部分企业的股权，任职期间股权不得转让、交割，只有任职期满经考核评估后，经营者拥有的股权、期权才能按评估后的净资产变现。如未能达到经营要求，则按"责权对等"的原则打折扣，甚至取消。实践证明，实施股权、期权分红激励的办法，有利于增强国有经济的控制力，有利于激发企业家的积极性、创造性，有利于科技创新及科技成果的产业化，有利于企业的长远可持续发展。

（二）高度重视企业家在创新发展中的重要作用

国有企业是市场竞争的主体，也是技术创新的主体，在实施创新驱动发展战略中，尤其要重视发挥企业家的引领带动作用。习近平指出："企业家是推动创新的重要动力。世界上一些很著名的企业家并不是发明家，但他们是创新的组织者、推动者。企业家有十分敏锐的市场感觉，富于冒险精神，有执着顽强的作风，在把握创新方向、凝聚创新人才、创造新组织等方面可以起到重要作用。"首先，企业家是创新活动的组织者、管理者。企业是市场创新的主体，在企业的创新活动中，是企业家的创新冲动最早发现了市场创新的先机，并围绕创新整合各类创新资源，通过技术创新、管理创新、商业模式创新，实现创新产品的产业化、市场化。正是在这个意义上，西方经济学家熊彼特把企业家的本质特征定义为创新，一个不懂创新、不善创新的企业主不能算是真正意义上的企业家。当今西方管理学家和未来学家把21世纪经济竞争的焦点确定为一流管理人才的竞争，甚至把对高新技术的开发和垄断放到第二位。因而争夺一流的管理人才成为现代企业竞争的核心。纵观当今天下，大凡创新最活跃的国家和地区，都是创新企业集中的地方，也是一流企业家集聚的地方，企业家在创新发展中的引领作用十分突出，美国的硅谷、中国的深圳，无不如此。其次，企业家是创新人才的集聚者、激励者。创新驱动实质上是人才驱动，尤其是创新人才的推动。各类人才的创新智慧和活力能否得以充分释放，在很大程度上取决于企业家的远见卓识和管理才能。第一次工业革命的发生与瓦特发明蒸汽机是分不开的，但如果没有企业家博尔顿的发现和帮助支持，瓦特就很难完成他的创造发明。随着知识经济的到来，人才越来越成为企业发展的根本动力。因而，企业对人力资源的开发管理，直接关系到企业的兴衰成败。根据80/20定律，正是20%的人才决定了企业的兴亡。世界许多高科技企业的管理者都善于使用比自己更出色的人才。微软就明确提出："寻找比我们更出色的人才。"美国管理大师爱德华·劳勒认为："终极的人力资本（或组织能力）并不是个别才能突出的人才，而是创建、管理和组织人才的流程。"正是企业家对创新人才的集聚、使用，才使创新得以顺利实现。国际经验证明，一个国家企业家的数量和素质及其价值的实现程度，在很大程度上决定着这个国家的创新活力和经济竞争力。海尔之所以成为国人心中能够代表中国国际形象的"第一品牌"，重要的是海尔有以创业型企业家张瑞敏为核心的企业家团队。华为之所以成为全球最具竞争力的创新型企业之一，与任正非这样的优秀企业家对创新人才的集聚、激励是分不开的。同时，华为还实行独特的薪酬体系和股权分红制度激励人才创新。创新和企业家在基因上具有耦合性。创新有风险，企业家喜欢挑战；创新能够带来巨大收益，企业家有英雄主义情结。

（三）进一步明确国有企业企业家的角色定位

国有企业企业家是党政领导干部身份，还是企业经营管理者身份，这本来是一个十分明确的问题，但在实际管理过程中常常被模糊。我们长期习惯于用管理党政领导干部的方式来管理企业经营管理者,在培养、选拔、评价、使用的方式上常常套用党政领导干部的做法,在国有企业经营管理人员的管理上行政化、"官本位"倾向仍然突出,这在很大程度上影响和制约了企业家作用的发挥。奥地利经济学家米塞斯认为,这个世界上有两类企业家,一类是市场体系中的"企业家",一类是官僚体系中的"经理"——前者是市场的产物,后者则是政府的食客。在市场经济体制条件下,国有企业是市场竞争的主体。特别是建立现代企业制度后,企业转变经营机制,自主经营,自负盈亏,在市场供求关系的变动中承担风险,把握机遇,确定自己的经营战略。这样,市场经济中的企业所需要的就再不能是循规蹈矩的执行者,而是具有创新性、开拓性、战略意识的现代企业家。深化国有企业改革,很重要的一个方面,就是要促使国有企业经营管理者实现从党政领导干部到现代企业家的角色转变。党的十八届三中全会通过的《中共中央关于全面深化改革若干重大问题的决定》指出:国有企业要建立职业经理人制度,更好地发挥企业家的作用,合理增加市场化选聘比例。要以国企高管市场化选聘作为国企全面推行职业经理人制度的突破口,通过"去行政化",走"市场化"选聘之路,打造符合现代企业要求的国企职业经理人队伍。市场化选聘并不排斥从国企内部范围选择高管,而是通过"去行政化""走市场化",将国有企业的"干部"作为职业经理人按照市场机制进行培养、流动、评价与激励,同时也为外部优秀的职业经理人进入国企服务疏通管道。国企高管"去行政化"后进入职业经理人市场,在不同所有制企业间实现自由流动、市场定价。通过市场化选聘让国企高管从市场中来到市场中去,成长为真正意义上的职业经理人,为培养造就一大批具有战略思维、世界眼光、竞争意识和创新精神的国有企业战略企业家奠定基础。建立国有企业职业经理人制度是国企改革进入深水区的一项重要改革措施,既要进行顶层设计又要摸着石头过河,既要大胆探索又要稳健推进。要研究制定在国有企业建立职业经理人制度的指导意见,选择不同类型的国有企业进行试点,加强分类指导,及时总结推广可复制、可借鉴的新鲜经验。

（四）营造有利于企业家创新创业的制度环境

国有企业改革的一项重要任务就是发展以股份制为主体的混合所有制经济。发展混合所有制经济需要建立公司治理结构，从而更加重视企业家的作用，混合所有制经济越发展，企业家的作用就越重要。要加快建立有利于企业家参与创新决策、凝聚创新人才、整合创新资源的新机制。在国家重大科技和产业创新决策中，注重吸收企业家参与决策；要打通各类企业人才自由流动的渠道，在职称评审、人才落户、社会保障、出入境管理等方面为各类企业提供公共服务，实行公平待遇；要在重大科技和产业项目招投标上创造公平竞争环境，在投融资上提供便利条件，完善企业家整合各类创新资源的市场机制。要为国有企业经营管理者放权松绑。国有企业能否做强做优做大，在很大程度上取决于国有企业经营管理者能否放开手脚，根据市场经济的特点和规律自主决策、自主经营、自主用人。要加快推进政府职能转变，进一步下放权力，划清政府与企业之间的权责边界，建立国有资产管理权力清单和责任清单，排除政府部门对企业经营管理的过度干预。要整合国有企业监管职能，避免职责交叉、多头重复检查。要深化经济体制、社会体制改革，从实际出发，细化、量化改革措施，制定相关配套举措，推动各项改革政策落地、落细、落实，让企业家真正从改革中增强获得感。要依法保护企业家财产权和创新收益，健全以公平为核心原则的产权保护制度，加强对各种所有制经济组织和自然人财产权的保护，让企业家放心安心创造财富，合理合法享有财富。要进一步完善知识产权保护体系，为企业家把技术创新成果加快转化为现实生产力提供制度保障。要进一步营造尊重、关怀、宽容、支持企业家的社会文化环境，提高企业家的社会地位和政治参与度，加强对各类优秀企业家先进事迹的宣传表彰，在全社会弘扬企业家精神。要建立容错纠错机制，宽容企业家在企业经营和推进企业创新实践中的失败，为企业家健康成长、施展才华提供更为宽松的环境。

（五）以共同治理结构的建立来优化企业家使用机制

市场机会到来时往往大部分人觉得它是丑陋的。企业家从事更多的是破坏性创新工作，结果很难预见，更多靠企业家通过优化资源配置、强化管理，加上顽强的意志做出来，这就是市场经济下必须把企业剩余控制权授予企业家的道理。因此，促进企业家成长的使用机制重点是探索既放手让企业家掌舵，又在事前发现问题能够敢于提醒，事后出现问题又能适时问责的企业治理结构建设，要避免治理结构中权责利的平均化，建立以企业家为核心的股东、董事、经营层、职工、债权人等共同治理结构。共同治理结构在制约企业家滥用职权方面的设计包括以下几个方面：一是坚持党管干部原则；二是深化外部董事试点，增加国内外商业精英作为外部董事的试点，并通过职业操守、履职能力、勤勉程度、工作实绩等方面完善外部董事的考评体系；三是因企制宜推动混合所有制，引入市场化程度高的非国有股东，解决以企业家为核心治理机制不足的问题，但必须避免职工普遍持股又缺乏治理能力的"大股饭"现象，也要避免因新引入股东和国资管理文化冲突、与国有企业企业家管理理念冲突带来不必要的内耗；四是组建国有资本投资公司，提高国有资本的流动性。

二、防止国有资产流失

"防止国有资产流失"一直是国企改革中的焦点问题。这一话题随着新一轮国企改革的推进而更加引人关注。各个改革时期，党中央、国务院重点防范的领域就是国有资产的流失。从每个时期的贪腐案件以及党的十九大以来密集查处的腐败案件中，不难找到国有资产流失的原因所在。国有资产流失主要发生在"投入、管理、激活、释放红利、改制重组"的过程中，有的是在投入期间投少报多，有的是在管理期间监守自盗，有的是在激活过程中里应外合，有的是在释放红利的过程中将盈利谎报成亏损，更多的是在改革改制重组的过程中集团式打包侵吞。国企是国有资产最为集中的地方之一，盘子大、资金密集，且涉及面广、内容庞杂，改革过程中很可能留下空当。据中央纪委网站信息显示，一些大型国企存在"塌方式腐败""系统性腐败""链条式腐败"。如在中石油腐败窝案中，集团系统有40余名高管和中层被带走调查。据公诉机关指控，有的部门负责人仅一项违规决策就造成资产流失上亿元。

我国企业国有资产是全体人民的共同财富，保障国有资产安全、防止国有资产流失，是全面建成小康社会、实现全体人民共同富裕的必然要求。改革开放以来，我国国有经济不断发展壮大，国有企业市场活力普遍增强、效率显著提高，企业国有资产监管工作取得积极进展和明显成效。但与此同时，一些国有企业逐渐暴露出管理不规范、内部人控制严重、企业领导人员权力缺乏制约、腐败案件多有发生等问题，企业国有资产监督工作中多头监督、重复监督和监督不到位的现象也日益突出。为了切实加强和改进企业国有资产监督、防止国有资产流失，国务院于2015年11月出台了《关于加强和改进企业国有资产监督防止国有资产流失的意见》，主要从以下几个方面防止国有资产流失。

（一）着力强化企业内部监督

企业集团建立涵盖各治理主体及审计、纪检监察、巡视、法律、财务等部门的监督工作体系，强化对子企业的纵向监督和各业务板块的专业监督。健全涉及财务、采购、营销、投资等方面的内部监督制度和内控机制，进一步发挥总会计师、总法律顾问的作用，加强对企业重大决策和重要经营活动的财务、法律审核把关。加强企业内部监督工作的联动配合，提升信息化水平，强化流程管控的刚性约束，确保内部监督及时、有效。深入推进外部董事占多数的董事会建设，加强董事会内部的制衡约束，依法规范董事会决策程序和董事长履职行为，落实董事对董事会决议承担的法定责任。设置由外部董事组成的审计委员会，建立审计部门向董事会负责的工作机制，董事会依法审议批准企业年度审计计划和重要审计报告，增强董事会运用内部审计规范运营、管控风险的能力。建立监事会主席由上级母公司依法提名、委派制度，提高专职监事比例，增强监事会的独立性和权威性。加大监事会对董事、高级管理人员履职行为的监督力度，进一步落实监事会检查公司财务、纠正董事及高级管理人员损害公司利益行为等职权，保障监事会依法行权履职，强化监事会及监事的监督责任。健全以职工代表大会为基本形式的企业民主管理制度，规范职工董事、职工监事的产生程序，切实发挥其在参与公司决策和治理中的作用。大力推进厂务公开，建立公开事项清单制度，保障职工知情权、参与权和监督权。把加强党的领导和完善公司治理统一起来，落实党组织在企业党风廉政建设和反腐败工作中的主体责任和纪检机构的监督责任，健全党组织参与重大决策机制，强化党组织对企业领导人员履职行为的监督，确保企业决策部署及其执行过程符合党和国家的方针政策、法律法规。

（二）切实加强企业外部监督

国有资产监管机构要坚持出资人管理和监督的有机统一，进一步加强出资人监督。健全国有企业规划投资、改制重组、产权管理、财务评价、业绩考核、选人用人、薪酬分配等规范国有资本运作、防止流失的制度。加大对国有资产监管制度执行情况的监督力度，定期开展对各业务领域制度执行情况的检查，针对不同时期的重点任务和突出问题不定期开展专项抽查。国有资产监管机构设立稽查办公室，负责分类处置和督办监督工作中发现的需要企业整改的问题，组织开展国有资产重大损失调查，提出有关责任追究的意见建议。开展国有资产监管机构向所出资企业依法委派总会计师试点工作，强化出资人对企业重大财务事项的监督。加强企业境外国有资产监督，重视在法人治理结构中运用出资人监督手段，强化对企业境外投资、运营和产权状况的监督，严格规范境外大额资金使用、集中采购和佣金管理，确保企业境外国有资产安全可控、有效运营。

对国有资产监管机构所出资企业依法实行外派监事会制度。外派监事会由政府派出，作为出资人监督的专门力量，围绕企业财务、重大决策、运营过程中涉及国有资产流失的事项和关键环节、董事会和经理层依法依规履职情况等重点，着力强化对企业的当期和事中监督。进一步完善履职报告制度，外派监事会要逐户向政府报告年度监督检查情况，对重大事项、重要情况、重大风险和违法违纪违规行为"一事一报告"。按照规定的程序和内容，对监事会监督检查情况实行"一企一公开"，也可以按照类别和事项公开。切实保障监事会主席依法行权履职，落实外派监事会的纠正建议权、罢免或者调整建议权，监事会主席根据授权督促企业整改落实有关问题或者约谈企业领导人员。建立外派监事会可追溯、可量化、可考核、可问责的履职记录制度，切实强化责任意识，健全责任倒查机制。

健全国有企业审计监督体系。完善国有企业审计制度，进一步厘清政府部门公共审计、出资人审计和企业内部审计之间的职责分工，实现企业国有资产审计监督全覆盖。加大对国有企业领导人员履行经济责任情况的审计力度，坚持离任必审，完善任中审计，探索任期轮审，实现任期内至少审计一次。探索建立国有企业经常性审计制度，对国有企业重大财务异常、重大资产损失及风险隐患、国有企业境外资产等开展专项审计，对重大决策部署和投资项目、重要专项资金等开展跟踪审计。完善国有企业购买审计服务办法，扩大购买服务范围，推动审计监督职业化。

进一步增强纪检监察和巡视的监督作用。督促国有企业落实"两个责任"，实行"一案双查"，强化责任追究。加强对国有企业执行党的纪律情况的监督检查，重点审查国有企业执行党的政治纪律、政治规矩、组织纪律、廉洁纪律情况，严肃查处违反党中央八项规定精神的行为和"四风"问题。查办腐败案件以上级纪委领导为主，线索处置和案件查办在向同级党委报告的同时，必须向上级纪委报告。严肃查办发生在国有企业改制重组、产权交易、投资并购、物资采购、招标投标以及国际化经营等重点领域和关键环节的腐败案件。贯彻中央巡视工作方针，聚焦党风廉政建设和反腐败斗争，围绕"四个着力"，加强和改进国有企业巡视工作，发现问题，形成震慑，倒逼改革，促进发展。

建立高效顺畅的外部监督协同机制。整合出资人监管、外派监事会监督和审计、纪检监察、巡视等监督力量，建立监督工作会商机制，加强统筹，减少重复检查，提高监督效能。创新监督工作机制和方式方法，运用信息化手段查核问题，实现监督信息共享。完善重大违法违纪违规问题线索向纪检监察机关、司法机关移送机制，健全监督主体依法提请有关机关配合调查案件的制度措施。

（三）实施信息公开，加强社会监督

推动国有资产和国有企业重大信息公开。建立健全企业国有资产监管重大信息公开制度，依法依规设立信息公开平台，对国有资本整体运营情

况、企业国有资产保值增值及经营业绩考核总体情况、国有资产监管制度和监督检查情况等依法依规、及时准确披露。国有企业要严格执行《企业信息公示暂行条例》，在依法保护国家秘密和企业商业秘密的前提下，主动公开公司治理以及管理架构、经营情况、财务状况、关联交易、企业负责人薪酬等信息。重视各类媒体的监督，及时回应社会舆论对企业国有资产运营的重大关切。畅通社会公众的监督渠道，认真处理人民群众有关来信、来访和举报，切实保障单位和个人对造成国有资产损失行为进行检举和控告的权利。推动社会中介机构规范执业，发挥其第三方独立监督作用。

（四）强化国有资产损失和监督工作责任追究

加大对国有企业违规经营责任追究力度。明确企业作为维护国有资产安全、防止流失的责任主体，健全并严格执行国有企业违规经营责任追究制度。综合运用组织处理、经济处罚、禁入限制、纪律处分和追究刑事责任等手段，依法查办违规经营导致国有资产重大损失的案件，严厉惩处侵吞、贪污、输送、挥霍国有资产和逃废金融债务的行为。对国有企业违法违纪违规问题突出、造成重大国有资产损失的，严肃追究企业党组织的主体责任和企业纪检机构的监督责任。建立完善国有企业违规经营责任追究典型问题通报制度，加强对企业领导人员的警示教育。

严格监督工作责任追究。落实企业外部监督主体维护国有资产安全、防止流失的监督责任。健全国有资产监管机构、外派监事会、审计机关和纪检监察、巡视部门在监督工作中的问责机制，对企业重大违法违纪违规问题应当发现而未发现或敷衍不追、隐匿不报、查处不力的，严格追究有关人员失职渎职责任，视不同情形分别给予纪律处分或行政处分，构成犯罪的，依法追究刑事责任。完善监督工作中的自我监督机制，健全内控措施，严肃查处监督工作人员在问题线索清理、处置和案件查办过程中违反政治纪律、组织纪律、廉洁纪律、工作纪律的行为。

第八章

国有企业效率的提高

第一节　国有企业效率的成果

一、相关概念
（一）技术进步

技术不但包括劳动者的劳动技能、劳动工具和劳动对象等生产力的"硬件"要素，还包括管理方法、决策方法等"软件"要素。具体来说，技术是制造和使用各种劳动工具，设计各种工艺方法和程序，正确有效地对待劳动对象和保护资源与环境，对劳动对象进行有目的的加工改造，使之具有人们生产和生活所需要的使用价值的一种手段。

根据技术的定义可知，技术不是孤立的，是介于人与自然之间，而又将人与自然联系起来的中介。从最原始的意义上看，人作为自然人只能是他的体力，自然作为客观存在仅提供各种生产与生活的可能。人通过对自然的认识，运用自己的能动性，利用自然（包括人类自身的躯干和体能）来改造自然是一个能动的过程，既不能脱离自然，又要超越自然，实现这一过程的中介就是技术。从进化的意义上看，随着改造自然的主体——人的不断进化，其能动性不仅体现在体力上，更体现在逐渐积累、不断增加的经验和学识上；而作为被改造的对象——自然在被改造的过程中也不断被赋予新的人为的特征。这一过程的中介就不仅包括了改造自然的方法，而且包括了由于这一方法的使用，人和自然所表现出的新的特征。因此，技术是一切人类改造自然的知识的总和。

既然技术是一类知识的总和，那么技术进步就是此类知识的积累和扩展。积累是从纵向的时间序列上而言的，而扩展则是横向上即特定的时间空间内，一种技术从某一特定厂商而溢出到整个社会的过程。横向上的扩展意味着技术的演进由量变到质变的过程，即当一种技术的运用达到一种量的积累的时候，则会发生质的突变；而从纵向上看，技术沿时间序列的积累也是一种渐进性的演进的过程，为技术发生突变积累势能，纵向与横向的结合，则表明了技术进步是一种由渐进性和突变性相结合的过程，渐进为突变积聚力量，突变为渐进创造条件。技术进步的免费成分，主要来自信息的自由流动，迅速可获得的出版物等，同时涉及部门、技术和企业间的非贸易相关性。这种非贸易相关性表现为技术外在性的结构性组合，其构成了一个国家或地区内企业、产业群的集体资产。另外技术进步也具有非公共性。尽管新知识被所有利用此知识的特定技术运营的经济机构共享，但这些机构具有不同的能力和成功程度，因而知识是局部的、专门的。往往在产业层次上技术进步则以被锁定于某种技术的形式进行着；在单个企业层次上，知识也是局部性的，企业以其特有的轨道对内在的技术能力进行积累性开发利用。但是技术进步由于其免费性、公共性表现出报酬递增，又由于其秘密性、专门性、局部性的存在，这种报酬递增的特征是动态的、不可逆的。

技术进步的非公共性成为驱动个别企业不断实施技术创新的动力，使得社会技术不断得以革新；而技术进步公共性则使这种个别企业的革新成果不断溢出为整个社会的成果，从而推动经济水平的不断进步。技术进步的这两种特性是经济增长与发展的根本原因。

（二）技术创新驱动

经济的发展分为四个阶段：生产要素驱动阶段、投资驱动阶段、创新驱动阶段和财富驱动阶段，前三个阶段处于经济上升时期，最后一个阶段处于经济衰退时期。从我国经济发展过程来看，中国经过改革发展，经历了依靠高积累、高投资的数量增长的要素驱动阶段和投资驱动阶段，改变了经济落后的局面，取得了举世瞩目的成就。但这种不具备可持续性的增长潜力已接近枯竭，已不得不面对"生产要素报酬递减和稀缺资源瓶颈"这两个问题的严峻挑战，在这种背景下，如何依靠技术进步和提高资源使用效率来实现创新驱动就成为促进中国经济增长的关键。

创新驱动的实质是技术创新，而技术创新的源头，一是来自科学研究产生的原创性技术成果；二是对已有技术的吸收、改进并进行创新的渐进式技术演进。对于企业来说，创新驱动可以具体化为利用科学、技术、知识、管理手段、组织制度、企业模式等创新要素对资源投入、资本、劳动力等已有要素进行重组，创造出新产品、新工艺、新流程，提高要素的使用效率，获得较高的投资回报。所以本研究将创新驱动定义为技术创新，强调由技术进步来引领投资和要素的投入，促进有限的投入资源和无限的技术进步之间密切结合，提升企业产出效率。

技术创新是人类活动的一种新的活动领域，是现代科学技术转化为现实生产力的主要形式，同技术进步不同，技术创新更加关注的是经济层面的意义，可以从两个方面来看技术创新活动：一方面，从技术上看，是把理论形态或信息形态的科技成果转变为现实中具体的产品；另一方面，从经济上看，是运用新技术或改进原有技术来进行生产并开拓市场取得高额风险垄断利润或社会效益。可见，技术创新活动对知识、技术、市场营销能力以及对创新活动发生影响的各种环境，诸如经济环境、文化环境，各种政策、制度等有较高的要求，技术创新活动的实现，必须考察、权衡与之有关的各方面的条件，因此技术创新活动要坚持"有所为，有所不为"的原则。从以上分析可以看出，技术进步是不可逆的进程，而技术创新是选择性的过程，二者具有密切的联系。在技术进步的前提下，技术创新活动所需的各方面的条件不断完备，使创新得以实现，创新的实现又推动技术不断进步，从而达到提高生产力发展水平、提高经济效益的目的，所以说技术进步是推动企业技术创新的源泉和动力。

二、国有企业效率提升研究成果

国有企业效率提升的路径可分为两个层级，第一层级表现为资本、劳动、自然资源等投入要素使用效率的提升，即投入产出比例的改善。第二层级表现为技术的进步推动的单一或组合要素产出效率的变化和制度的变迁引起的资源配置情况的帕累托改进，而且各个层级密切联系，第二层级的变化依赖第一层级为基础发挥作用，而第一层级又反作用于第二层级的改进。

三、企业技术创新研究成果

企业技术创新的演进是特定知识积累和扩展的过程。技术创新是推动国有企业效率提升的关键动力来源，其中破坏性创新活动可以通过新建或生成高效率生产部门提升企业竞争力，而渐进式技术创新则通过淘汰低效部门、推动高效部门升级改造来促进传统国有经济部门的效率优化，为我国制定相应的国有企业创新激励政策提供政策依据。

第二节　技术创新理论基础

技术创新驱动对国有企业效率的提升的促进作用越发明显和清晰，这些研究在为后续的研究提供了新的思路和方向的同时，也不断充实了现代创新理论的成果体系，成为后人研究的基石。

一、技术创新的影响因素

政治经济学对技术创新因素的分析是来源于生产力理论的，是从人类生产动机的角度展开研究的。在生产力理论中，劳动力是人类征服自然和改造自然使其适应社会需要的客观物质力量，而生产的目的基本层次是为了满足人们生产、生活的物质资料需要，高级层次是为了人类社会的持续发展，这与西方经济理论有着相同的逻辑和轨迹，经济增长的目的也是一致的，因此决定生产力的因素就是决定经济增长的因素。劳动生产力是由多种情况决定的，其中包括工人的平均熟练程度、科学的发展水平和它在工艺上应用的程度、生产过程的社会结合、生产资料的规模和效能以及自然条件等，特别是科学技术知识的作用，随着社会的进步，越来越具有重要的地位。涉及的主要因素就是自然资源、劳动者的效率、企业组织形式、规模经济和技术进步。

（一）自然资源

自然资源即自然条件。自然条件可以归结为人本身的自然和人周围的自然。外界自然条件在经济上可以分为两大类：生活资料的自然富源，例如土地的肥沃程度、水域的丰富渔产等；劳动资料的自然富源，如河流、森林、金属、煤炭等。

（二）劳动者的效率

劳动分为简单劳动和复杂劳动。简单劳动是指不需经过专门训练和培养,一般劳动者都能胜任的劳动;复杂劳动则是指需要经过专门的训练和培养,具有一定的文化知识和技能的劳动者才能从事的劳动。在同样的时间里,复杂劳动创造的价值量等于倍加或自乘的简单劳动创造的价值量。

(三)企业组织形式

企业组织形式是一种制度的体现,是指企业财产及其社会化大生产的组织状态,它表明一个企业的财产构成、内部分工协作与外部社会经济联系的方式。

(四)规模经济

规模经济是指通过资本积累使生产资料的规模不断扩大,即不断地把剩余价值转化为资本以扩大剩余价值的生产,这是资本主义生产方式的内在规律。

(五)技术进步

技术进步,包括设备的先进程度、劳动力素质的提高、工艺及生产的组织和管理形式的改进带来的生产效率的提高。

劳动生产力的提高,在这里一般是指劳动过程的这样一种变化,这种变化能缩短生产某种商品的社会必需的劳动时间,从而使较小量的劳动获得生产较大量使用价值的能力,在固定资本中,劳动的社会生产力表现为资本固有的属性;它既包括科学的力量,又包括生产过程中社会力量的结合。劳动的社会生产力不费资本分文,劳动的社会生产力好像是资本天然具有的生产力,是资本内在的生产力;劳动生产力是随着科学和技术的不断进步而不断发展的,在正常的积累进程中形成的追加资本,主要是充当利用新发明和新发现的手段,总之,是充当利用工业改良的手段。但是,随着时间的推移,旧资本总有一天也要从头到尾更新,要脱皮,并且同样会以技术上更加完善的形式再生产出来,科学的发生和发展一开始就由生产决定,社会上一旦有技术需要,则这种需要就会比十所大学更能把科学推向前进。社会生产和需求对科学技术的产生和发展具有积极的促进作用。由此可见,技术进步是对技术进步存在形式多样性的认可,既可以是机器设备的效率,也可以是技术改良对劳动力的节约,又或者是管理方面效率的提高；是对资本与技术进步结合的必然性的肯定，新的固定资本中内涵了技术进步，效率优于旧资本的效率，而旧资本会通过更新改造来提高效率；是指劳动效率会随设备技术水平的提高而提高。马克思认为科技进步与经济发展之间是相互依赖、相互促进，作用与反作用的关系，即科学技术是社会经济发展的基本动力；反过来，社会经济又决定着科学技术的产生和发展。

二、技术创新与企业生产方式转变

对于生产方式来说，可分为粗放型和集约型，前者是指产出水平的提高主要依靠大量低效率的要素投入。相反集约型增长方式则主要依靠要素内在质量的提高和利用程度的提高，是以提高经济增长质量和经济效益为核心的增长。将扩大再生产的方式分为外延式和内涵式，外延式的扩大再生产是通过增加生产要素的数量而实现的扩大再生产，是指在生产技术、工艺水平、生产流程都不变的情况下，仅仅是靠增加工具、设备、劳动力等生产要素而形成的扩大再生产。内涵式的扩大再生产是通过提高生产要素的使用效率而实现的扩大再生产，就是在厂房、机器设备和劳动力等生产要素数量不增加的情况下，主要是通过技术创新、加强管理、提高生产要素的质量等方法，使生产规模不断扩大的再生产。这两种扩大再生产的方式并不是割裂的、对立的，它们往往是结合在一起的。比如采用外延式的扩大再生产时，随着进行新的投资而增加机器、设备等生产要素的数量和规模时，往往伴随着生产要素质量的提高；在采用内涵式的扩大再生产而进行技术改进或更新机器设备时，同样需要增加新的投资，并或多或少伴随着数量规模的扩大。

对于这两种分类方式，是从不同的角度划分的，就内涵式扩大再生产和集约式经济增长方式来说，两者的内涵和影响因素是不能简单等同的；但是，如果我们基于经济增长的角度，两者的联系却十分明显，它们都是以科技进步为前提，尽量增大科技投入，集约型经济增长在扩大再生产方式上必定是内涵性的，没有内涵扩大再生产也就没有集约型经济增长。而且，从剩余价值角度进行考察，也能明确两者的联系。实现剩余价值的生产分为两种，绝对剩余价值的生产和相对剩余价值的生产。绝对剩余价值生产是通过延长劳动者的工作时间和增加相应生产资料的投入来实现的产出的增加，相对剩余价值的生产带来的产出增加是提高社会劳动生产率的结果。社会劳动生产率的提高又是无数资本家追逐超额剩余价值的结果。资本家对超额剩余价值的追逐，迫使其采用新科技，改善经营管理，提高劳动生产率，扩大生产的使用价值量。从这点上来看，相对剩余价值的生产是以提高劳动生产率为前提的，是带有集约性质的经济增长。

总的来说，技术创新的思想主要体现为：技术创新的要素包括自然资源、劳动者的效率、企业组织形式、规模经济和技术进步。而其中更加重视技术进步的作用；技术进步的形式是多样的，技术进步与要素的结合是促进企业效率提升的重要途径。

三、古典技术创新理论

在西方早期古典经济学的研究中，经济学家是将经济增长作为核心来进行研究的，研究把如何增加国民财富作为经济增长的目的，充满对重商主义思想的扬弃。经济增长质量的思想体现为三个方面：第一，系统分析了促进国民财富的增加因素。劳动生产力上的最大的增进，以及运用劳动时所表现的更大的熟练、技巧和判断力，看起来都是分工的结果。指出了对于国民财富的增长问题，决定国民财富增长的主要因素是专业分工和劳动数量，通过分工可以提高劳动的生产率，通过增加劳动投入的数量会扩大生产的规模，如果国民收入中用于生产劳动的比例越大，劳动生产率越高，则国民收入的增长就越快。第二，探讨了尽快达到经济增长的途径。在把劳动作为最重要的生产要素的前提下，增加生产性劳动完全取决于把这种劳动推动起来的资本的增加，因此，资本积累成为决定财富生产关键的因素，肯定了资本的积累对生产规模扩大的作用；同时，在投入要素不变时，技术进步引起的资源合理配置，也能提高劳动生产率。第三，对外贸易对经济增长质量的影响。基本内容包括：对外贸易有利于国际分工的发展并提高劳动生产率；对外贸易的扩大将鼓励人们以增加产量来实现其价值；对外贸易能够增进消费者的利益，提升增长的质量。经济增长质量的思想是局限于以经济的数量扩张为核心的,虽然考虑了消费者福利的改善,但仍是以物质消费水平提高为基础,未涉及社会结构、资源约束等方面的问题。

也有经济学家从收入分配的角度对技术创新效率进行研究,考虑了资源的约束问题,当土地资源给定,不断增加劳动要素的供给将会使劳动的边际产量出现递减的现象,这种要素的边际报酬递减规律也会使资本的边际利润率不断下降,最终导致经济增长的停滞;从人口增长的角度展开研究,有"两个级数"的理论:人口增长是按照几何级数增长的,而土地的产出,粮食的生产是按照算术级数增长的,人口的增长率与人均收入增长率之间存在着一种均衡,多增加的人口总是要以某种方式被消灭掉,所以人口再生产要与产出的增长实现匹配。

由此可见,虽然古典经济学中对于技术创新的分析基于不同的角度和框架,但其共同之处在于都是把企业产出的数量问题当作研究的主要内容,把规模的扩张当作研究的中心问题,把要素的投入作为效率提升的决定因素。

四、技术创新理论

同前面的理论不同,技术创新理论更加关注对创新内涵的定义及创新对于经济增长作用的研究。具体来说,创新的定义包括了五个方面的内容。

一是创造一种新产品或提供一种产品的新质量,即制造一种消费者还不熟悉的产品,或一种与过去产品有质的区别的新产品;二是采用一种新的生产方式,即采取一种该产业部门从未使用过的方法进行生产;三是开辟一个新市场,既开辟有关国家或某一特定产业部门以前还未进入的市场,不管该市场以前是否已经存在;四是取得或控制原材料或半成品的一种新的供给来源,不管这种来源是否已然存在,还是被首次创造出来;五是采取新的企业行业组织形式,即凭借新形成的产业组织形式创造一种垄断地位或打破垄断地位。

创新就是要将经济的生产要素进行重新组合从而"建立一种新的生产

函数",而所谓的"经济发展"是不断地实现这种"新组合"的结果。推动这种创新的动力主要来自企业家因引入"新组合"所获得的超额利润,而经济波动也是由于创新过程的非连续性和非均衡性造成的。此理论实际上从创新角度演绎了经济发展的整体过程,从一项新发明构想的产生到研发成功,从新技术的投资增加到新产业的蓬勃兴起与旧产业的衰败,从新的技术投资对经济增长的推动到不同创新时间导致的经济周期的出现,都给了我们许多研究的启示。

五、物化技术进步理论

所有的技术都已包含在物质资本里,没有投资的参与,就没有技术进步。非物化技术进步的一个例子是,一个工程师可对工厂现存机器进行调整,做出新的布局,不用增加投资就能得到更大的产出。要避免不稳定性,关键在于把技术进步和资本产出率联结起来。如果技术进步比资本存量增长得快,则资本的边际生产率会增长,这将导致更多的投资。相反,如果资本投资比技术进步增长得快,资本的边际生产率会下降,这就会使投资的增长速度放慢。

技术进步体现在物质资本上。由于技术进步必须体现在新的设备上,因此中性技术变动看来是不可能发生的,对土地和劳动来说也是这样,技术进步会改变土地的数量或质量,也会改变劳动的数量或质量;没有新的或重新训练过的工人,几乎不能采用新的技术。技术变革可能需要伴以人力资本上的投资。

第三节 创新驱动国有企业效率的提高

一、技术进步的内涵

一般来讲,可将技术进步的内涵分为两部分:硬件部分和软件部分。硬件部分是以机器设备为代表的人类技术的沉淀物,这种技术水平的高低来源于研究和开发部门所产出的新设计、新发明等;软件部分是从教育和研究开发中所获取的人力资本水平的提高,包括劳动者的素质、专业技能、管理技能和管理水平等，它体现了劳动者超出一般劳动的生产和管理的效率水平，这种效率是来源于人力资本的教育和培训。技术进步的硬件和软件部分是密切联系的，它们共同促进了生产率的提高，共同推动经济的增长。这里把技术进步的硬件部分定义为狭义的技术进步，而将硬件和软件部分的综合称之为广义技术进步。技术进步是指能够提高各种生产要素使用效率的一种综合因素，它不仅包括生产设备的更新、生产工艺和方法的完善、劳动者素质的提高、管理制度的改善和管理水平的提高，而且包括采用新的组织结构与管理方法等。

二、企业技术创新的内在机制

所谓"创新"就是把一种从来没有过的关于生产要素和生产条件的新组合引入生产体系。这种创新—新组合—经济发展的逻辑路线内，创新包括以下五种情况：一是采用一种新的产品（也就是消费者还不熟悉的产品）或一种产品的一种新的特性。二是采用一种新的方法，也就是在有关的制造部门中尚未通过经验检定的方法，这种新的方法不需要建立在科学新的发现的基础之上；并且，也可以存在于商业上处理一种产品的新的方式之中。三是开辟一个新的市场，也就是有关国家或某一制造部门以前不曾进入的市场，不管这个市场以前是否存在过。四是取得或控制原材料或半制成品的一种新的供应来源，也不问这种来源是已经存在的，还是第一次创造出来的。五是实现任何一种工业的新的组织，比如造成一种垄断地位，或打破一种垄断地位。显然，在这五个方面中，一、二属于以技术为核心的创新，三、五属于由技术变化引起或者说是适应技术变化而形成的管理创新和组织创新，四则较多地依赖于技术的改变。其中，以技术为核心的创新一、二是创新概念的主要创新内容，是经济发展理论的核心。

五种创新大致可归纳为三类：一是技术创新，包括新产品的开发、老产品的改造、新生产方式的采用、新供给来源地获得以及新原材料的利用；二是市场创新，包括扩大原有市场的份额及开拓新的市场；三是组织创新，包括变革原有组织形式及建立新的经营组织。

（一）技术创新的特征

既有的研究从不同角度对技术创新内涵进行了解读，综合来说，主要体现出以下特征：

1. 技术创新的"破坏性"

技术创新活动是一种"破坏性"创造活动，技术创新包含了不断地从内部进行革新、改造原有的经济结构，即不断破坏旧的，不断创造新的结构。这里的破坏是找到一种新路径、新方法，并不仅仅是在原有的基础上突破的意思，而是对原有基础的颠覆，找到一种新的生产函数和模式。

2. 技术创新的渐进性

在技术创新过程中，每一轮新的创新都是以先前的创新成果为基础的，因此新一轮的创新并不是对原有产品或生产要素组合的彻底否定，而是在已有知识累积、技术累积基础上的一种突破。技术创新的累积性也表明，并不是每一次技术创新都会带来技术上的重大突破，在更多的情况下，企业技术创新的成功往往是渐进的、局部的，甚至是很微小的。

3. 技术创新的效益性

企业进行创新的目的主要是为了获取高额的利润，效益性是企业进行技术创新的动力所在。技术创新是一项高风险、高回报的技术经济活动。任何一项技术创新活动都需要一定的资源投入，并伴有技术风险、市场风险、资金风险、决策风险和管理风险等。但伴随着这种投入与风险，每一次的技术创新成功又总会获得较高的经济效益。技术创新的效益性，不仅表现为企业获取高额的利润，而且还证明了企业存在的社会价值及其对社会经济发展的推动作用。

4. 技术创新的转化性

技术创新是企业家抓住市场潜在的赢利机会，以获取商业利益为目标的过程，这一过程中的重要内容是通过技术创新将企业的人、财、物等投入要素重新配置和组合，生产出满足市场需求产品的活动，也就是如何将技术与其他资源结合进行商品转化的问题。这其中市场既是技术创新的出发点，又是技术创新的归宿，检验企业技术创新成功与否的主要标志是转化的新产品、新技术被市场的接受和实现程度。

5. 技术创新的不确定性

技术创新作为一种具有创造性的活动过程，必然包含许多可变因素以及事先难以估计、不可控制因素。从技术和要素向实际产品的转换也是一种危险的"跳跃"，外部环境和企业内部都可能出现导致技术创新失败的因素。外部环境主要包括技术、市场、资金、财务、政策、法规和竞争对手等的不确定性因素。企业内部主要有技术不成熟或出现了新的更具有优势和竞争力的同类新技术，企业创新资源和创新能力不足、投资决策失误错过了最有利的市场机会，创新成本或生产成本过高而盈利太低或根本无利可图甚至无法收回创新成本等原因。这些也是使技术创新活动充满风险的根本原因，所以技术创新的不确定性特征也可以理解为技术创新的风险性特征。

6. 技术创新的创造性

技术创新活动是企业的一种创造性行为，是企业精神的一种实践。技术发明以及人类科技活动、经济活动中所取得的一切创造性成果，都具有尚未被认识和利用的潜在社会价值和经济价值。技术创新本质上是通过技术的手段使这些潜在价值对象化、物质化而成为直接的、现实性的能够给社会带来一定效益的价值形态。这种转化是一个包括技术因素、经济因素、社会因素和人的因素在内的创造性的综合过程。同时，生产要素和生产条件的新组合意味着一定程度的新颖性或独创性，它既是科学技术原理的物化，也是企业家创新精神及其创造性思维和创造性设想的凝聚。

（二）技术进步与技术创新的联系与区别

技术创新和技术进步是两个既相互联系又相互区别的概念。两者的联系体现在以下四个方面：

1. 技术进步与技术创新有着相同的定义外延

广义的技术进步包括硬件和软件两部分，既包括机器设备等的代表人类技术的沉淀物，也包括劳动者的素质、专业技能、管理技能和管理水平等；这同技术创新的新产品开发、老产品改造，以及与产品开发相关的市场开发、管理能力提升等内容在概念的外延上是一致的，都包含了技术产生、技术推进、技术应用等一系列和技术相关的工作内容。

2.技术创新和技术进步之间存在一定的投入产出关系

技术进步主要是指技术水平的提升以及技术演进的过程，这其中需要各种要素的共同推动使技术能力不断更新换代和提升；而创新是新思想、新方法、新材料等新的创造和发明甚至是首次商业化应用，更加注重的是技术的商业化应用、商业化的效果。从这个意义上说，技术进步是投入，技术创新是产出，技术进步开始于企业外部，相当于外因；技术创新产生于企业内部，强调企业内部利用、吸收技术的能力决定企业的技术水平，相当于内因。技术进步输入企业，企业通过技术创新进行转化，并结合企业其他资源要素共同作用，形成带有技术创新附加值的产品。

3.技术进步与技术创新有相似的演进路线

技术进步可区分为中性技术进步和体现式技术进步，前者表现为新知识、新思想、新工艺、新方法或新要素组合，与技术创新中的"破坏性"内涵一致；后者体现式技术表现为物化在机器设备中的技术水平、技术效率的提升，这与技术创新的渐进式创新有着异曲同工之处。

4.影响技术创新和技术进步的因素存在交叉重叠

大量理论和实证研究已经表明人力资本对技术创新和技术进步都存在影响，这直接导致很多学者在研究影响因素上将技术创新和技术进步混同使用。当只论述技术创新和技术进步的重要性时就不用过分强调二者之间的区别。在日常生活甚至政策文件中，技术创新和技术进步经常成对出现可能基于此项。然而毕竟技术创新和技术进步二者存在内涵和外延的不同，只有在掌握二者联系的基础上分别进行研究，才能更加科学地认识二者在经济增长不同阶段中的作用，才能找准各自的影响因素，才能探索二者不同的实现路径，也最终才能提出有针对性的政策建议。

技术进步与技术创新的区别具体表现为：一是概念的基本内涵有差异。技术进步所陈述的是科学技术目的性的变动，即由低级向高级形态的发展过程。而技术创新含义则有更替，以新形态代替旧形态的意思，包括了新技术的出现和被实际应用。二是描述的侧重点不同。技术进步描述的侧重点在于科学和技术活动的形态，而技术创新描述的是人从具有新的设想、构思到开发出新技术再到应用新技术形成市场利润的市场化的行为。三是描述的活动参与主体存在差异。技术创新活动的主体包括企业家，并且是在企业家的经济行为为指导下开展的。

（三）技术进步与技术创新的对接融合

技术进步和技术创新都是推动经济增长的重要力量，然而从形态上看，两者之间是一种从知识形态转化为物质形态的过程，也就是从潜在的生产力转化为现实生产力的活动，这一转换和融合活动是在企业内部进行的。

首先，从技术的输入角度看，外部环境中的技术进步，是一个突变—发展—再突变—再发展的过程。每一次技术革命的产生都是在以往大量的人类知识积累的基础上的一种突破，这种现象虽然在时间上是短暂的，但它累积的时间却是长期的。虽然技术突破在时机上可能存在着一定的或然性，比如存在辅助性技术发展、社会政治与经济条件还不够成熟等情况，可能推迟突破的时机，但这并不能否认长期的技术积累是技术革命产生的必然路径的事实，因为一旦其他条件达到满足，突变式的技术进步就会产生。所以说，技术进步的演进就是一个从渐变到突变、从数量积累到质量提高的过程。技术演进过程也可以从经济学的角度来分析，如果新发明的产生可以代表一种技术突破的话，它是一种外生的、中性的技术进步，能够作用于生产函数的各个因素，使产出迅速增长。而体现式技术进步则作用在与要素的结合中，是一种技术改进式的渐进过程，通过新要素的投入和更新来逐步完成，也可视为是一种技术积累的过程，中性技术进步的出现需要体现式技术进步在过程中的推动。

其次，从企业角度看，企业要想较好地利用外部环境中技术进步渐进与突破的演进时机，必须将企业自身创新能力与外部技术现状进行良好的转化与对接。第一，体现式技术进步要求的是技术必须与要素相结合，要素是技术体现的中介，也是渐进式创新的载体，离开这个载体，技术无法顺利形成具体的产品投入市场。这里所指的要素的内容不仅包括了生产要素的资本和劳动,还包括了生产要素之间的比例关系、效率水平等。生产要素的传递作用比较好理解,这是因为,在现实中技术的变化往往主要体现于工具、机器设备、劳动力质量等的变化上,如先进工具的使用、自动化程度更高的设备、更适合专业化工作的劳动者等,在使用这些机器、设备、工作方法的过程中,企业必须被动地去学习、适应这种技术的新变化。而且伴随着"干中学"效应的出现,企业自身在熟悉了这种变化后,能动地对新技术进行消化、吸收,进而进行技术的升级、改造,不断形成了企业的渐进式创新能力。同样,对于要素的替代关系和使用效率也是渐进式创新能力的一种表现,资本、劳动和自然资源等生产要素是以一定的比例和具体形式集合参与生产的,而这种比例和形式关系则是由技术决定的。伴随着企业技术创新能力的提升,不仅单个要素的使用效率会发生改变,而且各生产要素之间的比例关系和结合形式也会形成与之相适应的变化,使要素之间更加协调、配合,从而使各要素集成作用的效率不断提高,这都将会大大改善企业产出的效率和效果。第二,中性技术进步往往表现为一种新的专利产品或雏形产品甚至是一种概念性的构思等,是一种基础科学的研究成果,无法直接进行批量化的产品生产。企业在接收到这种技术后,往往要通过专门的部门进行进一步的研究和应用性的转化。这一过程中的具体工作集中于两个方面:一是将理论性抽象的知识转化为具体实践生产目标的新方法;二是将不具有特定的应用目的基础研究转化为解决某个外部目标的具体问题。在整个转化过程中,往往需要企业进行组织、生产、流程等方面的巨大变革和再造,有时甚至是对原有行业地位、生产能力的舍弃,是一种破坏式创新能力的集中体现,这其中企业家的才能和决断则至关重要,通过这种创新活动,企业将获得的是原创的自主技术和先进的产品。

最后,从输出角度来看,技术创新成功的关键在于市场的认可,这是从商品到资本的一次"危险"跳跃,完成这次跳跃,企业获得的是市场对于企业效率提升的物质回报,表现为较高的市场占有率、丰厚的产品利润或一定的技术垄断等。

三、国有企业技术创新提升路径

（一）国有企业内部提升路径

传统理论中对于国有企业效率提升路径多是从产权角度展开分析。根据前面章节的分析可知，企业市场绩效的改善也可以从企业创新能力的角度来研究，这样一方面减少了改革中关于企业性质的争论；另一方面，能够更好地将国企改革问题聚焦到企业技术创新效率的提升上，所以在研究国有企业改革时，不仅要关注改革的方向问题，还要关注效率的提升问题，因为效率才是判别改革成效的重要指标。

国企效率的提升分为两个层次：第一层次表现为资本、劳动、自然资源等投入要素投入产出比例的提升，第二层次表现为技术的进步推动单一或组合要素产出效率的变化和制度的变迁引起的资源配置情况的改进。第二层次的变化以第一层次为基础并发挥作用，而第一层次反作用于第二层次的改进。

国有企业内部技术创新活动开始于外部技术进步向企业内部输入的过程，也就是研发投入的活动，不同类型的技术进步对于技术创新的影响是不一致的，这就要求企业成立相应的技术部门与其对接。对于包含在机器设备中的体现式技术进步，与其对应的渐进式创新多是由企业内部技术改造或技术攻关小组完成，其活动的内容主要是对原有产品功能的强化或扩展、原有产品成本的降低以及原有生产工艺的改良等，也就是说在不产生新的产品部门的基础上对于原有产品的完善活动。而中性技术创新往往需要企业设立专门的技术研发部门来完成，其研发活动目的在于创造出市场上未出现过的、企业未生产过的新产品，这种创新产品往往没有替代品，如果投入市场经过消费者的认可，可能给企业带来巨大的竞争优势，并极有可能形成新的产业。

所以在国有企业内部技术效率提升分为两个部门进行，即新产品部门和原有产品部门。对于新产品部门来说，由于缺乏同类产品的竞争，效率水平提升途径较为简单：一是新的技术创新可以刺激和创造新的需求，同时新的机器设备和劳动对象会大量出现，导致企业生产过程中的供需结构、中间投入结构发生变化，带动企业原有的组织结构调整，并使之适应新的技术创新要求，产生更高效的生产方式。二是破坏式创新开发出的新产品，因为市场中缺乏替代品，所以能够增强企业的核心竞争力；同时，沿着这种技术线路进行相关产品或系列产品的开发，可迅速提高市场占有率，形成企业自身的主导产业。

对于企业原有产品部门来说，其效率提升是一个渐进和取舍的过程。一是技术创新的改善将会更新和完善原有的生产工艺和产业技术，促使其具有更高的生产效率，提高相关产业的产品质量。二是技术创新使生产过程中的专业化程度不断提高，大规模生产成为可能，这必然会引起企业系统发生结构性调整。三是技术创新提高了劳动者的素质，为企业效率的提高提供了高素质的劳动力，这种智力结构、劳动力结构的变化，对企业原生产部门结构的调整也产生了重要作用。由此可见，在渐进式技术创新的推动下，首先要识别出原有各个部门的创新效率，可以构建企业部门间的创新效率前沿面，以此判断部门效率的高低。在此基础上，保留前沿面上的效率部门，并不断进行技术改造。对于低效率部门，采取措施进行技术升级开发；对于无开发价值的产品部门，必须进行淘汰，通过要素转移平台将淘汰部门的要素资源进行合理整合，重新作为投入要素投入到企业研发活动中来。

（二）国有企业外部环境结构

从外部环境来看，国企技术创新效率提升的实质是技术进步推动生产要素（资源）在产业之间的流动和重新配置的过程，技术进步促进产业结构调整的机理也是通过生产要素在不同产业之间的流动和不同产业部门间的内在关联性来实现的。具体来讲：一是对于产出需求弹性较大的产业，由技术进步带来的新产业往往会通过创造新的市场需求而吸引生产要素的流入。这是因为新产业部门的产出刚刚被引入到市场，其价格对成本的反应以及需求对价格的反应都比较敏感（需求弹性较小），从而提高产出的数量将有可能获得较高的收益。因此，当该产业取得高于全产业平均水平的收益时，社会生产要素就会从其他产业纷纷流入该产业，从而引起新兴产业的兴起。二是对于产出需求弹性较小的产业，由于技术进步带来的新产出往往会通过需求的相对缩小而引起生产要素的流出。这是因为对于产出需求弹性较小的产业，其产出一般已进入成熟阶段，需求对价格的反应已不再敏感（需求弹性较大），技术进步在这些产业带来产出大幅度增加的结果，往往更多的是动态地缩小了价格和成本之间的差额，从而引起收益的减少，进一步导致产业内生产要素的流出，从而引起落后产业的被淘汰。三是技术进步会通过产业间的前向关联（波及）和后向关联（波及）拉动其他行业的劳动生产率的提高，从而达到产业结构调整的目的。对于前向关联和后向关联在这里解释一下。举例来说，假如生产部门X生产所应用的技术体系是靠生产部门Y提供原材料的，当生产部门Y的技术体系发生变化（如采用新技术或新工艺），使其所提供的原材料的性能、种类等发生了大的变化，在这种情况下，就会使生产部门X，即接受原材料的部门的生产技术体系发生相应的改变。由于接受了性能更好、价格更低的原材料，生产部门X就可能用更先进的技术生产出更多、更好的产品供应社会，并使其在整个国民经济中所占的比例提高，这就是前向关联。同样的，后向关联指某一生产部门的生产技术体系由于技术创新而发生变化，反向需求其原材料的供应部门也发生相应的生产技术体系的变化，从而使所供应的原材料的性能、品种适应生产的要求。当一个产业部门由于技术进步而导致应用技术体系发生变化时，这种作用就会通过产业部门之间的关联影响到为它提供原材料的部门（后向关联），引起原材料供给部门的生产技术体系发生变化，可以看出，技术进步通过产业间的关联作用，引起整个产业结构的调整。

所以对于外部环境结构来说，如何提高技术进步发展水平才是提升创新绩效的关键问题。如前分析可知，不同类型的技术进步，社会技术水平提升的作用是不同的，其中具有基础科学性质的中性技术进步对经济增长的促进作用更为突出，它的持续时间之长，产生影响之大，远超过单独机器设备上的技术更新，使其具有划时代的意义。而体现式技术进步的作用更像是一种"润物细无声"的技术渗透的过程，通过逐步提升整个社会产出效率，不断推进技术的发展和社会的进步。技术进步演进过程中的学科选择要求决策者在进行科学技术投入时，不仅要关注对应用学科的投入，更要重视对基础学科的投入，只有这样，才是整个社会技术水平提高的保证。同时，决策者要有意识地通过政策设计的方式建立促进技术进步演进的制度体系，在推动技术不断发展时起到事半功倍的效果。具体做法是：在制度层面以政府、企业、科研机构和要素平台为主体，构建新型国企创新驱动的基础制度环境，逐步形成区域互联、面向全国的开放性创新网络。在基础性、技术性的创新基础上，引导风险资本及市场力量进入创新网络。在服务创新层面上要做好体制与机制创新、技术创新突破、金融市场对接、教育人才推动、政策配套支持等几方面的重点工作，以保障创新驱动得以顺利实施。

第九章

国有企业产业安全

第一节 国有化的产业安全动因

一、产业安全问题的关注

对于"产业安全"的理解与认识主要来自两个方面：一是来自产业保护与产业发展理论研究学者的认识。德国经济学家从产业保护角度反映了产业安全的重要性。二是来自对国家安全的认识。传统意义上的"国家安全"就是"国家军事安全"，进入20世纪90年代，传统国家安全观念有了拓展，并形成了"非传统安全观"，其含义可表述为：由非政治和非军事因素所引发、直接影响甚至威胁本国和别国乃至地区与全球发展、稳定和安全的跨国性问题以及与此相应的一种新安全观和新的安全研究领域。而在所有"非传统安全"中，国家经济安全被认为是地位日益上升，并有与传统军事安全相提并论之势。国家安全是一个整体性的概念，国家安全具体落实到经济领域，需要分产业层次来实现，针对不同产业实行不同的产业发展或规制政策来实现国家安全。无论是传统安全观还是非传统安全观，产业安全是国家安全的重要经济基础。

二、产业安全的国有化分类

从不同安全功能的需要出发，对产业安全进行进一步的定义与分类。产业安全是一国为了实现特定的目标，而采取某些政策使国内相关产业保持相当的规模、竞争力以及控制力。其中特定目标体现了一国不同的安全功能的需要，我们将这些特定的目标归纳为四个方面：一是产业的可持续发展需要。避免本国产业在国际竞争中长期处于不利地位。二是军事国防安全需要。军事以及一国的军事影响力仍然是当前解决国际政治、经济摩擦难以摒弃的方式，而军事安全离不开军工国防产业。三是经济安全需要。整体经济的基础性产业的影响与控制能力（如能源产业、矿业等），可能对整体经济带来剧烈冲击的高风险产业（如银行业）。四是社会安全的需要。随着社会的发展，社会安全问题日益受到关注，如生产安全、信息安全、食品安全等，其也将相关产业安全问题纳入考察范围之内。从这四个方面而言，前两个方面主要是基于国际间竞争关系的考察，而后两个方面主要关注国内因素。

对于不同的产业，影响产业安全问题的因素与机制是不同的。我们不能笼统、不加区分地判断哪类产业需要通过"国有化"来保障产业安全。为此本章选取了四类产业，这四类产业既代表着不同的产业安全视角，也是国有企业集中分布的产业领域。这四类产业包括：国防产业、石油产业、银行产业与煤炭产业，分别代表着国防安全、经济安全、金融安全与生产安全四类产业安全视角。我们围绕"产业—安全—国有化"的关系进行分析：一是四类产业中国有企业的发展及现况是如何的；二是影响四类产业安全的因素是什么，为什么需要采用"国有化"来实现维护产业安全的目标；三是通过国有企业来实现产业安全目标是否有效及其作用的空间；四是产业安全目标是否一定要由国有企业来维护。通过具体产业的分析，可以使我们对国有企业与国家安全之间关系的认识更进一步，可以帮助回答国有企业在涉及国家安全的产业内存在的合理性，也可以找到国有企业在这些产业领域存在的前提条件和作用空间，为此类产业领域的国有企业改革提供思路。

第二节　国有企业与产业安全

一、国防安全：国防产业的国有化管理模式与变化趋势

（一）国防产业的特质与国有化

国防产业是由各类与武器装备生产相关的企业或行业构成的，系服务于国家军事安全需要的特殊产业。国防产业所涉及的产品可以分为两类：一是军用专业产品，如武器、导弹、大炮等；二是非军专用产品，如飞机制造、车辆制造、造船、电子、信息产业、技术服务等多个领域。生产国防类产品的企业，其产品或技术具有军民两用性质。因此，国防产业并不具有明确的统计意义上的产业分类界限，而是多种产业的集合。上述范围的企业或行业在国防经济学中也可称为"国防产业基础"。

与一般产业相比，国防产业除了与国家军事安全相关外，在产品业务上还表现出以下特性：

1. 产品专用性

国防产业内企业所生产的军工产品是服务于国家安全需要的特定产品，只能政府购买和消费，即便出口国外也都带有很强的政治性，并需要由政府决策。因此，国防产业是一个买方垄断市场，专门用于提供公共产品。

2. 风险特殊性

军工产品生产的规模和结构，直接受到军事和战争需求的影响和制约。一般来讲，国家平时对防务产品的需求规模较小，战时对防务产品的需求规模较大，从而使企业的军品生产缺乏应有的稳定性，甚至面临停产的风险。

3. 技术要求高

军工产品是新技术含量高、技术密集性强的社会产品。在军工产品的技术开发中，不仅需要投入巨额资金和大量的人力、物力，而且面临失败率极高的风险。研究表明，一般研发项目的失败率高达95%，军用研发项目的失败率常常更高。

4. 产业外部效应

国防产业的另一个特殊重要性在于其是国家创新体系最重要的组成部分。在美国、法国、英国，军事研发支出占了政府用于研发投入的绝大部分比例；在许多发展中国家，国防产业被作为技术发展的主导部门。因此，国有企业在国防产业中的占比与国有企业所承担的技术创新功能有关系。国防产业的上述产业特质成为国有化的内在动因。

（二）国防产业民营化是否影响产业安全

对于国防产业，政府该如何管理才能使"国家安全"这一公共产品得到充分保证？根据世界各国国防工业产业的组织现状，大致可以分为两种模式：一是以"国有企业"为主作为研发、生产、供应军工产品的主体，世界大部分国家都曾经采用过此模式；二是以"政府规制—民营生产—政府采购"的模式来保证此类特殊产品的供应，在现代国防产业发展中，越来越多的国家将军工产业民营化。20世纪80年代后掀起的私有化浪潮，同样也延伸到了国防产业领域。但对国防产业领域内的国有企业进行民营化，由于涉及政治、军事、技术机密等问题，其推行的难度要比其他行业高得多。尽管如此，几乎所有国家都不同程度地对该产业进行了民营化。那么，国防产业的民营化是否会影响到国防产业安全？

1. 国防产业的国有化管理模式

国有企业作为公共产品提供的一种制度安排，间接保障了"国家安全"这一公共产品的政府供应。第二次世界大战以后，几乎所有国家的政府都直接控制了大部分军工产业的投资，由公共部门主导国防产业成了一条规则。在这种模式下，政府既是组织者也是实施者和最终用户，政府与国有企业的关系是直属部门或是以所有权为纽带的完全控制关系。政府直接拨款，安排任务进行军工产品的研发和生产，完全承担经营风险和亏损。许多国家还限制私营企业染指军工产品，从而使得隶属于国防部的国有军工企业与市场之间相对隔离，在一个封闭的系统内运作。由于政府对国有企业有完全的控制权，在这种制度下，政府不需要有其他额外政策进行监管，只需要通过公司的内部治理决策程序进行。

2. 国防产业的民营化管理模式

政府只是组织者和最终用户，采用市场经济方式，在研制、生产中要引入竞争机制，统筹全社会民营企业力量，服务于国防工业。风险不是全部集中在政府身上，企业也要承担相应的开发风险。政府和企业彼此进行科技情报和技术转让，互惠互利，成果积极用于军民两方面产品的开发上。高技术首先产生并应用于竞争最为激烈的军事部门，军事科学技术开发，又拉动了各个行业的发展。同时，政府设立国防工业基金用于支持重点军工技术的开发，解决重点军品研制生产中的应急问题。更重要的是作为一种导向，吸引和引导企业投资军方急需军品。但是对从事军工生产的民营企业，对其投资方、产品销售、技术转让等行为进行了严格的限制。

比较上述两种模式，后者作为国防产业基础的民营企业为取得军事订单，其要在追求效率最大化的同时，遵守政府的国防产业规制政策，从而维护国家安全；而在国有化管理模式下，对于国家安全的实现目标已经内化为企业的内部管理制度，因此这种模式不需要有额外的产业规制政策，政府的意志可以通过"所有权"来实现。两种模式各有优劣：前者对于政府而言更容易实施和掌控，尤其对于工业基础薄弱并受国际技术封锁的发展中国家，由政府投资的国有企业直接推动军品科研和生产在短期内更加积极有效，但长期而言容易导致低效率；后者更具效率，并能产生最广泛的外部溢出效应，但对政府的规制能力、民营产业的基础均有较高的要求。

全球国防产业的民营化趋势说明国防产业的国有化与国家安全之间的联系并不是必然、唯一甚至是最优的。国防产业的民营化可以在不降低国家安全的情况下，提高本国军工产品的研发、生产、供应效率。但如同其他产业的国有企业民营化一样，要达到上述目标，并不是简单的民营化操作就能够实现的。另外，对于重点国防产业领域的民营化仍然要十分谨慎。

3.国防产业民营化的安全影响

20世纪80年代后掀起的私有化浪潮，同样也延伸到了国防产业领域，几乎所有国家都不同程度地对国防产业进行了民营化。在国防产业民营化成为普遍现象时，必然带来"私有化与国家安全"之间的利益冲突现象。公共所有权与私有化之间的主要区别在于政府对企业活动干预的交易成本，如果一项任务是复杂且不可预测的，那么私有化后政府干预的成本就会提高。国防产业即属于这种类型，其需要对发生的事件做出及时的反应与调整，而一旦私有化，政府对国防企业的干预与调动效率就会降低，如果再次国有化，其成本也会很高。在这种情形下，选择国有企业的形式可能是一个比较好的选择。

国防产业的特质决定了采取国有企业制度的合理性，几乎世界所有国家都曾采用或目前仍广泛采用国有企业的组织模式，但国防产业领域的国有企业并不都是成功的。国防产业领域的国有企业组织模式具有安全战略实现的可控性，但效率不及民营化组织模式。从长期来看，国防产业的生产与创新效率需要通过国防产业的民营化来提高，国防产业的安全规制也需要国防产业民营化来完善；但是对于核心的国防产业领域与环节，仍需要采用国有企业的形式保证政府对产业干预的直接性，以防止私有化后的不确定性与不可控性。

二、金融安全：银行产业国有化的效果与适用条件

政府在金融部门中充当着多种角色：金融部门的监管者、金融机构的所有者、市场的参与者、养老基金的托管机构和市场运行的直接干预者（如货币政策）。在众多政府干预或控制金融产业的原因中，最突出的是对金融安全的考虑。金融体系是整个经济运行的核心，由于金融机构中特殊的经营高杠杆性、信息不对称性、风险传染性，通过国有化来实现金融安全成为政府管理金融产业的一种选择。近年来随着经济危机的起伏，基于金融安全考虑保留或采取银行产业国有化的情形越来越多，出现这种情形已经不是简单的政府为控制资源分配，而是在当时市场情形下最后的可选择措施。

银行产业的国有化由来已久，并在当今世界各国仍然盛行或阶段性采用。下面我们来分析银行产业国有化与金融安全之间的关系。

（一）银行产业的特殊性与国有化

银行产业的业务与风险具有一定的公共性，相比较其他产业而言，银行治理需要更多公共治理的介入，而国有化是银行公共治理的一种手段或表现形式。

1. 银行产业具有货币发行功能

在货币体系中，中央银行与商业银行都是货币发行与创造的主体。中央银行发行基础货币，商业银行通过派生存款创造存款货币，在理论研究中也被称为内生货币的创造过程。"货币"在其流通范围内，具有公共产品的特征，它的统一发行具有规模经济，甚至自然垄断性，货币供求的稳定性对于经济运行有着明显的外部性。因此，各国的中央银行毫无疑问在全球范围内都受政府直接管理或政府具有决定性影响作用；而对于商业银行，政府则通过严格的规制措施（如准备金率要求、核心资本率、存款保

险制度），或者直接参股或控股来实现干预，以保证银行体系货币流通的正常化。

2. 银行产业具有脆弱性

银行等金融机构在财务上具有很强的"杠杆效应"，即有更低的权益资本比率和银行现金资产比率，导致银行承受损失和债务清偿的能力也要比非金融企业弱。银行业务是以信用为基础，而银行资产多配置于不透明、非流动性的领域，这加剧了存款人与银行之间信息不对称的程度，一旦遇到外部因素冲击，便会出现"银行挤兑"，银行被迫抛售其非流动性资产以应付顾客的兑现需要，这种抛售所造成的损失常常使银行陷入资不抵债的境地。

3. 银行产业易引发经济系统性风险

银行倒闭还具有"多米诺骨牌效应"，一家大银行的倒闭可能会冲击整个金融体系，影响企业的投融资和居民消费，最终损害国民经济的增长，因此银行倒闭所引起的社会成本要大于银行自身的成本。银行从自身成本和收益的角度所确定的"最优安全水平"会低于整个社会所要求的"最优水平"。

4. 银行的商业化公司治理问题

银行的商业化公司治理会刺激银行高管在任职期间冒高风险，获取高薪酬；而风险在积累与扩大后，留给了社会与国家，造成企业道德风险的社会化。因此，银行业的纯商业化公司治理模式必然存在难以克服的问题。银行业比其他行业更加不透明，这加剧了代理问题，内部投资者与外部投资者之间存在较严重的信息不对称，所以股东和债务人很难监测经理层和采用激励合同，而经理层和大额投资者就更容易借机获得个人利益，而不是使公司价值最大化。国有化治理在某些情况下，可以起到约束银行风险、限制银行高管薪酬、防范市场道德风险的作用。

从理论上说，政府的管理要最大限度地扩大社会福利、限制负面的外部性、管理垄断权力、直接禁止管理者采取对社会不利的任何行动。当法律制度不能有效阻止经理人员采取对社会不利的措施时，政府倾向于使用监管手段而不是法律制裁。对于银行产业的管理即属于这种情况。如果用法律制裁的方式在事后处理银行倒闭，其对整个经济与社会的成本代价将是高昂的。因此，如果事后使用法律惩罚无效的话，在事前实行监管可能是一个最理想的方法。"国有化"对于银行产业而言，在特定情况下，就金融安全问题在事前与事后都可以起到一定作用。在事前，国有化是一种可以选择的事前监管机制，如果一国没有建立起外部监管制度，国有银行就是提供"货币"公共产品的部门；在事后，国有化是阻止银行倒闭风险进一步扩散的最后防线。

（二）银行国有化与金融稳定性

1. 国有银行体制与金融稳定性

在20世纪80年代以前，对银行实行国有化的原因，主要是从"发展"的角度，推动经济增长的需要。但是，因此而形成的国有银行体系是否也有助于金融与经济的稳定，目前似乎还没有一致的答案。持反对意见一方的研究认为，无论是在发达国家还是新兴市场，金融机构的公有制或国家控制程度的高低与银行危机有极强的相关性；在不考虑其他因素影响的情况下，国有股权与银行体系的脆弱性有着显著的联系。但是，虽然银行业内政府所有权的比例越高，其金融发展与经济增长越慢，金融体系的效率越低，但与导致银行脆弱与银行危机概率的相关关系仍然是非常模糊的，如果控制了规制与监管的变量，政府所有权与银行危机发生的可能性、银行业的发展与绩效水平并没有显著的相关性。

2. 银行国有化

为保障金融安全而对银行实行国有化通常发生在银行危机或是金融危机以后。危机后，银行业与经济发展得到了迅速恢复，并且通过部分国有股减持，政府投资按照市价计算还可以实现一定收益。危机后银行业的国有化与建立起更加审慎、严格的金融监管措施，稳定了银行体系。

3. 国有银行"安全性"的适用情形

国有银行在效率、运营绩效等方面不具有优势，但西方发达国家一再爆发银行业危机，也不能说明私有制度下的银行体系是完全无虞的，银行的国有化与私有化制度各有利弊。到目前为止，我们还难以找到关于国有银行与私有银行利弊一致的认识，对于公共部门参与金融业的程度还没有一个统一的模式，但在任何时候，参与的程度都取决于金融发展阶段、监管机构的质量与文化传统。在现代市场经济体系中，由于银行体系的特殊性，国有银行制度对于金融体系的稳定与安全，具有存在的价值与空间，我们可以归纳为四种情形。

第一种情形：弥补私有银行业发展的不足。一种情况是，由于私营经济资金的短缺，无法建立一个有效的国内金融机构，公有制存在就成为必要。在这种情况下，政府可以为大多数民众提供资金。另一种情况下，私营资本可以利用，但数量之少根本不能满足那些与金融机构合作的商业部门的资金需要，此时，金融机构的公共所有权是合理的。只要提供合理的激励，国有银行可以在储蓄流动或者危机期间的消费继续方面发挥重要作用。

第二种情形：国有化是政府规制监管银行业的途径。政府在没有建立起良好的银行业规制与监管体系时，国有银行是集所有权、经营权、规制监管权于一体的组织模式，是政府规制与监管银行最直接的途径。银行业的规制与监管，与银行业的国有化程度有着密切的关系。国有银行体制一般与更严格的银行业务管制、银行业的准入限制、外国贷款的禁止等情形并存，同时也与政府对私有银行的监管能力呈负向关系。这说明国有化是政府替代外部规制的方式，通过"政府所有权"来部分实现对银行业管制。政府维持国有银行的组织模式，一方面是政府缺乏对私有银行进行有效外部规制的能力与信心；另一方面是在外部因素的影响下（如意识形态因素、利益集团因素），利用银行业的管制政策，限制民营银行准入，维持国有银行体制。在外部规制不完善时，国有银行应该发挥作用，但是国有银行不能长期取代外部监管制度，长期低效率的国有银行垄断体制最终也会影响金融安全。

第三种情形：国有化是应对金融危机的阶段性政策手段。国有化已经成为政府应对银行业危机的一种有效途径。当银行业处于困境或受到外部冲击后，一般会转化为银行危机，发生银行挤兑现象，形成系统性问题。政府首先要恢复信心，抑制挤兑。政府可以采取的措施有：由中央银行向金融机构提供流动性支持，对部分债权人与存款人提供担保，关闭问题银行实行存款冻结，最后由政府接管或重组。政府接管重组问题银行或以股权方式对银行进行注资提供流动性，政府不可避免地成为银行业的股东，在问题银行恢复正常经营之前，政府需要行使股东的职权。

第四种情形：国有银行成为金融体系长期性的制度安排。由于银行业的特殊性，国有银行可以成为金融体系长期性的制度安排。只要国有银行真正地追求发展与社会理性，而不是一味地追求利润最大化，便可以发挥"稳定效应"；国有银行在金融危机时期的稳定功能是民营银行所不具备的，但是国有银行要达到这一目标必须明确国有银行的定位与任务、清晰的补贴科目和持续的评估以及良好的治理结构。国有银行成为长期性的制度并不意味着银行体系的整体国有化或国有主导，而是要放开对本国民营资本的准入限制，允许民营银行的发展，而国有银行只是整个银行体系中的一个组成部分，并平等地接受外部规制与监管。

从长期性而言，一个有效的外部规制监管制度，要比银行体系产权类型更为重要。在比较了发展中国家与发达国家国有银行的差异性，发现发展中国家国有银行在利润率、不良资产等指标方面都明显差于当地的私有银行，而发达国家由于拥有良好的规制监管制度，其国有银行与私有银行在业绩与风险方面没有明显的差别。政府在三个不同领域发挥作用：政府及其政府官僚、国有金融机构、政府任命的监管机构，这三者应该在制度上和职能上独立分开。政府参与私营部门（例如通过监管和拥有所有权）应以公开的方式进行，并且要以一视同仁的明确规定为基础。一个有效监管规制制度，还要求监管机构相对于政府的独立性，但政府同时又拥有否决权，可以从国家利益层面对监管机构做出指示。

三、经济安全：自然资源租金分配与石油产业国有化

"能源"在任何一个经济体都被视作是"制高点"和政治问题。对于世界上的大多数国家而言，如果立法与管制不足以保证石油产业的安全，

国有化就成为国家直接介入干预的选择。当前，全球石油产业格局一直存在着以国家全资或部分控股的国家石油公司，与完全为私人所有或股份由私人实体掌握的国际石油公司两大阵营体系，而且20世纪70年代以来，国家石油公司开始占据市场主导地位。石油产业在经济中具有产业关联的广泛性与基础性，是影响经济运行与财富分配的关键变量，并成为国家之间政治军事的权衡筹码。

（一）石油产业的特殊性

第一，在现代工业体系中，石油产业不仅是能源的重要来源，也是最为重要的基础产业部门，成为工业、交通、农业等各个生产部门的基础供应部门。石油产业是宏观经济价格与经济波动的源头，石油价格是全社会价格的基础，石油价格的上涨会导致一个国家的工业成本增加，进而导致一系列相关产品价格上升；在国内形成强烈的通胀压力，人们的生活水平下降，总体上影响经济的稳定。在全球经济波动中，石油价格的冲击成为经济萧条甚至衰退的源头。

第二，自然资源租金的"分配"。石油产业是一个典型的拥有巨大"经济租金"的产业，因为石油价格一般都远高于其开采的要素投入成本，可以获得远高于正常"经济利润"的收益。因此，如何议价分配这部分超额的"经济租金"，在历史上就形成了政府与国家石油公司或外国石油公司之间的相对权力地位周期性变化的决定机制。政治家往往将石油租金再分配给在这些国家政治体制中占据优势地位的政治团体。而在一个行政管理能力弱、产权模糊、缺少公正司法体制的情况下，会出现再分配更大的损失效率。

第三，由于石油产业的重要性，使其成为各国政治交往，甚至军事冲突的焦点。在很多人看来，一个拥有外交支持的石油公司，更容易避免在现有合同框架体系内出局的可能，一个政府拥有或参股的石油公司，有时更容易与产油国家的政府打交道。

第四，石油产业的全球性。石油产业是最全球化的产业，由于石油资源分布与石油消费的地理差异，在全球石油产业体系中主要分为石油出口国与石油消费国两类典型国家。石油产业是资本密集型的产业，其产业集中度很高，全球石油产业主要由几十家石油企业主导。石油上、中、下游产业与企业之间的分工合作，已经上升为国家与国家之间的战略合作内容。

（二）石油产业国有化的影响

1. 产业组织结构

国家石油公司从原油开采向炼化、销售延伸，实施纵向一体化战略，压缩了国际石油公司的发展空间。当前的石油产业，已经形成了由国家石油公司主导下的纵向一体化发展格局。

2. 企业效率

随着国家石油公司的普遍化，学者对石油公司的经营效率日加关注，担心石油公司由于缺少竞争而导致发展的"惰性"，并过于追求自己的目标，而忘了存在的真正目的。到21世纪以后，石油消费进入高峰，国家石油公司的储量以扩增效率成为影响供应安全与地缘政治的重要因素，国家石油公司的透明度、治理与效率问题再次受到关注。

3. 国际关系

石油产业的国有化，使得石油产业由简单的以企业利润最大化目标为主的产品市场供求关系发生了改变，石油的市场供求关系逐渐成为国际关系的重要内容。由于石油在经济运行中仍具有重要的战略安全意义，国与国之间的石油供应保障机制，已经不是依赖于完全市场化的竞争机制就能解决的，石油产业的合作开发与发展已经成为国家政府合作的重要组成部分，具有政府背景的国家石油公司在相当长的时间内将仍居于主要地位。石油产业国有化在国际关系领域的重大影响是其成为一种"石油武器"，石油出口国可以以此来影响石油消费国的军事、外交政策，因为石油消费国很难快速调整本国的能源供应结构。虽然这已经超出了经济学研究的范围，但是在现有的国际关系框架下，国家石油公司已成为国家间政策博弈的工具；现有的国际关系只会进一步强化国家石油公司在全球石油产业中的地位，因为只有通过"国家所有权"在公司治理中的介入，才能更充分地实现国家战略意图。理论上通过市场的、民营化的合作机制也能实现石油市场的供需平衡，但"国际关系"因素的影响，使石油产业不再简单化。因为对于大多数国家而言，面对石油市场中存在的信息不对称以及市场不确定性，通过参股或控股的国家石油公司参与市场，对于保障能源安全是最有效的。国家因素在未来石油市场中的影响将越来越重要，而这种趋向将越来越加固石油产业国有化的格局。这是因国际非经济因素而导致国有企业存在的一个很好的例证。

4. 能源安全

石油产业国有化的安全问题对于石油出口国、石油消费国具有不同的含义，带来的安全问题也包括国内安全与国际安全问题。对于石油出口国而言，国家石油公司可使本国在全球石油产业、应对油价波动中具有更大发言权，在更大限度实现石油收益的同时，带动国内就业与经济发展。弊端在于国家石油公司一方面因为经营低效率，而影响其在全球市场的竞争力与发展潜力；另一方面由于其集聚了巨额的石油财富，成为一个强大的利益团体并阻碍改革与市场竞争。国家石油公司能够通过操纵规制政策，设立进入障碍来增加当期收益。对于石油消费国而言，国家石油公司同样面临经营低效率问题，而且国家石油公司的垄断会导致国内市场原油供应主体的单一化风险。对于石油零售环节，如果能建立起多元化的供应主体，对于石油的供应保障是更为安全的。但对于石油消费国而言，国有石油公司能够更好地帮助国家实施能源安全战略。

事实上，世界对于石油产业国有化安全的担心，主要来自国际层面：一方面担心国家石油公司因出于多种因素的考虑，会减少投资，导致原油供应的下降；另一方面是国际关系将是影响国际石油供应的重要变量，国家因素将发挥更大作用。国际关系将成为石油国有化环境下的"双刃剑"。良好的国际关系可以使国际石油供需更平稳，反之将加剧对石油市场的冲击。但也正因为国际安全的不确定性，使得更多国家愿意引入与维持"国家石油公司"，防范外部影响对本国的冲击。

（三）国家石油公司的长期存在

进入21世纪以来，随着国家石油公司的发展以及资源的国有化趋势，使得国有石油公司与国际石油公司的未来走向再度成为国内外学者的热门研究话题。虽然私有的国际石油公司在寻找与开发新石油资源方面的效率与能力是非常高的，并拥有非常好的绩效表现，但按照目前的竞争格局，国际私有石油公司储量生产比率逐年降低，未来国际石油公司生存发展的空间也越来越有限，其未来的发展道路只有三种选择：一是在现有资源储备压力下，找到可替代或新能源的出路；二是从属于现有国家石油公司，成为全球石油价值链中的某一生产服务环节，完全失去往日的主导地位；三是实行国有化或部分国有化，将自己转变成为国家石油公司，依托政府的能力，在保障国家能源安全战略中谋得生存发展空间。因此，由于石油产业对于一国经济发展的重要性，无论是石油出口国，还是石油消费国，需要建立起国家与石油公司之间的协调合作发展关系（包括税收、规制、能源安全与开发），国家石油公司的存在是有利于该国能源安全与经济全面发展的，国家石油公司通常能直接对国家的能源政策做出反应。国家石油公司仍将长期存在，目前学者更为关注的是如何通过治理完善、市场的适度竞争、股权的适度开放以及透明化，在兼顾政府目标的同时，注重国家石油公司经营效率的提高。

在现有国家石油公司的发展趋势中呈现出的特点：一是国家石油公司的全球化合作。国家石油公司也开始突破地域经营的限制，实行全球化，国家石油公司与国际石油公司之间的界限越来越模糊。二是公开发行上市，实现部分私有化。许多国家石油公司开始通过公开发行股票的方式进行私有化，这可以在不放弃国家控股权或影响力的情况下，一方面实现融资，另一方面提高公司治理的透明度与经营效率，也有利于国际产业合作。三是分解产业垂直一体化结构。对于一个既有石油生产又有石油消费的国家而言，石油产业的国有化需要视产业链环节的不同而采用不同的策略，如在上游实行战略性国有化或严格的石油资源管理；中游进行引进国际投资者，共同承担国际油价波动和供给中断的风险；下游进行民营化，主动引进附带油源的投资者。四是建立合理、透明的治理结构，构建国际间的合作信任。国家石油公司要建立起良好的公司结构，明确国家石油公司的定位与目标，建立有效的决策流程体系和绩效评估方法，关于国家石油公司的制度设计问题已经开始了进一步的深入讨论。

四、生产安全：煤炭产业国有化与生产安全的关联性考察

"国有化"与"生产安全"很少会被联系起来，但在现实经济中有时也将生产安全作为国有化的理由之一。

（一）生产安全与国有化的逻辑关系

生产安全是企业职工在生产过程中应该具备的安全生产的环境与条件，生产安全是职工的一种权益。在早期的西方国家，这种权益一般通过工会与企业之间的协商，成为职工工作条件与福利的一个重要方面。随着政府职能的完善，政府逐渐对危险性的产业专门出台安全生产的管理标准，一方面可以降低工会与企业之间的协商成本，另一方面也需要提高整个行业与社会的生产安全水平。如果一国因生产安全原因而对相关产业进行国有化，可能存在两个原因：一是工会与企业没有就生产安全福利问题达成一致，由工会提出要求政府进行国有化，这种情形发生在工会组织的力量较强的情形下；二是在不存在工会组织或工会组织力量较弱，同时国家没有统一的生产安全规制制度，或虽然存在安全规制制度但难以有效实施的情形下，政府对相关企业进行国有化，由国家直接负责企业经营管理，包括生产安全的保障。煤炭采掘业是一个高风险产业，对于工人的生产安全及福利条件，是工会与企业之间摩擦的重要问题。因此，选择煤炭产业来考察生产安全与国有化之间的关系。

（二）煤炭产业：国有化与生产安全

煤炭产业属于国有化浪潮中的重要产业之一。在欧洲煤炭产业发展的历史上，其国有化的原因主要有两个：一是煤炭产业在以煤为主要能源结构的时代中是重要的战略资源，尤其是在战争期间，政府需要掌控与发展。二是煤炭企业工会为争取更好的工作条件的推动。在20世纪初，煤炭是英国最重要的资源，对煤炭产业国有化的设想被提出来，其原因主要是工人与煤炭企业之间的工资纠纷，其后工人向政府提出了国有化的方案要求，但当时政府只是规定了最低工资水平，并没有接受国有化的建议；在此后的20年中，英国的煤炭产量持续下降，直到政府为避免大规模的产业罢工，迅速提高煤炭产量并颁布了煤炭产业国有化法，规定全国煤矿收归国有，组建国家煤炭局（后改为英国煤炭公司），并要求国家煤炭局在煤炭生产和安全健康问题上咨询煤矿工会。因此，英国早期的煤矿国有化是工人为保障自身福利而要求政府采取的行动。

在煤炭产业内，国有化对生产安全曾具有较明显的促进作用。存在这种促进作用的内在动力，从所有者角度看，是政府作为股东在煤炭生产过程中更多考虑社会责任，在安全与效率之间进行的新的权衡；而且政府更容易向工会妥协，提高工人安全保障与福利待遇。在这个过程中，"国有化"也被认为是推进"工业民主"的激进措施，英国煤矿国有化以后，政府在这些企业治理结构中安排了更多的工会代表。"国有化"在某种程度上也成为政府应对与解决产业生产安全问题的选择之一。

（三）中国煤炭产业的"再国有化"

中华人民共和国成立后，我国的煤炭企业主要是由国有大型煤矿和地方国营煤矿组成的，煤炭产业的国有化程度很高。

当前我国煤炭产业生产安全的提高并不是国有化的结果，而是来自安全规制的绩效。国有化对生产安全可能存在间接促进作用，主要是在国有化过程中，通过政府大规模投资，提高了产业集中度，增加了机械化开采的比重，这些都有助于提高生产安全，但是这一过程也可通过市场化的方式来解决。由于我国在资源性产业并未形成合理的资源价格分配体系（包括税收），在经济高速增长期，资源性产品存在"暴利"空间，国有化在某种形式上成为另一种资源性产品的调控分配机制。目前，我国煤炭产业的国有化与生产安全的关系，在内在推动力、时间因果关系等方面还不能找到两者具有促进关系的直接证据。

（四）生产安全不应成为国有化的主要理由

市场经济条件下，私营煤矿为了追求自身利益的最大化，会最大限度地减少自己的成本，在安全规制不健全的情况下，必对生产安全造成负面影响。在产业发展初期，私营煤矿与国有煤矿相比，由于缺乏充足的资金和科技人员，导致煤矿的机械化程度低，安全生产装备落后，事故发生率高。在煤矿企业国有化的制度下，政府可以通过行政影响，更直接地控制煤矿的安全生产，减少安全隐患，实现煤矿的安全生产。国有化可以成为煤炭产业安全生产的途径之一。

煤炭产业的国有化会给安全生产提供良好的条件，但是煤炭产业的安全生产与国有化并不存在着必然的联系，重要的是加强对煤炭产业的政策支持和安全监督，使国有和私营煤炭产业都能走上安全生产的道路。公有制或私有制都有很多管理制度，如果以国有化取代私有制，成功与否取决于它选择了什么样的管理制度，取决于工业特定的技术条件和政治社会的习惯和风俗，不能荒谬地一味套用。更何况，生产安全并不是煤炭产业国有化唯一乃至最重要的理由。

第三节 多元化安全规制对国有化的替代趋势

一、国有企业安全论的局限

（一）低效率的危险

虽然在国防、石油、银行等产业，国有企业都不同程度地体现了维护"安全"的功能，但由于就内在经营效率而言，国有企业通常表现为低效率情形。而一个产业如果长期存在经营效率与技术创新能力低的情况，可能会带来更大的"安全"问题。譬如，国有银行的低效率会累积成为整个银行体系的不良资产，国有军工企业的低效率会导致国防工业长期的整体落后，而政府过于强调"安全"目标，长期补贴所谓安全性产业，会导致财政赤字和产业结构的失衡。因此，低效率风险是国有化安全论的最大局限。

（二）产业的封闭式发展

产业的国有化通常导致产业的封闭式发展。产业的封闭式发展表现在三个方面：一是股权不开放，很难通过市场化重组，进行全社会的资源再配置；二是产业体系不开放，通常只在国有企业的产业体系内循环，国有银行更倾向于向国有企业发放贷款；三是在全球化发展中受到制约，出于政治、军事因素的考虑，其他国家通常会对国有企业的发展存在戒心。产业封闭式发展的后果是产业竞争力会日益落后于市场。最典型的产业是国防产业，国有国防产业通常相对独立、自成体系、自我封闭，但如果国防经济的小循环与国民经济以及国际经济的大循环不能融汇在一起，最终将不能发挥出两者的规模经济与范围经济效应。

（三）国有企业利益与国家利益的不一致风险

国有企业一旦建立，其自身将成为一个利益团体。国有企业在很多时候要考虑维护国有企业利益团体的利益，而不是维护国家利益。超大型的国有企业一旦变成"国中国"，成为一个强大的利益团体，就会为了自身利益操纵规制型政府，阻碍市场竞争。国有企业制度并不一定说明其能够代表国家利益，如果缺少政府对国有企业有效的治理，国有企业不仅损失了效率，更会为了相关人利益的最大化，而采取不利于国家利益最大化的行动。国有企业利益与国家利益之间不能简单等同，两者之间的冲突问题也是国有企业安全论的局限。

（四）政治的"管制行为破坏"

政治的"管制行为破坏"指政府因为受到来自各方的政治压力，而改变其产业发展与规制的能力与动机。譬如，如果政府有意对一些产业进行人事管理系统的变动时，在国有化之下，更容易受到来自工会和政治团体的压力。世界各国都存在国有化之下的"管制行为破坏"现象，特别是政治上的反对和交易成本。政治人物常常被认为只是关注短期的政治利益，而减缓了管制作为的经济效益，进而增加了长期的经济成本。因此，国有化容易造成有效管制的反效果。

二、安全：多元的制度设计

（一）独立的外部安全规制制度

国有化是实现产业安全最直接的途径，但不是实现产业安全唯一或最佳的途径。通过国有化来确保产业安全也有其内在缺陷：一是国有化会侵害私有产权的利益；二是政府可能会承受巨大的财政负担，进而损害纳税人的利益;三是政企关系难以处理,国有企业内部的低效率。

(二)研究配套的产业安全规制体系

市场化下的产业安全问题不是简单地依靠国有企业所能解决的,而是需要有一套严密的产业安全规制体系。其包括两方面的内容:一是完善不同产业的规制政策。针对国防、金融、能源、煤炭开采等产业特点,要从产业合理化、效率化发展的角度,制定产业规制政策,而不是一味地强调依靠国有化规制、限制准入的方式,简单追求安全规制目标的实现。二是注重规制治理体系的完善。规制治理是通过正式或非正式的、内部或外部的制度或机制,并借着治理结构和权力分配,来协调规制机构与所有利害相关者,这包括了政府、国家行政机关、公民、被规制者、用户、管制机构人员等社会群体之间的利益关系,以保证规制机构决策的公开和公正性,达到其设定的规制目标。如同其他规制体系一样,产业安全规制治理是权责机构的设立及其管理社会公共事务的过程,如果缺少有效的规制治理体系,好的政策也难以实施与实现。

第十章

国有企业产业发展与技术创新

第一节 "国有化—产业发展—经济增长"的制度模式选择

一、产业发展约束与国有化

经济增长是以具体的产业发展为基础的。对于绝大多数发展中国家而言，工业化仍然是推动经济增长的重要甚至是唯一途径，产业发展被认为是经济增长的引擎。发展中国家推动产业发展首先面临的问题是如何克服产业发展的约束条件。首先，发展中国家在第二次世界大战以后，普遍面临着低储蓄和金融机制缺失的问题。在发展中国家经济起飞前，往往面临着国内储蓄率偏低，难以有效推动经济发展的困境。而且，越是收入低的国家就越缺少必要的金融机制，如证券交易所、金融中介机构，进行资本有效分配。其次，处于起飞阶段的发展中国家即便存在民间资本投资，也容易出现市场失效。因为低收入国家往往面临"低水平投资陷阱"，而使得民间投资者难以考虑到所投项目的外部经济问题。譬如，一个项目的投资可能需要基础设施、能源、人力资源等方面投资的配合和跟进，而这些基础设施在发展中国家往往是缺乏的。民间资本在发达国家或许可以运作，但在发展中国家却行不通。

解决的途径可以有多种：一是培育市场与引导民间资本，逐步实现产业发展；二是引进外资，弥补资本缺口；三是政府直接投资，建立国有企业。对于第一种途径，在产品市场、要素市场以及信息不充分的条件下，民间资本不愿意投资于高风险、低回报的项目，政府间接引导型的产业政策并不能带来明显的效果，而且市场的建立与形成是一个漫长的过程。第二种途径，受各种因素影响，会出现外资不能或不愿意进入本国市场的情形，而且如全部由外资主导本国产业结构，则本土的产业竞争力以及经济安全性都会处于不利地位。在发展中国家工业化阶段，由政府建立起的国有企业，是干预市场、调控经济的一种方式。政府可以通过国有企业的组织形式解决外部约束问题，如政府通过税收、产品价格控制等手段，将社会中本用于消费的资金转化为政府收入，并通过国有企业用于项目投资；政府也可以建立国有银行等金融机构，将有限的、分散的社会资金集中于项目建设。因此，政府通过国家所有权的形式，将政府的信用、资源用于全社会储蓄的积累和资本形成。同时，国有企业本身也是实现收入并实施再投资的主体。可以看出，发展中国家的政府通过国有企业的组织形式，可以增加整个社会的储蓄和投资，并以此推动经济增长。尽管国有企业是相对低效率的，但由于其对资本形成及投资拉动的作用更大，对于经济增长的正面效应仍然大于负面。在这一机制设计中，国有企业起到了如下的作用。

（一）投资机制的功能

国有企业在经济增长中所起的作用不在于企业运营本身，而在于其作为政府干预经济的制度组成部分。政府通过行政力量可以集中资本、人力资源等要素，通过国有企业的组织形式投资于项目；或者收购市场中难以持续经营的民营企业，为其注入资本。因此，国有企业的建立意味着新投资的形成，国有企业对经济增长的推动作用最直接、最主要的表现为投资对经济的拉动作用。当然，政府也可以通过其他方式对经济增长注入资本，譬如免税、对民营企业进行直接补贴等政策优惠。但是，在工业基础落后、经济萧条的情况下要通过这些政策引导民营经济发展，所需要时间是漫长的。往往在这样的条件下，也缺少有实力的民营公司，甘冒可能存在的巨大风险去投资；再则，如果对民营企业进行补贴，究竟补贴给谁，这又是一个公共选择问题，同样存在道德风险，也可能导致资金使用的低效率。因此，以国有企业的形式实现政府投资，对于许多国家而言是最便捷、最有效的手段。一些项目规模宏大，资本密集，使用大量资源，它们所涉及的资金和技术都是国内私营实业家没有能力或不愿过问的。这类项目的风险程度及其过长的酝酿阶段经常使得国内私营部门望而生畏；与此同时，许多国家还对外资实行管制，因此国家变成唯一的企业家。

银行国有化是发展中国家发展初期由政府建立社会投融资机制的典型表现。政府拥有银行可以积聚储蓄，促进一国战略行业的发展，从而有利于金融发展和经济增长。发展经济学家曾提倡政府拥有银行所有权，以利于政府通过直接的所有权和金融手段，发展战略性产业。在金融系统越不发达的国家，银行业政府所有权的比例越高。国有银行与国有企业形成了发展中国家推动产业发展的融资与投资机制。尽管后来长期的实践证明，这两种组织形式的内在效率并不高，但在发展初期，其所带来的产业发展与经济增长的外在效应是巨大的。

（二）产业政策的功能

在许多领域，公共企业被用作是实现经济"大推进"的可选择工具，尤其是在能源、化工、资源开采、金属、肥料以及食品加工等行业，在许多领域，公共企业通常扮演着培养新能力的重要角色。此时，国有企业的存在可以被看作是一种所有权式的产业政策，并作为载体构建了企业型政府的"政府与产业"的关系。其间，其所表现出来的产业政策的作用主要有以下几点。

1. 产业发展中先行投资效应

在经济发展中往往会发生"囚徒困境"的问题，在一个存在规模报酬递增效应的市场及相关产业内，由于市场规模效应总是滞后产生，而在市场形成之前，任何一个投资者都会推迟投资，等待其他投资者先行投入，以扩大市场规模。这种情况会导致投资抑制问题。作为先行投资人，总要承担更多的市场前期开拓成本，承担更大的不确定性风险。这时就需要政府出台产业政策去引导民间投资或自己直接投资，解决这一"投资等待"的问题。在发展中国家的发展初期或是在宏观经济处于萧条的时期，民间资本都会更多地选择等待，而不愿意去冒风险。此时，对于国家经济发展具有重要意义的战略产业，国家必须采取有效措施，以使其走出发展的"囚徒困境"。在难以选择和激励有实力的民营企业时，国有企业可以作为战略产业的先行投资者。

2. 产业保护下快速发展幼稚工业和新兴产业的手段

产业保护是全球各国在发展本国产业过程中都曾采用，并且目前仍以各种形式存在的产业政策理念。对于一个发展中国家或后发展的赶超国家而言，要在比较短的时间内实现幼稚工业或新兴产业的发展，必须依赖有效的产业保护政策。但民营企业的资本实力极其有限，一般的产业保护政策手段（进口关税、配额、反倾销等）不能在中、短期内起到明显的效果，而通过国有企业发展此类产业成为普遍选择。许多发展中国家的国有企业都是在实施出口导向战略和进口替代战略时建立起来的。政府可以通过对国有企业采取直接补助、免交红利等形式给予企业发展支持，甚至可以在亏损经营的情况下促进产业发展。

3. 技术研发与外溢的初始平台

企业的创新能力取决于其所有权结构，民营企业的产权结构决定了其相对于国有企业而言，具有更高的创新动力和创新能力。但也有研究表明，对于某些国家而言，企业的创新能力与其所有权结构之间似乎并没有绝对、必然的关系。在经济起飞初期，民营企业尚不具备足够的资本去投资机器设备、进行产品的生产，更不会花费大量资源去从事高风险的技术研发。发展中国家，技术进步主要依靠的是技术引进和技术扩散，国有企业可以通过政府集中资源、计划控制等手段，克服技术引进和技术扩散中的市场失灵问题，快速形成本国工业化体系中技术研发平台，并对其他经济主体产生技术外溢效应。因此，国家要缩短社会技术进步的时间，除了大力发展国家科研机构从事基础性研究工作外，国有企业也是政府直接推动本国技术创新与升级的另一种途径。

二、国有企业：在不同产业发展中的存在机理

（一）战略产业发展与国有企业

战略产业是指通过产业发展的规模效应与外部效应，给一个地区的整体或中长期发展带来效益的产业。战略产业的概念最初也是来自工业化进程中的主导产业，战略产业是充当一国经济长期发展引擎的产业部门。战略产业发展的三个角度：技术角度、贸易角度和产业发展角度。

1. 技术角度

这是从国防军事概念引申出来的，通过产品的技术先进性来获得"战略优势"，因此许多国家对具有国防军事战略意义的科学技术或产品采取

了限制措施。生产与之相关产品的高科技产业即属于战略性产业。对于高科技产业的"战略性"也有另一种理解，即其具有技术进步的积累、学习和动态的报酬递增效应，并可以带动促进其他产业领域的技术进步。

2. 贸易角度

在新国际贸易理论中，由于"不完全竞争"市场的存在，政府通过实施补贴、出口鼓励、政府投资等战略性贸易政策实现规模经济效益，扩大市场份额，提高本国产业的国际竞争力。这种能够通过战略性政策使本国产业在国际竞争中获得优势地位的产业，可以称之为战略性产业。

3. 产业发展角度

如果一个产业发展具有很强的前向或后向的带动效应，可以带动整体的经济增长、就业提高或技术进步，则该产业往往被视作为战略性产业。

（二）基础产业发展与国有企业

基础产业是生产农产品、服务产品和基础工业产品的产业群体，在人类社会经济发展中起基础性作用。基础产业的基础性具有两层含义：一是直接保证居民生活所需，如农业与基本服务业部门；二是为其他产业的发展提供基础保障。从对经济增长的作用角度而言，本书所讲的基础产业主要是后者，即社会经济活动所依赖的基础设施与基础工业。其中，基础设施包括各类交通设施（如铁路、公路、桥梁、港口等）、水利设施、通信设施及城市公用事业（如水电气、城市交通设施）等。基础工业主要指能源工业（煤炭和原油开采、电力等）和基本原材料工业（如石化、钢铁、有色金属等）。基础性产业不仅是一国经济运行与居民生活的基础保障，也影响其他产业的发展规模与发展速度。基础性产业的落后往往成为经济增长的瓶颈。基础产业需要通过政府公共投资，甚至以国有企业的形式实现公共管理，主要出于四个原因：社会先行资本投资、自然垄断性产业发展、准公共产品的提供和资源性租金的分配。

1. 社会先行资本投资

"社会先行资本"是发展经济学在研究一国经济起飞时所需要具备的前期条件，既包括有形的物质资本如基础设施、基础原材料工业，也包括无形的人力资本、法律制度等社会资本。在一般的产业投资前,一个社会应具备基础设施方面的积累,并认为基础设施在工业化过程中起决定性作用。尤其是对于一个发展中国家而言,首先要做的工作是完成社会先行资本投资。由于"社会先行资本"项目的投资规模大,并难以进行"分割",故项目投资的外部效益与项目投资风险很难进行合理匹配。以基础设施为例,将基础设施视作一种资本投入品,它需要同其他资本投入品或者劳动投入品结合起来,基础设施所提供的服务一般是资本密集型服务,并且具有一定规模经济的特征。基础设施建设周期长,意味着很难根据需求的波动随时调整其供给,只有基础设施的整个工程完全完成,其功能才能得到发挥。在一个资本积累率低、资本市场不发达、民间投资者弱小的情况下,由国家进行"社会先行资本"投资是一个合理的选择。基础产业都具有"社会先行资本"的特点,其投资需要综合整体的社会成本与收益,而这对于一般的项目投资者来说是无法做到的。"提供必要的公共设施"一向被认为是政府的主要职能之一,公共设施投资支出也是各国政府支出的一项主要内容,因此对于具有准公共产品性质的公用事业类项目,在市场不能自愿供给的情况下,政府责无旁贷。

2. 自然垄断性产业发展

基础产业一次性投入的固定成本非常大,而运营时的变动成本小,在产量达到设计供应能力前,由于边际成本低于平均成本,其生产的平均成本递减。这种成本结构使得市场不太可能在一个给定的地区支持超过一个供给者,从而使得唯一的服务供给者成为垄断者。在基础产业中铁路、公用事业的网络型基础设施都具有自然垄断的特征。自然垄断产业国有化投资的原因,除了作为"社会先行资本"效应外,还涉及政府对于垄断产业的规制管理方式问题,国有化是自然垄断的一种规制管理方式,以促进社会福利最大化,对于国有化作为规制方式的合理性在本书的第七章中已有专门分析。

3. 准公共产品的提供

在基础产业中,多数属于准公共产品,如道路、桥梁,故可以具有排他性，但也具有一定程度的非竞争性。其拥挤系数介于0到1之间，即在消费量达到其供给能力之前，消费者的满足程度并不受影响。对于这类产品，难以依靠市场实现自动供给，需要政府进行投资，以满足居民公共需求或企业共用需求，降低社会交易成本，促进经济增长。基础设施既可以直接为居民提供服务，也可以为厂商提供服务，其中为厂商服务是作为生产过程中的一种投入物品。这类产业在发展早期都是由私营部门提供，但是进入20世纪以后，在世界的大部分国家，这些产业越来越多地为政府所掌控。

4. 资源性租金的分配

煤炭、原油、有色金属等，主要是矿物和自然资源，这些资源不是由那些拥有产生资源的土地的人努力创造的，而且对这些资源的开采会阻止别人对这些资源的拥有（包括他们的后代）。因此，在大多数国家，许多矿物资源都是由公共所拥有。以矿产和能源为代表的自然资源的特点是不可再生性，并且市场供需条件的变化会带来价值的变化。自然资源的开采成本与其市场价格之间会存在巨幅的差价空间，成为"自然资源"的租金。资源性租金是国家财富的组成部分，许多国家的法律规定自然资源归国家所有，私人财产所有人不能因为资源碰巧储藏在他们的土地之下就对它们拥有所有权。政府主要通过三种方式来收取与管理此类资源性租金：一是收税；二是特许经营权；三是国有化。三种方式不完全相互排斥，甚至可以同时采用，但是在不同的制度条件与市场环境下，三种方式的实施成本并不相同。在市场不稳定、法律制度不完备的情形下，政府与非国有企业之间合同订立与执行的成本会很高，此时国有企业是一个不坏的选择，这也是为什么在石油价格高涨时代，产油国偏好于石油产业国有化的原因之一。

（三）幼稚产业发展与国有企业

幼稚产业指某一产业处于发展初期，基础和竞争力薄弱，但经过适度保护能够发展成为具有潜在比较优势的新兴产业。这一概念源自国际贸易领域。某个国家的一个新兴产业，当其还处于最适度规模的初创时期时，可能经不起与外国产业的竞争。如果通过对该产业采取适当的保护政策，提高其竞争能力，将来可以具有比较优势，能够扩大出口并对国民经济发展做出贡献。所以对待这样的新兴产业就应采取过渡性的保护与扶植政策。"幼稚产业"思想在国际贸易规则中也被引用，在WTO（世贸组织）规则中专门有针对"处在发展初期"国家的幼稚产业保护条款。如果成员为了促进特定工业的建立，且促进特定工业的建立是实施其经济发展计划或政策的需要，其可以修改或撤销关税减让。战略性贸易政策理论，即一个国家可以（通过暂时的贸易保护、补贴、税收以及政府和工业部门合作的计划）在半导体、计算机远程通信和其他被认为对该国至关重要的领域内创造出比较优势，也表达出了类似的政策建议。幼稚产业保护被认为是产业发展成功的一架"梯子"。

虽然在理论与现实中对通过保护手段发展幼稚产业的合理性与有效性存在不同的观点，而且在实践中既有成功的国家也有失败的案例。但是目前仍有部分学者认为，强调幼稚产业保护对于产业发展的成功赶超依然是非常重要的。当然对于幼稚产业的培育与发展可以通过多种方式（如关税、补贴），并不一定要通过国有化。通过国有企业的形式来推动幼稚产业的发展，存在很多国家的案例，与其他方式相比是否更有效或无效，都没有充分的证据加以说明。但是有一点是共同的，即对于幼稚产业的保护性发展是阶段性、过渡性的，必须要适时退出。实证经验证明，发展中国家或是发达国家的幼稚产业的保护性发展对于经济而言都是高成本的，随着保护时间的延长而冲减其所得到的外部正效应。因此，作为推动幼稚产业发展的国有企业也必须及时地市场化或民营化。

对于不同国家、不同发展时期，其可以选择的幼稚产业并不相同。从纺织、重化工业、汽车、航空到高科技产业，都曾被作为一些国家的幼稚产业，而且幼稚产业往往同时也是主导产业、基础产业或是战略性产业，这些产业的国有化经营具有多重因素的考虑。我们以高科技产业为例，进一步说明国有企业在技术创新过程中的作用，这同时也是幼稚产业发展的一个典型例子。

第二节　国有企业与技术创新

技术的创新与演进是一个融合制度及政策等复杂因素的综合过程。尤其是对于发展中国家而言，企业技术创新能力不足的一个原因在于国家技术基础设施薄弱、科技环境不完善。在国家的技术创新进程中，国有企业作为一类政府设立的创新组织其作用有哪些呢？

一、国有企业：妨碍还是促进技术创新

（一）妨碍的表现

在产权经济学的分析框架下，国有企业由于缺少足够的激励制度安排，使其创新的动力要小于非国有企业，并导致其经营的"低效率"。在微观管理上，通常将国有企业的创新与企业家精神联系起来。国有企业的代理关系影响了公司的治理结构与战略，特别是弱化了企业的创新与变革能力。国有企业的经理人更多的是关心计划的执行与控制，而不是根据市场变化进行创新。而且国有企业通常受到政府保护，减少了来自产品市场或是资本市场的竞争压力。因此，创造价值并不是国有企业最基本的目标。从这一角度而言，国有企业缺少足够的"企业家精神"从事创新活动，而私有股权比例越高的企业，越能够通过企业家创新活动，促进企业成长，提高盈利能力。

国有企业妨碍技术创新的另一可能途径是垄断。对于垄断是否促进技术创新，在西方产业经济学中并没有一致的结论。在我国，不同行业的国有企业其创新能力也不同，石油和天然气开采业，电力、热力的生产与供应业以及烟草加工业，其垄断性强、利润高，但科技人员的比例比较低。

（二）促进的表现

很多国家成功的技术政策都广泛采用了"国有企业"的途径，国有企业被作为大规模、高风险新兴产业发展的导入途径。世界上也存在由于私有化而导致技术创新中断的情形，如阿根廷的大型私人经济团体对本国的技术开发缺乏兴趣，成为阿根廷电子产业政策失败的一个重要因素。而

且，企业创新能力往往也与市场环境有关，竞争性越强的市场，越需要企业有更好的灵活性与创新性。

（三）国有企业更愿意成为创新者

国有企业治理结构决定了其创新的出发点与动力机制，这与私有企业是不同的。私有企业或企业家的创新是以权衡风险后的市场或利润最大化为目标；国有企业或经理人的创新是市场开拓、产业发展与政府目标的综合考虑。如果政府希望企业成为某一产业的技术创新者，并以创新作为国有企业经理人的考核激励指标，便会促使国有企业更愿意成为创新者。有学者通过对中国企业研发投入比重的比较得出，国有企业的研发投入要高于民企与外资企业，国有企业比重大的中西部地区的研发投入比重高于沿海地区。这一结论与通常认为的国有企业缺少创新是不完全一致的。但是，国有企业愿意成为创新者，并不代表其具有创新的能力与效率，同等的创新投入，不同企业最终的创新结果是不同的。

国有企业与技术创新两者之间的关系需要用两个指标来衡量：技术效率与技术进步。在很多情况下，我们通常会简单地用资本与劳动投入增长之外的全要素生产率的增长来说明技术变化带来的增长。但实际上，全要素生产率的变化具有很多含义，既包括管理、制度因素等纯技术效率，也包括技术进步因素的作用。因此，全要素生产率的增长分解为技术效率变化和技术进步。技术效率主要是指制度改革等引起的效率提高（逼近生产可能性边界）的结果，在一定资源条件下多大程度上可以得到最大可能产出；技术进步是创新或引进先进新技术的结果，引起生产可能性边界的外移。技术效率和技术进步具有不同的政策含义：技术效率导致了实际产出的增长（即向生产边界移动）；技术进步所引起的增长效应不仅意味着短期产出水平的提高，并带来了经济增长的可持续性。这两者的根本差别是，前者会随着时间的流逝而消失，后者的增长效应会维持或增大。

国有企业是外生技术进步的推动者，但技术效率较低。国有企业在政府或政策激励下，通过大规模投资、引进、研发新技术，推动某一领域的技术进步，使该国家或地区产业的整体生产边界曲线外移，并通过技术的溢出效应，带动产业与经济的增长。但国有企业由于制度、管理的约束，其生产效率并不能达到最大化，自身并不能完全达到生产边界曲线，表现出低技术效率。

因此，对于后发展国家的技术创新而言，国有企业的作用具有两面性：国有企业是政府推动技术进步的实施载体（通过技术引进或是自主研发），但技术进步对于经济增长的带动效应，需要通过对市场的溢出效应来实现；国有企业的低技术效率，本身也会影响技术创新以及由此带来的生产效率的提高。国有企业对技术创新而言，是一个可以为政府所利用的外生动力，但其创新的效果与可持续性，最终需要由以市场为导向的企业来实现。以国有企业来推动技术创新与高科技产业的发展，我们必须把握好国有企业在其间的合理与有限作用。

二、成为促进创新的嵌入制度安排

政府通过国有企业推动本国的技术创新与高科技产业发展，主要是基于后发国家的技术赶超考虑。一个后发国家技术进步率同它与技术前沿地区的技术差距呈线性正比关系，后发国家技术进步速度常常高于技术领先国家，但会保持"均衡的技术差距"；如果要在某一领域赶超发达国家，可以采取技术"蛙跳"式的发展方式，即后发国家可以直接选择和采用某些处于技术生命周期成熟前阶段的技术，以高新技术为起点，在某些领域、某些产业实施技术赶超。虽然很多实证研究整体上并不支持后发国家经济赶超效应的存在，而存在"技术赶超"争议。但新兴经济体的技术进步以及在某些领域如航空航天产业的技术差距的日益接近，支持了政府干预产业发展、促进技术进步的有效性。"国有企业"作为后发国家技术创新的政策与制度安排，具有理论及实践的意义。

（一）技术创新：正外部效应的准公共产品

技术进步对经济增长的作用，表现在提高企业技术效率，在同等投入下具有更高的产出；也表现在开创一个新的产业，成为经济增长的新空间。一项技术创新所带来的经济效应，不只是单个企业的成长，其扩散与溢出效应对经济发展具有更大价值。在现实经济中，60%的专利在四年内被模仿,在三年时间内有超过50%的创新产品被模仿。技术创新的溢出效应有利于经济的整体增长,但在一定程度上也会损害竞争性企业进行技术创新活动的积极性。一个企业对某一技术的使用并不妨碍其他企业对这一技术的使用,而技术开发的成本却经常是由开发者独立承担,其他企业可以无成本或低成本使用这种技术。那么,就可能出现技术开发的社会收益高于私人成本,但私人成本又高于私人收益的"市场失灵"情形。作为政府而言,就需要在其间找到创新与发展之间的平衡,主要方法就是通过专利保护,保护创新者的收益,但不是唯一的方式,在特定阶段单一的专利保护并不能使社会福利最大化;另一种方式是促进技术创新的"公共生产",并对经济增长产生溢出效应。国有企业及其相关研发中心是进行技术创新"公共生产"的途径之一。

(二)高风险资本的投入

技术创新研发投入的风险高、不确定性大,而且现代技术研发与高科技产品生产的资本投入量越来越大。无论是发达国家还是发展中国家,政府日益成为高科技投入的重要主体。政府对科技的研发投入主要有两种途径:补贴与政府投资。政府会根据不同产业组织结构、要素环境特点来决定采取的方式。国有企业更多的是依赖资本优势来推动技术进步,而不是提高技术效率,国有企业的规模越大在技术进步方面的作用就越明显,但在技术效率提高方面却并不显著。技术创新的资本投入也可以通过风险投资市场机制来完成,而大规模的风险投资市场并不是每个国家或地区在任何时候都具备的,风险投资市场的缺失也是政府介入高科技产业的原因之一。资金投入只是技术创新与高科技产业发展的要素投入,与此类似,人力资本、配套产业的发展、基础设施环境也会存在市场失灵与不完善,政府投资建立国有企业在这种情形下有助于整合各类技术的创新要素。

(三)成为国家创新体系的组成部分

国家创新体系是一种依据当地特点与学习效应而形成的技术系统发展能力,其活动和相互作用激发、引入、改变和扩散着新技术。进入21世纪,世界主要国家都在重新调整本国的创新体系。由于市场本身在很多情况下不能提供足够的激励，促使企业进行创新，政府在创新中的干预是必然的。

国家创新体系的构成涉及多个部门和组织，一般认为主要由企业、政府部门、大学、科研机构和科技中介机构构成，其中企业是国家创新体系的主体。由于技术创新的准公共性、公众公司利益行为的短期性、创新要素整合的复杂性，使得具有政府所有权的国有企业，在国家创新体系中具有独特的地位和作用。但要设计与利用好国有企业在国家创新体系中的作用，在不同环境条件甚至不同产业内都应有不同的安排。

第三节　国有化下的产业发展

一、国有企业推动产业发展的局限性

（一）决策风险与失误成本高

政府以国有企业的组织形式集中资源，成功推动产业发展的前提，不仅取决于国有企业运行的相对有效性，同时也取决于政府产业政策决策的正确性。政府是否能够选择正确的产业发展领域与产业发展方向，取决于政府所拥有的信息量，包括产业发展现有信息与未来信息。一般情况下，政府可以较充分地掌握产业发展的历史经验，但较难对产业及技术未来发展做出正确判断。政府产业发展决策的失误，使得国有企业失去自我生存发展能力，偏离产业发展与经济增长的合理轨道。

（二）产业结构的扭曲与挤出效应

政府为非市场性目标而发展国有企业，很容易导致产业结构的扭曲。为了保证战略的实施，政府采用扭曲性政策干预，即扭曲商品的相对价格、用国家计划取代市场来完成资源的配置、对企业实施国营化，结果导致经济结构失衡和企业效率低下。在资源一定的情况下，政府对某个特定产业进行补贴、投资或保护，都会提高其他产业部门所需经济资源的价格，挤占其他产业部门发展的资源空间，这些部门的损失很可能超过政府扶持特定产业部门带来的利润增加。

（三）国企占位抑制市场自我成长

国有企业容易成为政府官僚与国企内部控制人共谋的利益集团。国有企业作为特定的产业政策工具手段，应是阶段性的，而不是永久性的；但是由于利益集团的存在，国有企业一旦建立，就不会主动退出，而且还会利用与政府的特殊关系，使用非市场化的手段来扩大、巩固其在市场中的地位。这种非市场化的手段包括市场进入的限制、资源的垄断、价格制定的非市场化，并以此来获得"租金"，转化为企业经营利润，维持本企业的长期存在。因此，在产业发展进程中，国有企业可能会成为抑制市场自我成长的最大阻力。

（四）国有企业的内在效率约束

国有企业推动产业发展可以提高整体宏观经济发展的配置效率，但同时也面临内在效率的约束。国有企业内在效率的变化主要取决于两个层面：一是治理结构效率。作为股东的政府行政效率，及在此基础上建立起来的国有企业公司治理效率。二是管理效率。任何所有制类型的企业在发展成长、规模扩张的过程中，都会在企业内部形成官僚层级、"大企业病"等现象。随着内在效率的衰减，国有企业对产业发展的推动作用也会降低。国有企业虽然可以通过治理或管理创新，在一定程度上提高内在效率，但最终还会受到市场整体平均效率的约束。市场规模越大，市场化程度越高，则依靠中央集权和国家控制的方式实现对社会的管理就会更加困难。

二、国企民营化：产业发展的功能性退出

国有企业并不是推动产业发展唯一的、完美的政策手段，随着发展环境与条件的变化，国有企业在产业发展中的作用也会变化。国有企业在不同产业的民营化过程，实质上也是作为产业发展工具的功能性退出。

（一）产业发展环境的完善

资本、劳动力、技术等要素市场的发展与成熟，使得产业发展不再需要依赖政府的直接组织；部分支持了国有资本比重和市场化程度之间的负相关关系，即随着市场化程度的不断提高，国有企业的比例会降低。以基础性产业为例，金融业的发展拓展了民间融资渠道，解决了基础设施产

业的融资约束问题，促进了20世纪90年代以来基础设施产业的民营化。而且，当劳动力市场发育较为完善时，国有企业退出时造成的失业可以通过劳动力市场快速吸收，国有企业退出壁垒大幅降低。若市场规模越大，市场化程度越高，则依靠中央集权和国家控制的方式实现对社会的管理就会更加困难，而为克服官僚机制对资源使用的低效甚至无效控制，必须调动个人利益来增加财富，而其中最适合的解决途径就是通过分权将国有经济私有化。在市场经济制度框架没有完全建立的时候，私人竞争者具有破坏契约的动机，这反而会损害效率。国有企业的存在与退出都与市场经济制度的完善程度有着密切关系。随着市场经济体制的完善，国有企业的作用价值将降低，甚至还会产生负面作用，此时应采取退出战略。

（二）产业发展阶段的变化

作为直接服务于产业发展的工具，国有企业也要适应产业发展的不同阶段而进行调整。从整体而言，国家主导产业会随着产业结构的变化而变化，基于产业高度化的目标，国有资本会随着主导产业的变化而适时地进入或退出，作为国家政策工具的国有资本投向也会随着政策目标的变化而发生变动。所以，国有企业占一国经济的比重往往在一国工业发展的前期阶段呈上升趋势，进入工业发展成熟阶段时达到最高值，随后便不断下降。就具体产业而言，随着产业发展进入成熟阶段，国有企业在其间所能发挥的积极作用日益减少，甚至成为产业进一步发展的阻碍。这一方面是由于国家所有权本身所固有的内部低效率问题，另一方面是由于国有企业产业政策效应发挥的环境在不断变化。

（三）产业发展目标的实现或改变

国家在不同发展阶段，产业政策的目标是不同的，包括实现工业化的经济起飞、恢复战后经济、挽救经济危机的产业冲击、提高重点产业的国际竞争能力，通过包括国有化在内的产业政策实施，这些目标可能会部分或全部实现，也可能会失败，而重新寻找新的政策途径或制定新的政策目标。随着目标的实现或改变，作为产业政策工具手段的国有企业，也会逐渐减少甚至失去其存在的各种正面积极效应，而在政策选择或市场竞争中实现退出。美国历史上因为战争、经济危机等情形，多次采取过国有化政策，但在战后或经济危机后，都主动地重新对国有企业进行了民营化。但对于大部分国家而言，产业一旦国有化，总是要等到国有企业难以持续地市场化经营时才进行民营化。两种情形所反映出的背后规律是一样的，即国有企业的存在价值会随着目标的变化而变化。这种变化的发生，要么是政府主动的政策调整，要么是市场约束下的被动退出。

（四）产业政策手段选择的变化

在很多情况下，其他种类的产业政策手段会比"国有企业"政策更有效。国有企业只是实现政府产业干预的一种选择方式。产业政策手段还包括法律、行政、财政、税收、金融、信息等手段，如通过行政指令来确定某些商品的价格，对企业实行关、停、并、转等；通过财政政策中的税收减免、财政补贴，金融政策中的低息贷款、信贷配给、外汇管制等方式激励或限制某一产业发展。各种产业政策手段的传导机制与作用成效有着较大差异。从产业政策的变化演变来看，间接引导性的产业政策随着市场环境的完善、市场主体的发育成熟日益成为主要方式，逐渐取代了以国有企业为特点的直接干预式的产业政策选择。

第四节　国有企业的国际化战略

一、国有企业国际化是实施"走出去"战略的必然要求

经济全球化的迅猛发展与中国"入世"，使得中国与世界各国的经济相互依赖性正在加深，如何利用好国内和国际两个市场、两种资源，建立一个适应全球化的经济体系，就成了我国经济发展的必由之路，"走出去"战略的提出就是这种大背景下的选择。我国确立"走出去"战略，坚持"引进来"和"走出去"并重，相互促进。"走出去"战略是对外开放的新阶段的重大举措，鼓励和支持比较有优势的各种所有制企业对外投资，带动商品和劳务输出，形成一批有实力的跨国企业和著名品牌，在更大范围、更多领域和更高层次上参与国际经济技术的合作和竞争。从现实

角度讲，随着国际政治经济形势的发展，只有大胆、积极地"走出去"，才有条件引进新技术，发展新产业；才能由小到大逐步形成我们自己的跨国公司，更好地参与全球化竞争。经验证明，关起门来搞建设是不能成功的，中国的发展离不开世界。从更深层次讲，中国企业已成为全球序列的国际分工构架的组成部分。"走出去"战略是我国继续深化对外开放国策的表现，是为了促进国际经济的发展与繁荣，维护世界的和平与稳定。

经济全球化已涵盖商品生产、资本流动、科技研发与转让、知识和信息传播与交流等世界经济各个领域，跨国公司作为适应现代大生产的企业组织形式，是推动这些领域全球一体化的行为主体。

二、国有大型企业国际化的动机与进入方式

（一）国际化的动机

1. 资源驱动

资源是现代经济社会发展的基础，是经济社会发展的重要制约因素。世界各国都纷纷鼓励本国公司到海外勘探开发矿产和获取资源，其实质是以国家支持为后盾，以跨国公司为主体，开拓地缘区位优势，优化资源配置，以获取质优价廉的自然资源，保证本国资源需求。在我国，经济增长带动能源需求不断加大，能源供需矛盾对我国经济社会发展的制约作用越来越大，迫切需要国有大型企业走出去寻找和利用资源，在全球范围内获取能源资源，在国际能源资源分配中争取一个有利的能源战略态势。基于国家经济可持续增长的需要，国有大型企业在资源驱动下开始到天然气、森林、铁矿、铜矿、贵金属等自然资源比较丰富的国家进行直接投资。在境外合作开发资源已成为中国利用国外资源，满足国内需求的有效途径。这种驱使主要发生在油气资源和重要矿物资源等领域。

2. 市场驱动

在经济全球化背景下，占领足够大的国际空间和产品份额，是确立国有大型企业竞争地位的最基本条件。国际市场的占有率将是衡量企业国际化经营程度高低和成功与否的重要因素。寻求和占领更广阔的海外市场成为国有企业国际化经营最普遍和最基本的动机。我国带有明显产业优势

的制造业，如机电产品、纺织服装、家电、轻工等行业，在进入国外市场过程中，越来越多地面临来自发达国家的反倾销、配额和原产地规则等重重贸易壁垒，进入这些地区的市场将越来越困难。一些企业通过加大对限制比较小的国家或地区进行技术和设备投资，绕过贸易壁垒，进而扩大销售市场。总之，市场驱动型企业的海外市场选择，应紧紧围绕行业特点进行，如贸易型企业应按产品的特点建立海外销售和服务网络；境外生产型企业，重点应放在南亚、南非、拉美和欧美等经济环境较好的国家和地区，以兴办投资少、见效快的境外加工贸易型项目为主，引导企业将国内过剩的生产能力转移出去。

3. 技术驱动

国际市场上，欧美等发达国家企业一直是全球信息技术、网络技术、航空航天、电子通信、生物制药、新材料、新能源等原始性创新领域的先行者。20世纪90年代以来，我国国有大型企业开始加大对欧美的直接投资，其主要动机之一就是提升自身的科技水平和管理经验，以求在高科技领域的激烈竞争中占有一席之地。另外，经过多年的招商引资，我国吸引了全球多数跨国公司的直接投资，已经变成了世界制造大国，国有大型企业通过合资与引进、吸收和改造技术等方式，在钢铁、电站、冶金、纺织服装、轻工、电子通信、家电等行业具有技术和价格上的比较优势，非常适合在发展中国家投资。同时，发达国家在20世纪90年代以来，在发展中国家减少了这些领域的直接投资，这正好为我国国有大型企业在这些发展中国家的直接投资提供了契机。对广大发展中国家而言，中国的生产技术和机器设备比较适合其经济发展水平。这也是许多制造型国有企业将海外市场多数集中于亚太周边地区和拉美等发展中国家市场的根本原因。

（二）国际市场进入策略分析

国有大型企业进入外国市场的过程，就是企业将其拥有的资源如资金、技术、产品、专利或管理经验等，通过各种投资方式渗透到目标国家或地区的国际化战略实施过程，其国际化进入策略选择将对企业海外市场的拓展起到重要影响。国有大型企业进入外国市场的策略主要可分为三大类：贸易型进入、契约型进入和投资型进入。

1. 贸易型进入

贸易型进入是通过产品进出口的方式进入海外市场，是国有企业进入国际市场的起点，也是必经阶段。产品出口可以分为间接出口、直接出口两种。其中，向目标市场直接出口企业所生产或经营的产品，是最重要的贸易进入方式；相对而言，间接出口不利于企业了解和掌握国际市场的信息，不是真正意义上的国际化。直接出口意味着国有大型企业将直接面对国外的进口商和消费者，这种方式没有中间环节，可以了解国际市场的发展与变化，有利于国有大型企业及时掌握海外市场信息，积累国际营销经验，培养国际经营人才，从而为进一步进入国际化市场创造条件。贸易进入方式受国家间就业、本国产业发展和国家贸易平衡、关税和非关税壁垒等因素影响较大；同时，由于国有大型企业对其过程控制程度低，导致无法有效提升出口经营效率。因此，它只是国有大型企业进入海外市场的初级方式与战略选择。

2. 契约型进入

契约型进入是指在不涉及股权或企业产权的条件下，通过与海外合作者签订契约（合同）的方式，实现企业的生产要素（技术、商标以及经营经验等）和产品的转移从而进入海外市场。国有大型企业契约型进入的主要形式有许可证协议、交钥匙经营等。

（1）许可证协议

在经营规模较小，但在技术、商标、管理与品牌等方面具有特别优势的国有企业，或者目标国市场规模与需求较小时，可以采用许可证协议。国有企业通过让渡专利、技术、商标等契约安排，以达到参与海外经营活动，开拓某些特定的国际市场的目的。通常许可证交易中，国有企业转让的不是无形资产的所有权，而是其使用权；有时为维护长期利益，还会要求在许可证购买方企业里拥有股权。

（2）交钥匙经营

交钥匙经营也称其为"建设—经营—移交"模式。根据协议要求，在规定期限内逐步完成"权限移交"。国有企业承接的交钥匙经营多为投资额巨大的基础建设项目工程，即承担项目的设计、建造、安装、顺利投产或使用等任务，然后将整个项目移交当地管理，并在项目交付后提供员工技能培训、技术援助与支持等义务服务。采用契约型开展海外业务，国有大型企业资本投入较少，基本以本国为基础，能越过贸易壁垒快速进入国外市场，减少运输成本，保持出口获利的持续性。但是控制难度增加，一旦合作方违反协议，就有可能技术外泄、母公司的商标和品牌受到负面影响。

3. 投资型进入

投资型进入是指国有大型企业把生产资本输出到海外目标市场，在海外目标市场设立子公司或收买、参股当地企业，直接参与目标国企业的生产和管理活动，通过对海外子公司或对合营企业进行全部或部分控制的方式进入海外市场。根据投资所占比例可分为合资企业和独资企业。合资是指双方或多方共同出资，共同经营，共担风险，并依据投入资金份额按比例共同分享利润的投资方式。独资是母公司提供全部资金，对企业拥有全部的控制权。独自经营企业往往由实力雄厚的国有大型企业利用自身优势通过横向、纵向的新建、收购、兼并等方式将各自分散企业联合成集团公司，实行全方位管理和控制。直接投资能够有效控制海外子公司，降低产品运输成本，更能符合目标市场需求等特点，有利于母公司进行全球资源控制、战略布局与竞争优势的充分发挥。但同时也面临较大的投资风险，如投资巨大、回收期长、撤资困难等。

国有大型企业在海外市场进入方式的选择上需要综合考虑控制程度、成本、风险、收益、市场份额和政治风险等因素。海外市场进入方式的不同，反映出国有企业对待海外市场的愿景与目标存在差异，它需要国有大型企业在追求长期利润最大化还是利润稳定但风险较小的两种不同方式之间做出选择。比如出口成本小，企业对交易过程控制程度低，利润也最小；而海外直接投资控制程度高，投入大，利润高，但同时风险也最大。实践中，国有大型企业近年来在进入方式上明显呈现如下三个特征：第一，科技含量越高的国有大型企业，越趋向于选择高控制的方式进入海外市场；第二，海外市场规模和潜力越大，越趋向于采用直接投资方式进入；第三，对于海外重要资源，即使成本、收益较低和风险较大，也更趋向于大额直接投资或较大比重的股权收购的高控制方式。

三、国有大型企业国际化的模式选择

（一）两种国际化模式：渐进式和跳跃式

企业国际化是关于企业国际经营发展过程的理解和概括，它所研究基本问题之一就是：企业国际化是怎样一个发展过程，是渐进的还是跳跃的？渐进式的理论基础是企业国际化阶段理论，该理论的主要观点为：企业国际化经营有四个发展阶段，即不规则的出口活动、通过代理商出口、建立海外销售子公司和从事海外生产与制造，并且这四个阶段是一个"连续""渐进"的过程。它们分别表示一个企业的海外市场的卷入程度或由浅入深的国际化程度。当企业经营者缺乏市场信息和对市场的了解时，减小风险的本能使其把海外市场投入降到最低点，由此而来的企业决策也处于试探阶段，经过一段时间的海外经营活动，企业家获得并积累了对该市场的认识和经验；海外经营活动反过来增加了决策者的市场知识，成为决策者认识和把握海外市场机会的新基础，从而推动企业把更多的资源投向海外市场。一般企业国际化方式的演变最常见的类型是：纯国内企业—通过中间商间接出口—直接出口—海外销售机构—海外生产。

随后，国际上许多学者对其进行了验证研究，欧洲中小企业的对外投资行为确实有一些渐进性。但是，跨国公司国际化的渐进行为特征不明显，存在阶段跳跃行为。通过对多家跨国公司研究，认为跨国企业的国际化存在较强的跳跃特征。

尽管，"渐进论"和"跳跃论"都不能完整解释企业国际化过程，并令人信服，但对企业的国际化仍具有较好的指导意义。在经济全球化和区域一体化的今天，信息技术和网络技术极大地释放了企业发展的空间与运营模式；同时，国际贸易规模和跨国企业整体实力与20世纪60年代至70年代相比已经有了质的改变，这种变化使企业具备足够的信息和知识储备能力，能够适时了解和掌控企业的海外投资与经营进展状况。"跳跃论"比

较适合解释在新兴行业里快速成长起来的大企业集团与已有多年国际化经营历史的跨国大企业不断增多的海外直接并购与投资行为。而"渐进论"则是以中小企业相对有限的知识和信息处理能力为前提的。在国际经营环境已经急剧变化的背景下,渐进论对传统行业的中小企业、制造业以及处于国际化起步阶段的企业依然有较强的现实借鉴作用。

(二)国有大型企业国际化模式选择

1."先易后难,逐步升级"的渐进模式

我国国有企业的国际化是伴随着对外开放起步的,早期的国际化主要是一些外贸专业公司和大型贸易集团的对外进出口贸易,如中国粮油进出口总公司、中国电子进出口总公司、中国机械设备进出口总公司、中国技术进出口总公司、中国轻工业品进出口总公司等。这些贸易大公司在进出口贸易过程中逐渐积累了一批海外客户、市场网络以及早期国际化经验和管理知识。实施"走出去"战略后,大量的国有大型生产型企业和服务型企业开始进入海外市场,这些公司经营规模较大,能提供专业化服务,在资金、技术、人才、市场、管理等方面有一定的竞争优势。

由于产品在不同区位的国家或地区进行跨国(境)生产,存在着劳动密集、资本密集、技术密集等价值链上的差异,可以给企业带来相应的产品竞争优势。一般跨国公司根据世界各国资源禀赋的差异,按照产品价值链最大化原则来布局产品的国际分工与生产。我国国有大型企业海外经营也不例外,国际化实质是其各价值链环节逐渐跨国(境)界布局的问题,具体表现为:首先是进行海外市场销售活动和原材料、技术等跨国(境)采购行为,接着是生产制造的国际化,然后才是人力资源、技术开发、组织管理的国际化,最后企业的品牌与文化等全部价值链活动基本全球化。也就是说,这种国际化战略一般先从产品、服务输出开始,历经技术与资本输出,最终发展到品牌输出、文化输出的高级阶段。

从战略模式来看,国有大型企业的国际化是一个从国内到国际、从被动到主动的渐进化过程,这种渐进的过程不仅体现在企业国际化方式的演变过程中,在其海外市场区域扩展的地理顺序上也是如此。绝大多数的国

有大型企业在选择国际化方式时，都采取"先易后难，逐步升级"的稳健性扩张性战略，即国际化的初级阶段一般选择直接出口的方式，随着企业国际能力及经验的增长而采取直接出口—在国外销售—在国外生产的逐步扩展模式。总的来看，国有制造型企业（如家电、钢铁、纺织业等）的国际化战略就是以低成本方式进入国外市场，在发展中国家市场显示出产品差异（质量与技术）优势，在发达国家市场具有成本优势。比如家电企业之所以能进入欧美市场，其中一个重要的原因是当地的制造商已逐渐退出传统的、需求能力有限、利润较薄的制造领域，从而给具有一定的质量和成本优势的中国企业留下了市场空间。

在这种价值链递进模式下，国有公司从小企业起步，发展成为内向型国际化企业，再发展到低难度外向型国际化企业，继而发展成为高难度外向型国际化企业。随着交易发生地由国内发展到国外，公司的核心能力不断提升，优势不断强化。

国有企业从一个国内企业发展成为全球性企业是一个充满未知数和风险的复杂过程，管理者不可能在掌握了所有海外经营的知识以后再开始走向世界，也不可能对一个完全不了解的市场盲目冒险而投入大量资源。中小型国有企业，特别是一些生产制造型企业，在国际化时最好先从相对熟悉、风险最小的海外相邻市场开始，并采取投资量小的间接出口方式，逐步积累经验和扩大跨国经营的程度与范围，逐步提升国际化阶段和进程。

2.产业链延伸的跳跃模式

跳跃模式是国有大型企业跨越内向国际化阶段，直接发展成为外向国际化企业。这种模式的特点在于内向国际化阶段的缺失，也就是说企业的国际化是直接从完全的国内企业发展成为外向国际化企业。这种跳跃式模式发生具有很强的政府推动因素与主导成分，往往是针对国内产业发展所缺的行业和资源进行大笔战略投资和并购，保障产业和国民经济稳定发展；同时，部分资源型和科技型中央企业在经过主辅分离、并购与整合后，企业规模与经营实力较之以前有了质的变化，在国际化过程中，企业在其他市场获得的经验会使其具备了进行外向型国际化所需的优势与能力，能够跨过某些阶段而直接从事生产活动。当机遇与条件成熟时，这种跨越心理距离和交易发生地点的跳跃发展就自然增多起来。

在国际分工日益发达的今天，同一行业中的不同企业专注于不同的产业链环节，可以获得专业化分工的好处，有利于其核心能力的建立和维护，从而有助于企业垄断优势的形成。

在国际化实践中，企业主要通过纵向一体化和多元化来拓展产业链，即通过资源供应的内部化，降低企业因通过市场交易而产生的机会主义成本，从而维护核心竞争力和企业的垄断优势。这种方式特别适合于那些资源行业和资源依赖性强的企业，这些企业也常采取直接投资式和契约式的市场进入策略。

参考文献

［1］王曙光.制度、技术与国有企业改革［M］.北京：企业管理出版社，2019.

［2］罗子明，张慧子.国有企业品牌形象研究［M］.北京：中国财富出版社，2019.

［3］施春来.国有企业创新发展的思考与实践［M］.上海：复旦大学出版社，2020.

［4］王曙光.产权、治理与国有企业改革［M］.北京：企业管理出版社，2018.

［5］白金亚.国有企业竞争中立制度研究［M］.北京：知识产权出版社，2019.

［6］张晖明.国有企业改革的政治经济学分析［M］.上海：复旦大学出版社，2019.

［7］袁珮.国有企业改革路径研究［M］.北京：经济日报出版社，2018.

［8］强舸.新时代国有企业党建理论与实践创新［M］.广州：广东人民出版社，2018.

［9］李泽萍.新时期国有企业思想政治工作方法研究［M］.武汉：武

汉大学出版社，2018.

　　［10］刘明越.国有企业产权制度改革的逻辑与新问题研究［M］.北京：中央编译出版社，2018.

　　［11］何伟，张守岚，于桂荣.国有企业财务管理中的监督管理研究［M］.北京：经济日报出版社，2017.

　　［12］闫华红，王济民.国有企业分类考核评价体系的构建［M］.北京：首都经济贸易大学出版社，2017.

　　［13］刘春平.国有企业专业技术人员状况研究［M］.北京：中国科学技术出版社，2017.

　　［14］李玉良.国有企业政治优势：一位国企高管30年的探索与思考［M］.北京：国家行政学院出版社，2017.

　　［15］石军伟，张静.产业经济学［M］.武汉：武汉理工大学出版社，2019.

　　［16］翁旭青.文化创意产业与地区经济发展［M］.北京：中国时代经济出版社，2019.

　　［17］黄利秀，张华忠.产业经济学［M］.西安：西安电子科技大学出版社，2018.

　　［18］安岗，李凯.产业集群治理自我选择机制研究：基于治理经济学的视角［M］.北京：中国经济出版社，2018.

　　［19］龚三乐，夏飞.产业经济学［M］.成都：西南财经大学出版社，2018.

　　［20］郭莹.我国产业经济学的理论发展与创新应用研究［M］.北京：中国书籍出版社，2018.

　　［21］李停，崔木花，王洪国.产业经济学［M］.合肥：中国科学技术大学出版社，2017.

　　［22］张小梅，王进.产业经济学［M］.成都：电子科技大学出版

社，2017.

［23］杨凤，徐飞.产业经济学［M］.北京：清华大学出版社，2017.

［24］闫二旺.产业经济学概论［M］.北京：中国财政经济出版社，2017.

［25］段小力，蒙长玉.中国创意产业规制的经济学分析［M］.长春：吉林大学出版社，2017.

［26］佘曙初.区域文化资源与旅游产业经济协同发展研究［M］.北京：经济日报出版社，2019.

［27］郑长德，王英.要素集聚、产业结构与民族地区城市经济发展研究：基于专业化、多样化视角［M］.北京：中国经济出版社，2019.

［28］涂锦，钟永祥.产业经济："一带一路"倡议实施的关键环节与核心动力［M］.成都：西南交通大学出版社，2017.

［29］张立.中国转型期设计创意产业与经济发展的互动研究［M］.合肥：中国科学技术大学出版社，2017.

［30］高惺惟.国有企业改革40年［M］.石家庄：河北人民出版社，2019.

［31］黄群慧，戚聿东.中国国有企业改革40年研究［M］.广州：广东经济出版社，2019.

图书在版编目（CIP）数据

国有企业的产业经济分析 / 高悦洋著 . —太原：山西经济出版社，2022.6（2022.7 重印）

ISBN 978-7-5577-0999-0

Ⅰ. ①国⋯　Ⅱ. ①高⋯　Ⅲ. ①国有企业—产业经济学—研究—中国　Ⅳ. ①F279.241

中国版本图书馆CIP数据核字（2022）第091613号

国有企业的产业经济学分析

著　　者：高悦洋
出 版 人：张宝东
责任编辑：宁姝峰
助理编辑：马　睿
装帧设计：华胜文化

出 版 者：山西出版传媒集团·山西经济出版社
地　　址：太原市建设南路21号
邮　　编：030012
电　　话：0351—4922133（市场部）
　　　　　0351—4922085（总编室）
E - mail：scb@sxjjcb.com（市场部）
　　　　　zbs@sxjjcb.com（总编室）

经 销 者：山西出版传媒集团·山西经济出版社
承 印 者：山西康全印刷有限公司
开　　本：787mm×1092mm　1/16
印　　张：16.5
字　　数：236千字
版　　次：2022年6月　第1版
印　　次：2022年7月　第2次印刷
书　　号：ISBN 978-7-5577-0999-0
定　　价：53.00元